FRIEDRICH MÜLLER

Essais zur Theorie von Recht und Verfassung, von Methodik und Sprache

Schriften zur Rechtstheorie

Heft 264

Essais zur Theorie von Recht und Verfassung, von Methodik und Sprache

2., neu bearbeitete und erweiterte Auflage
von „Essais zur Theorie von Recht
und Verfassung" (1990)

Von

Friedrich Müller

Duncker & Humblot · Berlin

Bibliografische Information der Deutschen Nationalbibliothek

Die Deutsche Nationalbibliothek verzeichnet diese Publikation in der Deutschen Nationalbibliografie; detaillierte bibliografische Daten sind im Internet über http://dnb.d-nb.de abrufbar.

Fremddatenübernahme: L101 Mediengestaltung, Berlin
Druck: Berliner Buchdruckerei Union GmbH, Berlin
Printed in Germany

ISSN 0582-0472
ISBN 978-3-428-14025-1 (Print)
ISBN 978-3-428-54025-9 (E-Book)
ISBN 978-3-428-84025-0 (Print & E-Book)

Gedruckt auf alterungsbeständigem (säurefreiem) Papier
entsprechend ISO 9706 ♾

Internet: http://www.duncker-humblot.de

Vorwort zur zweiten Auflage

Das Korpus der ersten Auflage wurde durchgehend bearbeitet. Inhaltlich ist es teils ausgebaut, teils durch zusätzliche Kapitel erweitert worden. Die neu hinzutretenden Texte betreffen weiterführende Fragen zu Methode und Methodik, ferner methodologische Aspekte der Gerechtigkeit, zentrale Punkte des strukturierenden Paradigmas sowie Sinn und Notwendigkeit der Rechtslinguistik: nicht als eines die Forschungsfelder im Überschneidungsbereich bloß addierenden Vorgehens, sondern als eines Unternehmens, das von hier wie dort ungelöst anstehenden *Problemen* voran bewegt wird, das in diesem offenen Sinn *inter*disziplinär zu nennen ist. Angesichts dieser Offenheit eines neuen Wissenschaftszweigs kommt auch ausgearbeiteten Studien zu linguistischen Fragen der Rechtswelt noch der Status von „Versuchen“ zu, von *Essais*; während andere der Texte dieses Bandes schon von ihrer Form her, als theoretische Entwürfe, aphoristische Widerhaken oder philosophische Anstöße, diesem Namen gerecht werden können.

Heidelberg, im November 2012 *F. M.*

Vorwort zur ersten Auflage

Von einem Vorwort mag man erwarten, dass es das „Zuvor" der veröffentlichten Texte angibt. Was ist das Thema des Autors, was konstituiert seinen spezifischen Blick, welches sind die Autoritäten, die ihn legitimieren?

Diese Erwartung kann vorliegend nicht erfüllt werden. Zu komplex sind Thema und Arbeitsweise der Texte, als dass die „richtige" oder mindestens „beste" Verständnisweise dem Leser von vornherein mit auf den Weg gegeben werden könnte. Zwar lässt sich das Thema „Recht" knapp benennen. Aber in den Texten Friedrich Müllers erscheint das Recht nicht als stabiler Referent juristischen Sprechens, als „Sache" Recht. Nicht *über* das Recht wird gesprochen, sondern das Sprechen des Rechts wird in einem sich selbst verdoppelnden Sinn vorgeführt. Sichtbar werden „die Strategien geräuschloser Ausgrenzung sowie die Stilistik der Wörterpartituren mit Fußnotenarmada, die vorweggenommene Ergebnisse zu rechtfertigen haben"[1]. Nicht Recht und Sprache als äußere Verknüpfung in Momenten juristischer Besinnlichkeit, sondern Recht als Sprache und Sprache als Recht stehen auch dort zur Debatte, wo sie nicht eigens erwähnt werden. Es ist die Lust an der Sprache und die Erfahrung ihrer Macht, die diese Texte sensibilisiert für die verschwiegenen Strategien des semantischen Kampfs und für die von der Sprache des Rechts nicht nur gebändigte, sondern auch ausgeübte Gewalt.

Der behutsame und zugleich leidenschaftliche Umgang mit der Sprache führt in der genauen Wiederholung der von der Rechtsprechung produzierten Argumentationsketten zu etwas Neuem: die Einheit des textuellen Gewebes zerreißt, und eine weiße, noch unbeschriebene Fläche wird sichtbar. Die Auseinandersetzung mit der juristischen Argumentationsfigur der *„Einheit der Rechtsordnung"* führt diese Bewegung vor. Die scheinbar festgefügte Ganzheit löst sich auf, indem sie zu Begründungslasten entfaltet wird. Die exakte Geduld des Wissenschaftlers ist hier geschärft durch das ästhetische Feingefühl für die textuelle Unebenheit der Lüge. Aber wissenschaftliche Analyse und ästhetisches Empfinden haben ein verborgenes Movens: die kritische Frage nach der Legitimation von Herrschaft und Recht gibt den Texten eine Ungeduld, die gerade in den nüchtern technischen Formulierungen, in der knapp kennzeichnenden Benennung zu spüren ist.

---

[1] Vgl. „Gleichheit und Gleichheitssätze".

Diese Komplexität der Texte erschwert eine Einordnung in den Rahmen der herkömmlichen Disziplinen von Rechtstheorie, Rechtssoziologie und neuestens Rechtslinguistik. Gesellschaft, Recht und Sprache, durch die Verschiedenheit ihrer Namen nur scheinbar säuberlich getrennt, verbinden sich in einer textuellen Strategie, welche die gesellschaftliche Bedingtheit des Rechts gerade in der Sprache sichtbar macht. Das durchgängige Motiv der Sprachkritik lässt sich deswegen von der Reflexion der gesellschaftlichen Rolle des Rechts nicht abtrennen. Insoweit stehen die Texte Friedrich Müllers nach Wittgenstein, aber auch nach Rousseau und Marx, um einige wichtige Bezugspunkte der vorgelegten Essais zu benennen. Aber sie wenden niemals eine philosophische Theorie auf das Recht deduktiv an. Ihr kritischer Maßstab ist vielmehr ein sprachspielimmanenter. Die methodenbezogenen Normen der Verfassung definieren im bürgerlichen Rechtsstaat eine Erkenntnisregel von Recht, deren Formulierung, Verteidigung und Präzisierung Aufgabe einer sich als Wissenschaft verstehenden Rechtstheorie ist.

Die Anforderungen der Wissenschaft an die Jurisprudenz werden von Friedrich Müller stark akzentuiert: „Die Rechtswissenschaft wird methodisch rational und redlich oder sie wird nicht sein. Es wird sie geben; nur nicht als Wissenschaft, sondern in ihrem *dogmatischen* Teil als sammelnde, sichtende, Herrschaft entschuldigende, Einwände beschwichtigende Rechtskunde; auf ihrem *rechtspolitischen* Feld als Wochenendjournalismus mit Fußnoten, als die Publizistik des Meinens und die Jurisprudenz der Interessenten. Die Chance, Rechtswissenschaft zu sein, hat, was durch die Federstriche der Gesetzgeber nicht Makulatur wird."[2]

Mit diesem kritischen Anspruch steht die Arbeit von Friedrich Müller nach Kelsen und nach dem Gesetzespositivismus. Jedoch auch hier heißt „nach" nicht Anwendung oder unkritische Fortschreibung. Denn die vom Positivismus beanspruchte Wissenschaftlichkeit war in praktischer Rechtsarbeit nicht einlösbar. Das positivistische Wissenschaftsverständnis geriet zur rhetorischen Fassade einer dezisionistischen und machtverfallenen Praxis. Der weiterentwickelte Anspruch auf Wissenschaftlichkeit der Jurisprudenz und die Frage nach dem tatsächlichen Funktionieren der Praxis bilden das Spannungsverhältnis, in welches Friedrich Müller seine Texte einschreibt. Erst auf diesem Feld entfaltet die sprachkritische Reflexion des Rechts ihre konkrete Wirksamkeit.

Friedrich Müller resümiert seine Auseinandersetzung mit dem Gesetzespositivismus und der Reinen Rechtslehre folgendermaßen: „Es sollte nicht,

---

[2] Vgl. „Gerechtigkeit und Genauigkeit". – In der Neuausgabe (2013) jetzt: „Methodologische Aspekte der Gerechtigkeit".

mit Kelsen, die Rechtslehre sich selbststilisierend einmauern. Besser ist es, die Bewegung dessen, was real existiert und damit von Wissenschaft zu erfassen ist, in seinen alltäglichen Vorgängen aufzunehmen. Dazu gehört, es wissenschaftlich soweit zu strukturieren, als der Sache damit nicht Gewalt angetan wird. Dem, was der Positivismus erarbeitet hat, ist die gebührende Ehre zu geben: soweit es nötig ist, um das Erreichbare an Wissenschaftlichkeit, Objektivität und Präzision zu leisten. Im Übrigen ist der Positivismus zu überschreiten, und zwar von der Wurzel aus; von dort her, wo er sich dem *Kontinuum* aus Wirklichkeit und Sprache willkürlich versperrt. Sein Wissenschaftsziel, soweit unverzichtbar, ist beizubehalten, aber das Arbeitsfeld in die uns umgebende Realität des Lebens zu verlagern."[3]

Die Einlösung des Anspruchs einer wissenschaftlichen Jurisprudenz in der Wirklichkeit praktischer Rechtsarbeit geht bei Friedrich Müller von der Frage aus, *was tatsächlich geschieht, wenn eine Rechtsordnung in Geltung ist.* Dieses tatsächliche Geschehen wird ausgehend von den methodenbezogenen Normen der Verfassung und des einfachen Rechts in vierfacher Weise strukturiert. Der Begriff der *Normstruktur* schafft für die juristische Methodik eine rechtsnormtheoretische Grundlage. In den vorliegenden Texten wird dieses Konzept dadurch präzisiert, dass die der Unterscheidung von Sprach- und Realdaten beziehungsweise primär und sekundär sprachlich konstituierten Daten zugrunde liegenden sprachwissenschaftlichen Überlegungen ausführlich durchgespielt werden. Die in der bisherigen Debatte nicht zureichend bestimmte Geltung des Rechts wird im Begriff der *Geltungsstruktur* entfaltet und in den vorgelegten Essais historisch für das Bürgertum und seinen Staat analysiert. Der Begriff der *Textstruktur* reflektiert die Rolle der Sprache im rechtsstaatlich verfassten Gemeinwesen der Moderne. In dem Text *„Notiz zur Strukturierenden Rechtslehre"* wird der bisher in unterschiedlichen rechtstheoretischen und verfassungstheoretischen Problemzusammenhängen entwickelte Begriff zusammenfassend dargestellt. Erstmals entwickelt wird hier das Konzept der *Legitimationsstruktur,* welches die Textstruktur der Legalität ergänzt als Textstruktur der Legitimität.

Die verfassungstheoretischen Arbeiten diskutieren als historische Voraussetzungen des heutigen bürgerlichen Verfassungsverständnisses die Theorien des klassischen Naturrechts. Neben Hobbes und Rousseau bildet dabei die Lehre von Locke einen wichtigen Bezugspunkt, der zu einer systematischen Kritik der liberalen Theorie entfaltet wird. Eine neue Perspektive ergibt sich dabei vor allem aus der Reformulierung der Gewaltfrage: „Menschliche Verbände erzeugen kollektive, aufgespeicherte, dadurch vervielfältigte Gewalt. Fragen der Herrschaftsgewalt als ‚Freiheits'fragen zu besprechen, ist

[3] Vgl. „Reine Sprachlehre – Reine Rechtslehre – Aufgaben einer Theorie des Rechts".

möglich, wird ständig getan. Es ist aber idealistisch und nicht der einzige Weg, sie zu begreifen. Die täglichen Vorgänge zeigen, dass Herrschaft konkret situativ auf der Ungleichheit der Gewaltpotentiale, auf einem Gewaltgefälle beruht. Herrschaft ist, so gesehen, kein Zwangs-(d. h. Unfreiheits-) phänomen, sondern eines von Ungleichheit im Rahmen der Gewaltverhältnisse. Statt von Freiheit und Zwang als Attributen idealtypischer Subjekte sollte von Gleichheit und Ungleichheit in den Rollenausstattungen tatsächlicher Rechtsträger ausgegangen werden."[4] Die damit gewonnene Präzisierung der Beziehung von Freiheit und Gleichheit erlaubt auch die Rolle von Recht und Verfassung für die in Großverbänden akkumulierte Gewalt genauer zu bestimmen. Ausgehend von Rousseau und in kritischer Auseinandersetzung mit der marxistischen Rechtstheorie kann dabei eine freiheitsfunktionale Bedeutung von Recht und Verfassung herausgearbeitet werden.

Noch eine Bemerkung zum Anlass dieses Sammelbands. Friedrich Müller hat sich vorerst von der Wissenschaft zurückgezogen. Dabei entschloss er sich, eine Reihe von Manuskripten aus dem Verkehr zu nehmen[5]. Doch war er damit einverstanden, einige seiner kürzeren Arbeiten aus den Siebziger und Achtziger Jahren im vorliegenden Rahmen herausbringen zu lassen. Die Texte sind ganz überwiegend unveröffentlicht.

Ralph Christensen (1990)

---

[4] Vgl. „Diesseits von ‚Freiheit und Gleichheit'".

[5] Es handelt sich um je einen zweiten Band zu „Juristische Methodik" und zu „Fallanalysen"; um weitere Teile der „Elemente einer Verfassungstheorie", darunter „IDOLA CONSTITUTIONIS"; je eine Monographie zur Normbereichsanalyse und zur Theorie der juristischen Methodik; schließlich um eine Studie zur Verfassungsgeschichte des Alten Orients („Die sumerische Polis") und um ein Lehrbuchmanuskript („Einführung in die Rechtswissenschaft").

Inhaltsverzeichnis

Erster Teil

Rechtstheorie

Zweiter Teil

Verfassungstheorie

Dritter Teil

Fragen von Methodik und Sprachlichkeit

Erster Teil

Rechtstheorie

Positivismus*

A. Zum Begriff

Der Ausdruck „Positivismus“ wurde von A. Comte geprägt, dessen „Cours de la philosophie positive“ zwischen 1830 und 1842 erschienen. Vor dem Hintergrund des Vormarschs der Naturwissenschaften erhob der Positivismus den Anspruch, alles menschliche Wissen durch exakte empirische Methodik, befreit von aller metaphysischen Interpretation, zusammenzufassen. Wissenschaft hat nur von den realen Erscheinungen auszugehen. Philosophie untersucht nur die Beziehungen der Einzelwissenschaften und ihrer Methoden zueinander und arbeitet Gesetze heraus (so das Comtesche „Dreistadiengesetz“). Die Tatsachen der Erfahrung haben sich nicht länger vor der Instanz der Vernunft zu rechtfertigen. Letzte Instanz ist das schlechthin Gegebene, dessen wissenschaftliche Kritik dadurch zugleich blockiert wird.

Die Positivisten des 19. Jahrhunderts (neben Comte z.B. H. Taine, J. St. Mill, H. Spencer, E. Mach, R. Avenarius) nahmen damit wichtige Thesen der französischen Enzyklopädisten (d'Alembert, Turgot, Condorcet) und der englischen Empiristen des 17. und 18. Jahrhunderts (Locke, Hume) wieder auf. Teils formalistische, teils sensualistische Vorbilder gibt es bereits im Altertum (z.B. Protagoras). Der Rückgriff auf die griechische Sophistik ist jedoch insoweit zwiespältig, als diese gleichzeitig den nichtempiristischen, metaphysischen Gedanken des Naturrechts eingeführt hatte.

Der *Neopositivismus* des 20. Jahrhunderts entsteht aus dem *Empiriokritizismus* und verstärkt sich durch die Wirkung des sogenannten Wiener Kreises (Schlick, Carnap, Reichenbach u.a.), der sich vor allem der Begriffs- und Wissenschaftskritik zuwandte.

Dieser im Kern philosophische *Positivismus der Wissenschaftshaltung* ist, speziell von der Jurisprudenz her gesehen und zugleich in enger Verbindung mit dem philosophischen Positivismus, eine Einstellung, die *„Positivismus der Rechtsgeltung“* genannt werden kann. Auch sie setzt in der Antike ein (Sophistik), verschwindet nie ganz aus der Diskussion (Nominalismus) und beginnt gleichfalls um die Mitte des 19. Jahrhunderts, sich in einem historischen Schub weithin durchzusetzen. Angeknüpft wird auch hier an etwas

---

* Ergänzbares Lexikon des Rechts, 2/400, S. 1 ff. (1986).

unbestreitbar Tatsächliches, an das „positiv Gegebene". Die Frage ist, worin die *Positivität des Rechts* bestehen soll. Hier werden der psychologische Positivismus (z.B. Bierling, Merkel, Jellinek, Beling), der soziologische Positivismus (Ehrlich, Weber, Geiger) und der etatistische Gesetzespositivismus unterschieden. Dieser sieht die Positivität des Rechts in der Tatsache seiner Setzung und zwangsgestützten Garantie durch eine staatliche Machtinstanz. Recht ist identisch mit den korrekt zustande gekommenen staatlichen Gesetzen. Inhaltsfragen dürfen für diesen Begriff des positiven Rechts keine Rolle spielen, natürliche oder ethische Normen sind dafür ohne Interesse. Diesen rigorosen Abschied vom Naturrecht formulierte das *Reichsgericht* 1928 so: „Der Gesetzgeber ist selbstherrlich und an keine anderen Schranken gebunden als diejenigen, die er sich selbst in der Verfassung oder in anderen Gesetzen gezogen hat" (RGZ 118, 327). Auch Kelsens „Reine Rechtslehre" schaltet jede Wertung und jedes Richtigkeitskonzept als wissenschaftlich nicht sinnvoll aus der Jurisprudenz aus. Diese kann nach Kelsen nur als eine Lehre von den „reinen Formen" des Rechts Wissenschaft werden; daher „kann jeder beliebige Inhalt Recht sein". Mit dem Schwinden der naturrechtlichen Axiomatik und damit jeder überempirischen Würde des positiven Rechts wurde zugleich, vor allem im Kreis der praktischen Juristen, „die faktische Fügsamkeit in die nunmehr nur noch utilitarisch gewertete Gewalt der jeweils sich als legitim gebärdenden Mächte" im Ganzen gesteigert (Max Weber).

Der philosophische Positivismus ist von *Wissenschaftstheorie* und Wissenschaftsgeschichte zu diskutieren. Der Rechtsgeltungspositivismus ist die herrschende Grundhaltung der Juristen geblieben; die angeblich „ewige Wiederkehr des Naturrechts" blieb auf die Jahre nach dem Ende des 2. Weltkriegs und auf ein Aufflackern beschränkt, das keinen nennenswerten Eindruck hinterlassen hat. Dagegen ist der methodische Rechtspositivismus, der *„Positivismus der Normbehandlung"*, ein immer noch abzuarbeitendes Problem der Rechtswissenschaft. Er allein wird im Folgenden als „Positivismus" bezeichnet.

B. Diskussion des methodischen Rechtspositivismus

Wie das Vernunftrecht, gegen das er sich zugleich in der Frage des Geltungsgrunds von Recht richtet, denkt der Positivismus axiomatisch, will er die Kodifikationen als geschlossenes System erfassen, dem *Einheit* sowie *Geschlossenheit* als Vollständigkeit wie als Freiheit von Widersprüchen zukommen sollen. Aus dem lückenlosen Ganzen des Gesetzessystems wird logisch deduziert – in nichts anderem soll Rechtsanwendung bestehen. Dem Vernunftrecht erschien noch alles menschliche Sozialverhalten normierbar und vorwegnehmbar. Pandektenwissenschaft, Positivismus und *Begriffsju-*

risprudenz fassten dann nicht länger naiv das positive Recht, wohl aber ihr eigenes Begriffssystem als geschlossen, ableitungsfähig und widerspruchsfrei auf. Alle Rechtsfälle erschienen als durch syllogistische Subsumtion lösbar, die Rechtsbegriffe sollten eine geschlossene Zahl von Axiomen zur Verfügung stellen. Schon Puchtas Genealogie der Begriffe und seine „Begriffspyramide" nahmen den Systemgedanken im Sinn einer Ergänzbarkeit der vorhandenen Normen durch wissenschaftliche Grundsätze und Begriffe vorweg. Sowohl diese als auch die positiven Vorschriften werden mit unmittelbaren Gegebenheiten im Sinn von Naturdingen verwechselt. Was nur die Leistung abstrahierenden Denkens sein kann, gerät ungewollt zur schiefen Ontologie, zur pseudonaturrechtlichen Unterstellung. Das vorgeblich geschlossene, lückenlose, harmonische, das abstrakt verdinglichte Rechtssystem lässt sich unter Vernachlässigen seiner historischen und politischen Voraussetzungen und Funktionen selbstgenügsam formalistisch handhaben. Besonders klar zeigte sich die *legitimistische Funktion des Positivismus* zugunsten politischer Restauration und antiliberaler Reaktion nach 1848/49 im *Staatsrecht;* v. Gerber hat deutlich genug die sichere Gewährleistung des politisch Bestehenden als Zweck der positivistisch-konstruktiven Behandlungsart des Staatsrechts genannt. Auch bei Autoren wie Zachariä, Mohl und Bluntschli ist die „juristische Methode" sowohl Ausdruck als auch Instrument einer bestimmten inhaltlichen Position. Nach 1870 bestand diese vor allem darin, das monarchisch-konservative Staatsverständnis, antiliberale Politik und insgesamt die bestehenden politischen und sozialen Verhältnisse gegen mögliche Kritik abzusichern. So können etwa auch für Laband offene Rechtsfragen nicht auftauchen. Jedes neue Problem ist vom System denknotwendig bereits gelöst, Lücken in der ausdrücklichen Regelung – genauer: Normtextlücken – sind mit pseudonaturgesetzlicher Notwendigkeit durch juristische Konstruktion aus leitenden Grundsätzen und Prinzipien auszufüllen. Gesellschaftliche Zusammenhänge werden nicht abgestritten, aber als die Rechtswissenschaft nicht interessierend abgedrängt. Die Dogmatik ist von Geschichte, Philosophie, Politik und Ökonomie, also von allen „nichtjuristischen" Elementen zu befreien. Dieses Ergebnis antwortet auf die Ausgangsfrage des Positivismus: Wie kann die Jurisprudenz eine autonome Wissenschaft sein? Ihm zufolge dürfen rechtliche Normen nicht als mit gesellschaftlichen Gegebenheiten zusammenhängend behandelt werden. Alles das, aufgrund dessen das Tun der Juristen überhaupt gebraucht wird und funktioniert, findet sich verdrängt. Die „wissenschaftliche Selbständigkeit" der Jurisprudenz sollte sich in deren Eigenschaft erweisen, „die Grundlage sicherer juristischer Deduktion" abzugeben (v. Gerber). Dass dabei nur Normtexte, nur Sprachdaten, nicht aber Normen erfasst wurden, blieb unerkannt. Das Pochen des Positivismus auf den positiven Rechtsstoff scheitert bereits im ersten Ansatz an seinem Mangel an Wirklichkeitsbezug, wenn als der „positive Rechtsstoff" nur die Sprachgestalt von Normen, nicht aber diese selbst als komplexe strukturierte Gebilde zugänglich sind. Was vom antinaturrechtlichen Wissenschaftsansatz des philosophischen Positivismus ausging, gerät unter der Hand wieder zum zweifelhaften bürgerlichen Naturrecht; denn das Bündel positivistischer Postulate (Einheit, System, Lückenlosigkeit, Widerspruchslosigkeit des Rechts) „steht über dem gesetzten Recht und dem Gesetzgeber" (Burckhardt).

Die traditionelle Kritik der *Freirechtsschule* und der *Interessenjurisprudenz* betraf nicht die Grundaporie des Positivismus, sondern beschränkt sich auf Einzelheiten. Gegen das Dogma der Geschlossenheit des Rechtssystems verwies sie auf seine Lückenhaftigkeit, auf die „schwimmenden Konturen", auf den „Begriffshof" (Heck) der Rechtsbegriffe. Den Richtern wurde die Kompetenz attestiert, Lücken durch Wertentscheidungen auszufüllen. Die These vom *Richterrecht* trifft den Positivismus aber nur oberflächlich. Sie hängt eher damit zusammen, dass die „Situation des an die bloße Interpretation von Paragraphen und Kontrakten gebundenen Rechtsautomaten, in welchen man oben den Tatbestand nebst den Kosten einwirft, auf dass er unten das Urteil nebst den Gründen ausspeie" als „subaltern" erscheint (Max Weber). Das Reklamieren „schöpferischer Rechtstätigkeit" für den Richter verirrt sich nämlich sogleich in denselben Widersprüchen der Normauffassung, die schon den Positivismus zum Scheitern verurteilten. Dieser nahm mit seinem Beharren auf von Wirklichkeit gereinigter „Positivität" den Verlust rechtlicher Normativität in Kauf. Das Methodenideal einer sich noch nicht fragwürdig gewordenen Naturwissenschaft wurde unkritisch auf das Recht übertragen, dieses selbst als in sich ruhendes Sein, die Rechtsnorm als Befehl, als hypothetisches Urteil, als sachleerer Wille und formallogisch formalisierter Obersatz missverstanden. Recht und Wirklichkeit, Norm und normiertes Realitätssegment stehen „an sich" beziehungslos nebeneinander, werden einander mit dem Rigorismus neukantischer Trennung von „Sein" und „Sollen" entgegengesetzt, sollen sich nur auf dem Weg einer *Subsumtion* des Sachverhalts unter einen normativen Obersatz treffen. Dem liegt die noch immer vorherrschende *Verwechslung der Normen mit ihren Texten* zugrunde. Demzufolge gilt Methodik auch nur als Methodik der Auslegung von Sprachformeln. Als metajuristisch gilt, was außerhalb des Normtextes zu erarbeiten wäre. Die Untersuchung von Worten allein soll zu Informationen über das „rechtliche Wesen" etwa eines Rechtsinstituts führen. Die Frage nach der Rolle der Wirklichkeit im Recht ist aber nicht dadurch lösbar, dass man sie eliminiert. Dagegen stellt sich für einen realistischen Blick die *Rechtsnorm* als aus dem Ergebnis der Interpretation von Sprachdaten *(Normprogramm)* und der Menge der mit dem Normprogramm konformen Realdaten *(Normbereich)* zusammengesetzte Struktur dar, in der das Ordnende und das zu Ordnende sachlich zusammengehören. Der *Normtext* ist dabei kein begrifflicher Bestandteil der Rechtsnorm, sondern das neben dem rechtlich zu entscheidenden *Fall* wichtigste Eingangsdatum des einzelnen Konkretisierungsvorgangs.

C. Aufgaben

Der klassische Positivismus wird heute kaum mehr als programmatische Position vertreten. Unausgesprochen wirkt er aber mit einigen Grundirrtümern und zahlreichen Einzelfaktoren in der weithin unreflektierten Praxis ebenso fort wie in mitgeschleppten Aporien der Norm- und Methodentheorie. Freirechtsschule, Interessen- und soziologische Jurisprudenz, Topik, Hermeneutik, Integrationslehre und andere Antipositivismen haben sich vergeblich bemüht, den Positivismus zu „überwinden“. Richtiger erscheint es, bei solchem Bemühen nicht hinter den Positivismus zurückzufallen, seinen Standard an Technizität nicht zu verfehlen. Es geht darum, das von ihm Verdrängte aufzugreifen und verallgemeinerungsfähig in Dogmatik, Methodik und Theorie auszuarbeiten. Seine Ziele, Jurisprudenz nach Möglichkeit zu verwissenschaftlichen und eine rationale Dogmatik zu leisten, haben es nicht verdient, zugunsten minderer Anforderungen an Rationalität und Methodenehrlichkeit vergessen zu werden. Die „Überwindung“ des Positivismus ist keineswegs ein legitimer Selbstzweck. Als *systematisch nachpositivistisches* Konzept hat die *Strukturierende Rechtslehre* nicht nur die Reduktion der Norm auf ihren Text, der positiven Rechtsordnung auf eine künstliche Fiktion, der Falllösung auf einen durch Syllogismus logisch schließbaren Vorgang verabschiedet, sondern, ausgehend von der Strukturierung der Rechtsnormen, den Vorschlag eines Dogmatik, Methodik, Rechts- und Verfassungslehre umfassenden Theorie- und Praxismodells entwickelt, das dem Positivismus die Antwort nicht länger schuldig bleibt.

Literatur

Adorno, Th. W./*Albert*, H./*Dahrendorf*, R./*Habermas*, J./*Pilot*, H./*Popper*, K.: Der Positivismusstreit in der deutschen Soziologie, 1969.

Avenarius, R.: Kritik der reinen Erfahrung, Bd. I–II, 1888–1890.

Beling, E. v.: Vom Positivismus zum Naturrecht und zurück, 1931.

Bergbohm, K.: Jurisprudenz und Rechtsphilosophie, Kritische Abhandlung, Bd. I: Das Naturrecht der Gegenwart, 1892.

Bierling, E. R.: Juristische Prinzipienlehre, Bd. I–V, 1894–1917.

Blühdorn, J./*Ritter*, J. (Hrsg.): Positivismus im 19. Jahrhundert, 1971.

Bobbio, N.: Giusnaturalismo e positivismo giuridico, 2. Aufl. 1972.

Burckhardt, W.: Die Lücken des Gesetzes und die Gesetzesauslegung, 1925.

– Methode und System des Rechts, 1936.

Comte, A.: Cours de la philosophie positive, 1830–1842.

– Systeme de politique positive, 1851–1854.

Ehrlich, E.: Über Lücken im Rechte, in: ders., Recht und Leben, 1967.

Fikentscher, W.: Methoden des Rechts in vergleichender Darstellung, Bd. II 1975, Bd. III 1976.

Geiger, Th.: Vorstudien zu einer Soziologie des Rechts, 1964.

Gerber, C. F. v.: Grundzüge des Deutschen Staatsrechts, 3. Aufl. 1880.

Hart, H. L. A.: Der Begriff des Rechts (aus dem Englischen von A. v. Baeyer), 1973.

Heck, Ph.: Begriffsbildung und Interessenjurisprudenz, 1932.

Juhos, B.: Formen des Positivismus, in: Ztschr. für allgem. Wissenschaftstheorie, Bd. II, 1971, 27 ff.

Kelsen, H.: Reine Rechtslehre, 1960; Neudruck 1967.

– Was ist juristischer Positivismus?, in: JZ 1965, 465 ff.

Kraft, V.: Der Wiener Kreis. Der Ursprung des Neopositivismus, 1950.

Laband, P.: Das Staatsrecht des Deutschen Reiches, Bd. I, 5. Aufl. 1911.

Larenz, K.: Methodenlehre der Rechtswissenschaft, 5. Aufl. 1983.

Mach, E.: Erkenntnis und Irrtum, 1905.

Marcuse, H.: Vernunft und Revolution, 5. Aufl. 1979.

Müller, F.: Recht – Sprache – Gewalt. Elemente einer Verfassungstheorie I, 1975; 2. Aufl. 2008.

– Juristische Methodik und Politisches System. Elemente einer Verfassungstheorie II, 1976.

– Juristische Methodik, 2. Aufl. 1976; 11. Aufl. 2013 (Bd. I, mit *R. Christensen*; Bd. II, mit *dems.*, 3. Aufl. 2012)

– Die Einheit der Verfassung. Elemente einer Verfassungstheorie III, 1979; 2. Aufl. („Kritik des juristischen Holismus") 2007.

– Strukturierende Rechtslehre, 1984; 2. Aufl. 1994.

– ‚Richterrecht'. Elemente einer Verfassungstheorie IV, 1986.

Müller, F./*Christensen*, R./*Sokolowski*, M.: Rechtstext und Textarbeit, 1997.

Oertzen, P. v.: Die soziale Funktion des staatsrechtlichen Positivismus, 1974.

Ott, W.: Der Rechtspositivismus – Kritische Würdigung auf der Grundlage eines juristischen Pragmatismus, 1976.

Puchta, G. F.: Das Gewohnheitsrecht, Bd. I–II, 1828/1837.

– Cursus der Institutionen, 9. Aufl. 1881.

Reichenbach, H.: Der Aufstieg der wissenschaftlichen Philosophie, 2. Aufl. 1968.

Schlick, M.: Allgemeine Erkenntnislehre, 1918.

Schnädelbach, H.: Erfahrung, Begründung und Reflexion. Versuch über den Positivismus, 1971.

Weber, M.: Gesammelte Aufsätze zur Wissenschaftslehre, 2. Aufl. 1951 (hrsg. v. J. Winckelmann).

– Rechtssoziologie, 2. Aufl. 1967 (hrsg. v. J. Winckelmann).

Wellmer, A.: Kritische Gesellschaftstheorie und Positivismus, 1969.

Einheit der Rechtsordnung*

A. Zum Begriff

Unter einer „Einheit“ der Rechtsordnung wird zum Beispiel eine Eigenschaft des auf das positive Recht bezogenen wissenschaftlichen Systems, aber auch eine solche des analytischen Zugriffs und seines Bezugspunkts, also eine Einheit der wissenschaftlichen Erkenntnis verstanden. „Einheit“ des Rechts kann als Axiom wie als Postulat juristischer Arbeit eingeführt werden. Sie changiert aber nicht nur nach dem Standort, sondern auch von Fach zu Fach, so zwischen Staats- und Völkerrecht, Internationalem Privatrecht, Strafrecht und Zivilrecht. In Mischung mit weiteren Bedeutungsvarianten weist das Argument einen sehr unsicheren Gebrauch auf.

B. Historische Herkunft

I. Vernunftrecht

Die vieldeutige Redeweise von der Einheit der Rechtsordnung ist ein Kind des rationalistischen Vernunftrechts, später adoptiert durch den *Positivismus.* Neueres *Naturrecht* wie Positivismus sind axiomatisch, wollen ein strenges System exakter Erkenntnis erzielen und benötigen kodifikatorisches Denken: Der Gesetzgeber hat in autoritärem Zugriff alles Regelnswerte geregelt; außerhalb seiner Anordnungen ist nur der „rechtsleere Raum“ vorstellbar. Das vom kontinentalen Anstaltsstaat des modernen Europa systematisierte und formalisierte, das monopolisierte und bürokratisierte Recht wird als „geschlossen“ angesehen. Alles menschliche Sozialverhalten soll normierbar, durch Normen vorwegnehmbar sein. Der Rechtsordnung als Rechtsbetrieb entspricht das Bild der „Einheit“ des Normenbestands. Geschlossenheit als Vollständigkeit wie auch als Freiheit von inneren Widersprüchen lag der Idee umfassender Gesetzgebung, lag dem sozialen Optimismus der vernunftrechtlichen Epoche naiv zugrunde, ohne schon Programm der Jurisprudenz zu sein.

---

* Ergänzbares Lexikon des Rechts, 2/80, S. 1 ff. (1986).

II. Positivismus

Erst Pandektenwissenschaft und Gesetzespositivismus spitzten diesen Ansatz zum Anspruch zu, Jurisprudenz als geschlossen begriffliches System betreiben, Entscheidungen logisch aus System, Begriff und Lehrsatz ableiten und Rechtsfälle durch syllogistische Subsumtion lösen zu können. Die Rechtsbegriffe scheinen einen numerus clausus von Axiomen anzubieten. Nicht länger die Rechtsordnung selbst, wohl aber das Begriffssystem einer puristischen Rechtswissenschaft soll notwendig durch „Einheit" geprägt sein. Die Wirklichkeit wird aus dem Einzugsgebiet juristischer Arbeit verdrängt. Der Positivismus fragt, wie die Jurisprudenz autonom werden, wie sie „rein juristisch" vorgehen könne. Dass diese Vorgabe ein Politikum darstellt, wurde schon von Positivisten der Gründerjahre gesehen (v. Gerber). Die angebliche Geschlossenheit und Widerspruchslosigkeit des dogmatisch formalisierten Rechts, seine „logische Expansionskraft" (Bergbohm), die Fähigkeit juristischer Begriffe, „sich paaren" und „neue zeugen" zu können (so der frühe Ihering), verraten nicht nur Glauben an die Unanfechtbarkeit juristischer Logik, sondern auch ausgeprägte Wissenschaftspolitik.

III. Historische Kritik

Um die Jahrhundertwende wurde diese herrschende Lehre angezweifelt, wurde vom „falschen Dogma der Geschlossenheit des Rechtssystems" (Georg Jellinek, ähnlich Erich Jung) gesprochen. Durch *Freirechtslehre, Interessenjurisprudenz* und den staatsrechtlichen Richtungsstreit der 20er Jahre wurde das Scheitern der kryptonaturrechtlichen Einheitsthese offenkundig. Auf breiter Front schwenkten die juristischen Autoren zu Metaphern von offenen, fragmentarischen, nicht axiomatischen, nicht deduktionsfähigen, von sogenannten beweglichen „Systemen" des Rechts über. Die alltäglich erkennbaren Probleme der Rechtsarbeit gingen in Führung gegenüber dem Glauben an System und Einheit.

C. Zusammenhang mit dem Rechtsverweigerungsverbot

Für den Positivismus muss das Recht, um logisch „anwendbar" zu sein, nicht nur als widerspruchsfrei, sondern auch als lückenlos unterstellt werden. Ein solcher Zustand war das Ziel der vernunftrechtlichen Kodifikationen gewesen; es ist seit langem aufgegeben. Durch Pandektenwissenschaft und Positivismus verlagerte sich das Postulat auf die Lückenlosigkeit nicht des Normen-, wohl aber des Begriffssystems. Auch diese zweifelhafte Metaphysik eines bürgerlichen Naturrechts der Gründerjahre hatte eine erstrangige politische Funktion. Die Debatte um das sogenannte Richterrecht hat hier seit der Freirechtsschule ihren Standort gesucht. Dabei ist festzuhalten, dass das Rechtsverweigerungsverbot der modernen Staaten nicht, wie behauptet wurde, Lückenlosigkeit als Korrelat braucht. Es ist nämlich zum einen zwischen dem Normenbestand und den tatsächlichen Bedürfnissen der Praxis, zum anderen zwischen materiellem Recht und Prozessrecht zu unterscheiden. Gemessen am gesellschaftlichen Normierungsbedarf hat sich noch jede Rechtsordnung als unvollständig erwiesen. Im Rechtsstaat erhält eine Prozesspartei auch durch eine inhaltlich abschlägige, aber prozessual korrekte Entscheidung die Antwort aus dem geltenden Recht, auf die ein Anspruch besteht. Das Rechtsverweigerungsverbot drängt nicht zur Annahme geschlossener Einheit.

D. Kritik der Einheit der Rechtsordnung als Positivismuskritik

Der herkömmliche Einwand gegen die Einheitsdogmen geht seit Freirechtsschule, Interessenjurisprudenz und soziologischer Rechtswissenschaft dahin, die Vollständigkeit der Rechtsordnung sei nur ein Postulat, denn der Richter stehe immer wieder vor der Notwendigkeit, „Gesetzeslücken durch einen rechtsschöpferischen Akt zu schließen“ (Arthur Kaufmann). Solche Kritik geht nicht weit genug. Sie weist auf die juristische Alltagserfahrung des logischen Ungenügens hin, auf das Scheitern der Ideale von „Syllogismus“ und „Subsumtion“. Doch werden der Begriff der Norm und die Eigenschaften dessen, was er bezeichnet, dabei nicht durchdacht. In der Tat hing und hängt der Positivismus mit seinem Bild des Rechts als einer Einheit, der Entscheidung als einer logischen Subsumtion, mit seinem Ausschalten aller nicht im Normtext dogmatisierten Elemente der sozialen Ordnung einer Fiktion nach. Doch haben die Lehren vom Freien Recht, vom interessenbestimmten Recht, vom Richterrecht, haben Topik, geisteswissenschaftliche Hermeneutik, Dezisionismus, Integrationslehre und sonstige Antipositivismen lieber Detailkritik vorgetragen, als bei Norm und Normbegriff anzusetzen.

Werden dagegen (von der *Strukturierenden Rechtslehre)* sowohl *Rechtsnorm* und *Normtext* als auch Rechtsnorm und *Entscheidungsnorm* systematisch auseinandergehalten, so klärt sich die Vorstellung vom „geltenden Recht“: Das, was gewöhnlich so bezeichnet wird, ist die Menge der Normtexte, die erst *im Fall* nach methodischen Regeln zu Rechtsnormen, diese ihrerseits zu Entscheidungsnormen fortentwickelt werden müssen. Ferner wird klar, dass „Einheit“, „Ganzheit“ und „Geschlossenheit“ mit der Positivität und Gleichrangigkeit der Normtexte einer Kodifikation sowie mit der Identität des Normtextbestands mit sich selbst verwechselt wurden.

E. Einheit der Verfassung

I. Zum Begriff

Dieser Ansatz erlaubt es, auch die Gebrauchsweisen des Ausdrucks *„Einheit der Verfassung"* genauer zu beschreiben. Die strukturierende Verfassungslehre hat an diesem Beispiel einige Typen *formaler* Einheitskonzepte (Lückenlosigkeit – Widerspruchsfreiheit – Texteinheit – Einheit der Rangstufe von Rechtsquellen – Einheit der Verfassungsstruktur) und mehrere *inhaltliche* Einheitstheorien herausgearbeitet, nämlich ideologische, verfassungsgeschichtliche, legitimierende, funktionale und methodologische Arten des Rückgriffs auf eine Einheit der Verfassung.

II. Historische Herkunft

Die Rede von der Einheit der Verfassung entstammt der Weimarer Zeit. Für Smend ist eine Verfassung die Normierung einzelner Seiten des Vorgangs, in dem der Staat seinen Lebensvorgang ständig herstellt; sie soll sich daher nicht auf Einzelheiten richten, sondern „auf die Totalität des Staates und die Totalität seines Integrationsprozesses". Das ist ein Denken nicht nur auf das Ganze hin, sondern auch vom Ganzen und seiner Einheit her. Kelsen hat das Bedenkliche dieses Holismus festgehalten. Für ihn ist die Einheit des Staats nur normativ zu begründen, ist die Rechtsordnung nur als logische eine Einheit: mit der Eigenschaft, in Rechtssätzen beschrieben werden zu können, die einander nicht widersprechen. Die formale Größe „Grundnorm" konstituiert die Einheit in der Vielheit der Normen. Demgegenüber wies Carl Schmitt auf das Unzulängliche einer Auffassung hin, die sich auf den positivistisch isolierten Imperativ beschränkt; es ist hinzuzufügen: vor allem auf die sprachliche Vorform der Norm, den noch nicht selbst normativen Normtext. Doch überrollt der dezisionistisch existierende Wille, der nur sich selber will, jede sachgebundene Normativität: „das Ganze der politischen Einheit" (Schmitt) bietet ein extremes Beispiel für unstrukturierten *Holismus.* Totalität als Quelle von Argumenten neigt zur Macht und ihrer ungestörten Handhabung. Dagegen stehen im Rechtsstaat die Gebote der Rechts- und Verfassungsbindung, der Tatbestandsbestimmtheit, Methodenklarheit und der zureichenden rationalen Begründung. Ein Schlussfolgern vom Ganzen und seiner Einheit her genügt nicht den Anforderungen an *demokratisch gebundene, rechtsstaatlich geformte Methoden.*

III. Gerichtspraxis

In der Praxis versucht das *Bundesverfassungsgericht* seit dem Südweststaats-Urteil (BVerfGE 1, 14 ff.), die Sicht des Grundgesetzes als einer Einheit durchzusetzen. Der *Bundesgerichtshof folgt* dem gelegentlich mit Formeln wie „unteilbare Einheit“ oder „Ganzes der Werteordnung“. Die Judikatur hat ein Chaos von Gebrauchsweisen des Arguments erzeugt. So behauptet der Zweite Senat des Bundesverfassungsgerichts bei seiner Einheitsthese, es gebe im positiven Verfassungsrecht generelle Rangunterschiede; dagegen folgt für den Ersten Senat seit dem Gleichberechtigungs-Urteil (BVerfGE 3, 225 ff.) gerade aus der Einheit der Verfassung, dass die Normen des Grundgesetzes prinzipiell denselben Rang haben müssen. Die grundsatzkonforme Verfassungsinterpretation des Zweiten Senats ist rechtsstaatlich nicht vertretbar.

IV. Kritik durch die Strukturierende Rechtslehre

Eine Untersuchung unter formalen, inhaltlichen und methodologischen Gesichtspunkten führt zu klaren Ergebnissen: Das Grundgesetz ist weder notwendig lückenlos noch eo ipso frei von Widersprüchen. Es ordnet aber Textvollständigkeit und Textstrenge, insofern eine formale *Einheit der Verfassungsurkunde* an. Es weist weder verschiedene Rangstufen auf, noch sondert es einzelne Normengruppen rechtlich von den anderen ab. Das Grundgesetz kennt also eine Einheit der *Rangstufe von Rechtsquellen* und, abgesehen von den Notstandsvorschriften, eine Einheit seiner *normativen Struktur.* Für diese Fälle könnte der Ausdruck „Einheit der Verfassung“ zwar gebraucht werden, ist jedoch überflüssig. Das dabei Gemeinte ergibt sich aus allgemeinen Eigenschaften der geschriebenen Verfassung bzw. aus einzelnen grundgesetzlichen Normen. Alle Fragen nach einer Einheit der Verfassung werden jedenfalls für das Grundgesetz der Bundesrepublik Deutschland durch die Eigenschaften seiner Positivität beantwortet. Die *Positivität der Verfassung* bewältigt sowohl die Fälle, in denen die Rede von der Einheit der Verfassung am Grundgesetz scheitert (Lückenlosigkeit, Freiheit von Widersprüchen, ideologische Einheit), als auch jene, in denen die Einheitsthese bereits durch positives Recht begründet ist (legitimierende Einheit, funktionale Einheit, Einheit als Mittel systematischer und harmonisierender Verfassungsinterpretation). Dasselbe gilt für die schon oben genannten Typen (urkundliche Einheit, Einheit der Rangstufe von Rechtsquellen sowie der normativen Verfassungsstruktur).

F. Folgerungen

Der Ausdruck „Einheit der Verfassung" kann auch dort aufgegeben werden, wo er sinnvoll verwendbar wäre. Er darf nicht länger dazu dienen, die Grenze zwischen normorientierten und normgelöst rechtspolitischen Argumenten zu verwischen. Auch der seit Smend beliebt gewordene Rettungsversuch, Einheit als zwar nicht gegeben, wohl aber als aufgegeben zu behandeln, führt nicht weiter. Das macht die höchstrichterliche Praxis ungewollt deutlich. Ist Einheit als Datum weder vorhanden noch einsichtig zu machen, so auch nicht als praktisch anzustrebendes Ziel. Sonst wird nur die eine Illusion durch eine andere ersetzt, die positivistische durch eine antipositivistische. Was dagegen weiterführt, ist eine *nachpositivistische Strukturierung* des Problemfelds.

Die schillernden Argumente von „Einheit", sei es der Rechtsordnung im Ganzen, sei es der Verfassung, haben in die Irre geführt. Sie sind Beispiele für einen irrationalen Holismus der Rechtsarbeit, der ohne Schaden für deren Sache aufgegeben werden kann, der im Interesse rechtsstaatlichen Handelns der Juristen aufgegeben werden sollte.

Literatur

Bergbohm, K.: Jurisprudenz und Rechtsphilosophie, 1. Bd., 1892.

Burckhardt, W.: Die Lücken des Gesetzes und die Gesetzesauslegung, 1925.

Engisch, K.: Die Einheit der Rechtsordnung, 1935.

– Der rechtsfreie Raum, ZStW 108 (1952), 385 ff.

Gerber, C. F. v.: Grundzüge des Deutschen Staatsrechts, 3. Aufl. 1880.

Jellinek, G.: Allgemeine Staatslehre, 3. Aufl. 1960.

Jung, E.: Von der „logischen Geschlossenheit" des Rechts, 1900.

Kaufmann, A.: Gedanken zu einer ontologischen Grundlegung der juristischen Hermeneutik, in: N. Horn (Hrsg.), Europäisches Rechtsdenken in Geschichte und Gegenwart, FS für H. Coing, 1. Bd., 1982, 537 ff.

Kelsen, H.: Reine Rechtslehre, 2. Aufl. 1960.

Laband, P.: Das Staatsrecht des Deutschen Reiches, 1. Bd., 5. Aufl. 1911.

Larenz, K.: Methodenlehre der Rechtswissenschaft, 5. Aufl. 1983.

Luhmann, N.: Die Einheit des Rechtssystems, Rechtstheorie 14 (1983), 129 ff.

Müller, F.: Juristische Methodik, 2. Aufl. 1976; 11. Aufl. 2013 (Bd. I, mit *R. Christensen*).

– Die Einheit der Verfassung. Elemente einer Verfassungstheorie III, 1979; 2. Aufl. („Kritik des juristischen Holismus“) 2007.

– Strukturierende Rechtslehre 1984; 2. Aufl. 1994.

Schmitt, C.: Verfassungslehre, 4. Aufl. 1965.

Smend, R.: Verfassung und Verfassungsrecht, 1928.

Über Richtigkeit und Konsens

1975

I.

Die Rede von „Richtigkeit“ setzt einige Merkmale voraus. Sie meint einen weder beliebigen noch unbestimmten, unabgegrenzten Inhalt; er muss zumindest als bestimmbar erscheinen. Sie braucht eine Präferenz für seine Wirksamkeit. Die Präferenz kann sich absolut zu setzen versuchen (Forderung, Verheißung) oder sich bis zu einem gewissen Grad selbst relativieren: zum Beispiel durch Reflexion über Widerstand in der Realität, über Taktik und Strategie (Appell, Programm). Auch soll die den Inhalt umschreibende gedankliche Vorstellung auf das Gestalten sozialer Beziehungen unter Menschen einwirken, sei es als durchzusetzende, später dann durchgesetzte Leitlinie, sei es wenigstens als Maßstab.

II.

Nicht hierher gehört die Rede von Sachzwängen in den seltenen Fällen, in denen sie ehrlich ist. Dann sind die Lasten für das Leben, die Grenzen einer Veränderung zum Besseren weder von uns gesetzt noch durch irgend sinnvolle gesellschaftliche Leistung zu beseitigen. Die Sachen zwingen und zwängen die Menschen.

Sind aber die störenden Sachverhalte sozial geschaffen worden, sind sie von ihren Urhebern und Profiteuren zu verantworten, durch gesellschaftliches Handeln auch wieder veränderbar, dann schleusen sich solche „Sach“zwänge als verdeckte Ideologie in die Behauptungen vom Richtigen ein. Die, von denen die Sachen gezwängt und die anderen Menschen dadurch gezwungen, ausgebeutet, geschädigt werden, haben als einzige ein Interesse daran, als Richtiges die Ansicht durchzusetzen, schuld seien nicht die Menschen (und also nicht sie), sondern die Sachen allein.

III.

Alles inhaltlich Richtige, auch wenn es als absolut daherkommt, wendet „sich“ an die Menschen, wird also von seinen Urhebern, Vertretern, Durchsetzern an die andern gerichtet. Sie sollen denselben Inhalt bevorzugen, von der Richtigkeit dieses Richtigen überzeugt werden. Zu brechen sind ihr Dissens, ihr Konsens mit anderen Inhalten. Sie sind als Mit-Durchsetzer einzuspannen, zumindest als passive Erdulder einzuschüchtern.

Ohne das Werben um den Konsens anderer ist es kein Richtiges, sondern Literatur. Und auch diese, selbst die des l'art pour l'art, wirbt um (ihre Art von) Annahme. Ohne befolgte, einen Teil der Lebenspraxis der Zustimmenden ausmachende Anerkennung „gilt" kein Anspruch als richtig, *ist* es also, außer allenfalls für seinen Urheber, für niemanden.

Alle Inhalte sind solche im Bewusstsein von Menschen und in der Praxis ihres Lebens. Ihr Bestimmen, Abgrenzen, Bewerten und Vorziehen geschieht wiederum durch Bewusstsein und menschliche Praxis. Das gilt in gleicher Weise für solche Inhalte, die genau dies bestreiten: „Gott" spricht und handelt durch nichts als durch Menschen, seine Kollegen in diesem Geschäft heißen Kosmos, Natur, Geschichte. Die metaphysischen Theorien von Richtigkeit entgehen, trotz allen grandiosen Faltenwurfs und Gebärdenspiels, um kein Jota dem langsamen, unerbittlichen Weltgericht, nach dem sich kollektiver Konsens bildet, ändert, auflöst. Strategisch ist ihre Anmaßung von Absolutheit als Schallverstärker dienlich; tatsächlich kann sie auch Erosion befördern, Demontage bewirken.

IV.

Konsens geschieht meist, weil vorhergehender Konsens schon geschehen war; und das Geschehene ist das beliebteste Arsenal für Konzepte von Richtigkeit. ‚Aus der Geschichte lernen' bezeichnet, über die fordernde Phrase hinaus, eine kollektive Befindlichkeit.

Gelernt kann dort werden, wo Regelhaftigkeit erscheint. Regeln sind Entsprechungen im Verschiedenen, „Verschiedenes" bedeutet für das Erkennen und Anwenden der Regel: im Nacheinander. Die beobachteten Vorgänge kommen als solche „nach einander", wobei sich der Beobachter dieser Reihung zu fügen hat (Geschichte); oder ihr Einsetzen und ihr Ablauf sind steuerbar, dann kommen die einzelnen Beobachtungen „nach einander" (Experiment).

Nicht nur erfolgt Lernen stets in der Zeit. Es setzt auch voraus, sich auf etwas zu beziehen, das sich seinerseits in der Zeit abspielte. Gelernt werden kann – trotz allen „Probehandelns", auf das Freud hinweist – nur am schon Bemerkten, schon Begriffenen: am bereits Geschehenen. Wenn es um Lernen aus Regularität geht, geht es um Geschichte. Für experimentelle Naturwissenschaften ist das die ihrer eigenen Vorarbeit. Für andere Naturwissenschaften wie Evolutionsbiologie, Geologie, Klimatologie, ist es die allgemeine Vergangenheit der jeweiligen Gegenwart. Für die Humanwissenschaften ist es Geschichte als die Vergangenheit der Lebenspraxis menschlicher Gruppen.

Vergangenheit *enthält* nicht Zeit, denn diese Zeit ist vergangen. Spuren jener Zeit und Zeugnisse aus ihr bieten aber den Stoff, der zu sagen erlaubt, ob bestimmte Zusammenhänge regelhaft erscheinen; liefern Material, das Urteile über solche Regelhaftigkeit möglich macht. Nicht ist der Stoff ‚Geschichte' zeithaltig; wohl aber sind Berichte über geschehene Zeit regelhaltig. Vielleicht können sie lehren: was innerhalb des Geschehenen möglich gewesen sein mag; welche Varianten im Möglichen verfügbar waren; welche der Varianten als wahrscheinlich erschienen; ob das jeweils unvorhersehbar Überraschende seinerseits – über längere Vergangenheit hinweg – einen numerus clausus möglicher und wahrscheinlicher Varianten bildet und ob es insoweit alternativ lernbar ist. Die humanwissenschaftlichen Methodiken enthalten, oft vorwissenschaftlich oder gar nicht formuliert, statistische und prognostische Elemente. Regelhaftigkeit meint eben: Entsprechung im Verschiedenen; und die Entsprechungen – aus der Vergangenheit („statistisch") für die Nach-Vergangenheit („prognostisch") begriffen – decken zwischen fast determiniert und nicht determinierbar (nicht erlernbar) erscheinenden Extremen ganz verschiedene Grade an Verlässlichkeit ab.

Leopold von Rankes „wie es wirklich gewesen ist" lädt in aller Unschuld das Erkennen des überhaupt Erkennbaren dem Historiker auf. Die diese Wirklichkeit bewirkten, konnten sie offenbar nicht erkennen. Keiner weiß, wie es wirklich ist. Das liegt weder an einem banalen Mangel an Abstand noch an einem professoralen hermeneutischen Zirkel. Es liegt daran, dass es kein „es" gibt; denn jeder, der an Wirklichkeit mitwirkt, hat sein eigenes.

Warum aber sollte dann erkannt werden können, wie es wirklich gewesen sei, sobald „es" nicht mehr wirklich ist? Der Historiker kann das *es,* das wirklich gewesen sein soll, scheinbar in splendid isolation auswählen: eines der nicht mehr wirklichen Beteiligten oder sein eigenes. Der neuen Wirklichkeit, der seinen, entkommt er in keinem Fall.

Die Weltgeschichte ist das Weltgericht: nicht, weil da von einem ihrer Zeitpunkte an einer zur Rechten Gottes säße. Nicht, weil sie die Gerechtigkeit hervorbringen wird; sie bringt nur sich hervor. Sie ist das Gericht der Welt, weil es ein anderes jedenfalls nicht geben wird.

Die Menschen sind verlassen, denn sie sind ganz unter sich. Gerade deshalb sind sie nicht allein. Keiner kann sich retten vor dem Wort der anderen, das sein Gegenwort einfordert, Antwort. Keiner kann aus allen Zusammenhängen treten – er wird in neuen Verflechtungen gesehen werden. Trotzdem ergibt sich so kein erhabenes Schauspiel einer sich durch die jeweils anderen bewusst machenden Wahrheit der menschlichen Geschichte. Geschichte schreiben soll Gegenwart beherrschbar machen. Seit der Historiographie der Sumerer dient das Erraten von Gestrigem der Rechtfertigung von Heutigem. Das Fortschreiben menschlicher Geschichte besteht in ihrem fortwährenden Umschreiben. Wahrheiten, stückweise, sind aus diesen Vorgängen nicht ganz auszuschließen. Es gibt Wahrheiten, die heutiges Tun entschuldigen, ohne die Realität (als erinnerte) zu verraten.

Geschichte, nachdem sie geschehen ist, spielt sich in (oder: als) Sprache ab. Sie ist anderen Bedingungen unterworfen, als es die Wirklichkeit war, die jetzt als Geschichte verdinglicht wird. Wort und Antwort legen sich über Reaktion und Aktion.

Da ist kein Herr der Geschichte und keine Geschichte, die sich nach Gesetzen vollzöge, die es einer Gesellschaft abnehmen könnten, für das einzustehen, was sie tut. Die Frage ist nicht, ob das, was eine menschliche Gruppe als konsentierte Praxis lebt, ob ihr Richtiges auch „richtig" sei. Es ist jedenfalls Ihres, und andere werden sie dafür verantwortlich machen.

V.

Auch ein Richtiges, das nur mit Hilfe von Gewalt praktiziert wird, braucht Konsens: den der Herrschenden untereinander. Er kann sich auf den Inhalt beziehen oder darauf beschränken, dieser sei jedenfalls richtig für die Beherrschten – weil er für sie gut genug ist oder auch, weil er dafür gut ist, sie unter der Knute zu halten.

Aus geschichtlicher Erfahrung ist soziale Praxis aufgrund von Anerkennung durch Herrschende *und* Beherrschte einer jeden aufgrund von Gewalt vorzuziehen. Da es real aber nicht das eine ohne das andere gibt, lautet die Präferenz dahin: Vorzuziehen ist eine Praxis, die in der Regel durch Konsens und nur im Ausnahmefall durch Gewalt funktioniert. Sie ist, faute de mieux, schon dann optimal, wenn sie mit möglichst viel Konsens und mit möglichst wenig Gewalt auskommt. Aber damit ist nur die im Einzelfall aktuelle, die offen sichtbare Gewalt erfasst; sie ruht selbst im besten Fall auf einem gewaltigen Sockel konstitutioneller, in den Institutionen versteckter und durch sie wirksamer Gewalt.

Der genannte Vorzug ist der des rechtsstaatlichen Verfassungswesens in seinen besten Eigenschaften: Formalität und Rationalität im Dienst des Vorrangs von Anerkennung; freilich auch mit der Folge, Herrschaft geräuschloser und geordneter zu machen. Für das bessere Funktionieren von Herrschaft wie zugleich gegenläufig die Möglichkeit von Demokratie, werden die Mechanismen des bürgerlichen Rechtsstaats unmittelbar politisch. Informelle Herrschaft wird verbreitert, die Hand des Staates und der wirtschaftlichen Machtzentren möchte zur *invisible hand* werden, von der Adam

Smith schwärmte; die in den Institutionen des Staates und in den ökonomischen Strukturen der Gesellschaft verborgene Gewalt verbirgt sich noch besser. Auf der anderen Seite bereiten Formalität und Rationalität in gesellschaftlicher Öffentlichkeit die Konsensbildung vor, verwissenschaftlichen sie ein Stück weit die Präferenzfragen, lassen sie Wertungen jedenfalls potentiell sachhaltiger und als abgeschichtete, differenzierte Wahl zwischen Alternativen deutlicher werden. Formalität und Rationalität der Verfassungspositionen verdecken, anders gesagt, die Konfliktinhalte und Konfliktgruppen der Gesellschaft weniger, als es in den noch stärker gewaltbestimmten politischen Systemen der Fall ist. Da neben dem Modell „Richtigkeit und Anerkennung" stets, und innerhalb desselben Systems, das Modell „Gewalt und Erdulden" zur Verfügung steht und exekutiert werden kann, und weil jede Zustimmung allen Techniken von Fälschung und Manipulation unterliegt, wird eine rechtsstaatlich verfasste soziale Demokratie *mit ehrlicher Arbeitsmethodik ihrer Funktionsträger und gleichheitlicher Geltung ihrer Normen* im doppelten Sinn des Wortes zur Utopie. Sie verdient den Höchstwert der Utopie nicht, weil sie „in sich richtig" wäre, sondern weil sie es wert ist, anerkannt zu werden. Weder die metaphysischen Theorien von Richtigkeit noch jene andere, Richtigkeit entstehe aus Konsens, verfügen über zureichende Kriterien für Wahrheit. Aber die tatsächlichen sozialen Vorgänge spielen sich so ab, dass die Konsenslehre, in diesem Punkt, ehrlicher ist als ihre autoritäre Gegnerin.

Methodologische Aspekte der Gerechtigkeit

I.

Gerechtigkeit ist ein unmittelbares Lebensbedürfnis der Menschen. Zugleich ist „Gerechtigkeit“ einer der unbestimmtesten Ausdrücke. Die mit ihm verbundenen Vorstellungen sind zudem durch Konflikte und oft unvereinbare Interessen verzerrt.

Umzingelt vom Widerstreit der Interpretationen, von gegensätzlichen Erwartungen, durch das geltende Recht zu einer Entscheidung verpflichtet und durch die Standards des Rechtsstaats zu einer plausiblen Begründung – kurz: vor der Notwendigkeit, das inhaltlich Undefinierbare („gerecht“) durch Praxis zu definieren und das Unentscheidbare zu entscheiden, haben die Rechtsarbeiter Varianten von „Gerechtigkeit“ entwickelt. Diese können auch die *allgemeine* Debatte um Gerechtigkeit bereichern und anregen: Nachprüfbarkeit und Präzision, Methodenehrlichkeit und Gleichbehandlung, Inhalts-, Verfahrens- und Methodengerechtigkeit. Mit dem überlieferten Positivismus ist das allerdings nicht zu bewerkstelligen.

Der entwickelte demokratische Rechtsstaat fordert – nicht nur politisch und ideologisch, sondern *normativ* – das (durch Repräsentation meist nur mittelbar) demokratisch erzeugte „geltende Recht“, also die Normtexte in den Codices der Gesetze und Verordnungen korrekt zu verwirklichen. Was eine Mehrheit der Wahlberechtigten im Augenblick inhaltlich durchsetzen wollte, hat die dadurch geregelten Felder der Gesellschaft dann auch entsprechend zu prägen. So verlangt es das zwar nicht zureichende, formal aber notwendige Modell dieses politischen Systems.

Dass es nicht zureichen kann, erklärt sich auch durch die beharrliche Forderung *Aller* an den Staat, es müssten zum einen die allgemeinen Regeln aufs Ganze hin und zum andern die auf sie folgenden Entscheidungen im Einzelfall nicht nur korrekt, sondern *auch noch gerecht* ausfallen. Dabei geht es doch in der uralten philosophischen, in der ethischen Debatte über Gerechtigkeit eher um weitläufige Prinzipien, kaum je um kleinteilige Einzelheiten und schon gar nicht um Aspekte der Arbeitsmethodik beteiligter Juristen. Doch stehen solche Fragen der Sache nach im Zentrum des Problems – wenn wir denn „die“ Gerechtigkeit als *Problem* begreifen und nicht weiterhin als einen beruhigenden Vorrat endgültiger Argumente, als Kostümfundus für das juristische Welttheater.

Die Rechtsordnung, Verfassung und Gesetze, sollen schützen: vor der Übermacht der Stärkeren – *rechtlicher Schutz gegen rechtlose Gewalt.*

Wenn aber Gesetze und Exekutivakte das nicht verwirklichen, ihrerseits in eine formal verdeckte Form von Gewalt zurückfallen, verschiebt sich der Diskurs „nach oben“: zur Forderung nach *Gerechtigkeit* gegen *gesetzliches Unrecht.*

Werden trotz Anrufens dieser die Entscheidung, die Behandlung als weiterhin ungerecht empfunden und insofern nach wie vor als gewaltsam, „erhöht“ sich nochmals die Stufe der Anforderung: an ein *Naturrecht* als Quelle übergesetzlich verbindlicher Normen.

Recht statt und gegen Gewalt, *Gerechtigkeit* statt und gegen Unrecht, *Naturrecht* statt und gegen Ungerechtigkeit – diese dreifache Schichtung bleibt als Bedürfnisstruktur bestehen. Doch übernehmen national und transnational geltende Grund- und Menschenrechte inzwischen zentrale Aufgaben des alten Naturrechts. Selbst demgegenüber kann und wird die Stimme insistieren, die ein „gerechtes“ Handeln anmahnt.

II.

Gerechtigkeit hat keine einfache Struktur. Sie bietet keinen vorgegebenen Inhalt, ist nicht eine naturhafte Wesenheit. Sie tritt als von Menschen erdachtes, von Menschen geschaffenes Werk auf, von Gesellschaftlichkeit und Konflikt nicht zu trennen. Sie kann gar nicht anders, als komplex und mehrdeutig, als bestreitbar und umstritten zu sein.

Darum ist „Gerechtigkeit“ aber noch nicht ein von Theorie, Ideologie und Demagogie leicht zu besetzendes Schlagwort. Sie ist ein tief gründendes vitales Bedürfnis. So groß ist dieses – wenigstens nach ihr, da ja Besseres, nämlich Glück in nennenswertem Umfang[1] nicht zu haben ist –, dass es ohne Umschweife als Sehnsucht und dass die Institution der Gerichtsbarkeit als „Gerechtigkeit (Justiz)“ bezeichnet zu werden pflegt. Aber auch als Lebensbedingung ist Gerechtigkeit nicht einheitlich benennbar; denn sie wird von Allen gebraucht, und auf verschiedene Weise.

Gerechtigkeit ist Menschenwerk nicht erst als der Sprachtext, der sie zu formulieren versucht; sondern grundlegend für all ihre sprachlichen Formeln schon als Bedürfnis, erzeugt durch die Umstände materiellen sozialen Lebens. Empfindlich für (Un-)Gerechtigkeit in einer bestimmten Frage macht weniger ein Text, das Denken über ihn. Selbst betroffen zu sein macht empfindlich. Auch ehrliche Leute können sich als Parteien im Rechtsstreit

---

[1] Faust I, bei *Goethe*: „hie und da“.

kaum je darüber einigen, welches Urteil in ihrer Sache denn nun gerecht sei; ein Vergleich hat fast immer für beide Seiten den Nachgeschmack des Ungerechten. Und der zur Entscheidung berufene Jurist urteilt nicht deshalb, weil er der Zerrissenheit des Gerechten entrückt wäre, weil er über ihr stünde. Er tut es, weil das seine Berufspflicht ist, seine für ihn verbindliche Rolle. Im Übrigen bräuchte Gerechtigkeit, die aus Menschenmund kommt, als absolutes Datum und inhaltlicher Fixstern in dieser und jener Kontroverse den selbstgewissen Besitz einer Heilswahrheit oder eines idealistischen Systems wahrer Aussagen, also wiederum von Texten; und zwar von Texten, die ihrerseits aus Menschenmund stammen.

Die Gerechtigkeit des Schamanen, des Medizinmanns, des Clanherrschers, der Stammesmutter kann aus dem Vollen schöpfen; hoffen wir, es komme aus dem Vollen ihrer einfühlsamen Humanität. Was dagegen im hoch differenzierten Rechtssystem den Namen des Gerechten verdienen will, braucht Präzision.

III.

Den Ausdruck „Gerechtigkeit" in Anspruch zu nehmen, verlangt zunächst, inhaltlich genau zu sein. Was mit ihm gemeint sei, welches Urteil, welcher Zustand diesen Namen verdiene, ist meistens umstritten, denn es hängt ab von Schichtbindung, Sozialisation, allgemeinen Interessen und konkreten Zielen. Die Genauigkeit, die rechtsstaatliche Juristen schon einmal beitragen können, liegt im Unterscheiden zwischen bereits geregelten und vorläufig erst angestrebten Inhalten, von Recht und Rechtspolitik. Der Formalitätsvorsprung, der Geltungsvorteil positiv vertexteten Rechts in Gestalt von Gesetzeswortlauten ist von den Juristen im demokratischen Rechtsstaat so strikt zu beachten, wie es arbeitstechnisch nur möglich ist.

Die durch verbindliche Vorschriften erstrebte Wirkung nähert sich umso mehr einer *Inhaltsgerechtigkeit*, als sie sachlich und zeitlich, verglichen mit anderen Betroffenen, der Forderung nach Gleichheit genügt. Das Grundgesetz bietet nicht wenige Gleichheitsnormen; sein Allgemeiner Gleichheitssatz (Art. 3 Abs. 1) wurde jedoch von der Praxis nicht selten zur kleinen Münze eines wenn überhaupt, dann negativ greifenden Willkürverbots geschlagen. Allerdings drückt sich darin nicht nur als Ziel höchstrichterlichen Handelns der Wunsch aus, Bestehendes beizubehalten. Eine allgemeine Überprüfung sämtlicher exekutivischen und judiziellen Staatsakte durch das oberste Verfassungsgericht am Maßstab inhaltlicher Gleichheit würde die staatlichen Gewaltfunktionen so stark umverteilen, dass es mit dem Ansatz des Grundgesetzes nicht mehr vereinbar wäre. Das deutet bereits darauf hin, dass Gerechtigkeit neben der inhaltlichen noch eine organisatorische Seite hat.

Auf anderer Ebene liegt ein seit jeher vertrauter Fehler herkömmlicher Praxis. Diese hat einen erstaunlich verengten Begriff von „gerecht" als Einzelfallgerechtigkeit. Ungesagt setzt das voraus, nur eine materiell-rechtliche, nicht auch eine prozessuale Entscheidung könne gerecht sein. Das Missverständnis speist eine nicht abreißende Serie von Legitimationen „richterrechtlicher" Gesetzlosigkeit. Diese eingewurzelte Ansicht verkennt, dass Kompetenz- und Verfahrensrecht mit materiellem Recht gleichrangig ist und dass Verfassungsvorschriften bezüglich der Bindung richterlichen Handelns gegenüber den materiellen Zivil-, Straf- und sonstigen Gesetzen sogar vorrangig sind. Die alte Sicht verfehlt den Kampfcharakter des Rechtsstreits, bei dem es für den Verlierer im richterrechtlichen Schöpfungsakt gesteigert um Einzelfall*un*gerechtigkeit gehen wird. Die üblich gewordene Praxis verdrängt auch die Kampffunktion materieller Vorschriften im Allgemeinen. Das geltende Recht verkörpert nicht „die" Gerechtigkeit, vielmehr zeitweilige, unter heutigen Bedingungen rascher Änderung verdächtige Kompromisse. Im schlechteren Fall, bei entsprechender politischer Lage, liefert es gar nur vorläufige Diktate im Streit von Macht- und Interessengruppen.

Vom einzelnen Rechtsstreit her gesehen, dem sie ihre Entstehung verdanken, sind auch richterrechtliche Sprüche zumeist für die eine Seite in dem Maß ungerecht, in dem sie für die andere „gerecht" genannt werden. Doch ist die bei verbindlichem Entscheiden im Grundsatz unvermeidbare strukturelle Ungleichheit hier gerade nicht eine *gesetzlich geformte* und damit politisch zu verantwortende, sondern eine im Einzelfall autoritär erfundene. Diese besondere Ungleichheit schafft noch zu eine zusätzliche, eine prozedurale Variante von Ungerechtigkeit.

IV.

Denn Gerechtigkeit setzt im ausdifferenzierten Verfassungsstaat auch Organisatorisches voraus. Die einen Funktionsträger verabschieden Normtexte, die anderen entwickeln im Ausgang von diesen Rechts- und Entscheidungsnormen für den einzelnen Fall. Wieder andere sorgen dafür, dass deren Ergebnisse durch Vollstreckung verwirklicht werden. Zwischen den Stationen des umkämpften Ausarbeitens und Setzens von Normtexten, ihrer erneuten Debatte und möglichen Änderung spielt sich eine Art von rechtspolitischem Kreislauf ab. *Wissenschaftstexte* dienen der Vorbereitung, Formulierung, Kritik und Kontrolle sei es von *Normtexten* der Legislative, sei es von *Entscheidungs- und Begründungstexten* der vollziehenden und rechtsprechenden Gewalten. Diskussionen und Kämpfe über das inhaltlich Gerechte sind erfahrungsgemäß unabschließbar. Gerechtigkeit kann durch materielles wie auch durch Verfahrensrecht angestrebt werden. Dasselbe gilt für alles Bemühen um gerechtes Handeln in den verschiedenen Abschnitten des Erzeugens und Vollstreckens von Recht, begründet durch arbeitsteilige Differenzierung und gegenseitige Abgrenzung der Zweige öffentlicher Gewalt. Diese immer zu wahrende und auch vor normwidriger Ungleichheit zu bewahrende *Verfahrensgerechtigkeit* ist der Inhaltsgerechtigkeit normativ gleichrangig.

Die allgemeinen Bedürfnisse nach Gewissheit und Sicherheit des Rechts, nach Klarheit der Voraussetzungen und Verfahren verbindlicher Urteile, nach genauer Behandlung und redlicher Begründung sind in der *Prozedur* nicht weniger wichtig für das, was „gerecht" zu nennen ist, als Gleichheit und Gleichmäßigkeit beim *inhaltlichen* Erarbeiten der Entscheidung. Ein besonderer Bedarf nach Gerechtigkeit ergibt sich zudem aus Lagen und Interessen einzelner Gruppen. Die speziellen Bedürfnisse werden in den formalen Verfahren geltend gemacht, abgelehnt oder durchgesetzt, die den Normenbestand „Demokratie" bilden; und inhaltlich im Rahmen der Grundrechte und sozialstaatlicher Zielvorstellungen und Einzelvorschriften. Die Bedürfnisse nach Klarheit und Verlässlichkeit des Rechts deckt in erster Linie der Normenkomplex „Rechtsstaat" ab. All das ist gleichzeitig geltende Norm, gleichrangige Verfassungsstruktur. Es ist verbindliche Bedingung für das erwünschte gerechte Ergebnis staatlichen Handelns im Rahmen desselben Modells von Legalität und Legitimität. Eine solche Verfassungsordnung lässt es nicht zu, einzelne Seiten des Wunschs nach Gerechtigkeit – informelle gegen normativ ausgeformte oder inhaltliche gegen prozedurale – sowie die Normen und Einrichtungen, die auf sie antworten sollen, gegeneinander auszuspielen. Gerechtigkeit kann im hochgradig differenzierten Verfassungsstaat der Moderne nur arbeitsteilig angestrebt werden.

Herrschende Lehre und Praxis rechtfertigen „Richterrecht"[2] mit mannigfachen „über"(also: nicht-)positiven Hilfskonstruktionen. Diese sich in Deutschland seit mehr als hundert Jahren immer wieder selbst Mut machende Doktrin beruft sich auf so eindrucksvolle Dinge wie „die Rechtsidee", auf „leitende überpositive Prinzipien", „die Einheit der Rechtsordnung", eine „Natur der Sache", „Normen des Sittengesetzes" – und durchweg bei all dem auf „die" Gerechtigkeit. Dabei werden die aufgeworfenen Fragen von der Doktrin im Wesentlichen beantwortet; leider aber werden die wesentlichen Fragen nicht aufgeworfen. Sie betreffen zunächst einmal das, was hier Verfahrensgerechtigkeit genannt wird. Durch das Setzen und Geltenlassen von „Richterrecht" wird eine materiell ungleiche Entscheidung unter Verstoß gegen geltende Normtexte akzeptiert, die Zuständigkeiten, Grenzen und Bindungen des rechtsprechenden Teils der Staatsgewalt umschreiben.

---

[2] Dazu *F. Müller*, ‚Richterrecht', 1986; siehe auch *dens./R. Christensen*, Juristische Methodik, Bd. I, 10. Aufl. 2009, z.B. S. 135 ff.

„Die“ Gerechtigkeit im Rein- und Rohzustand, die Recht„idee“ en bloc werden einer Rechtsordnung aufgenötigt, die nach der inneren Logik ihrer historischen und normativen Entwicklung längst anderen Mustern folgt. Fiat iustitia, pereat ius!

V.

Gerechtigkeit kennt noch eine weitere Bedingung für ihre Genauigkeit, und zwar eine der Arbeitsweise. Diese Frage geht dahin, ob das am positiven Recht legitimierte, das heißt Normtexten rational zurechenbare Ergebnis nicht nur inhaltlich als vertretbar erscheint, sondern ob es auch korrekt, offen und nachprüfbar in generalisierbaren Schritten am Maßstab einer gleichheitlichen Methodik erzielt wurde[3]. Auch bei dieser Variante steht der Gleichheitssatz im Zentrum, hier in methodologischer Form als *Methodengerechtigkeit*. Nur wenn auch diese verwirklicht ist, kann ein Ergebnis im demokratischen Rechtsstaat als durchweg rechtmäßig bezeichnet werden. Dann wurde nicht nur auf irgendeine, im schlimmsten Fall auf beliebige Art ein rechtfertigungsfähiger Ausspruch erzielt, der also auch auf dem Weg einer anderen, und zwar vertretbaren Begründung und durch andere Stellen hätte gefunden werden können. Das zur Gänze rechtmäßige Ergebnis ist bereits durch seine eigene Begründung und durch die vorliegend mit ihm befasste Instanz „gerechtfertigt“[4]. Eine Reihe gesetzlicher Vorschriften verlangt im Rechtsstaat von den Zweifels- und Streitfälle lösenden Juristen, das erarbeitete Ergebnis durch Text zu begründen. Das bedeutet nicht die Pflicht zu irgendeiner, sondern die zur ehrlichen Darlegung, welche die bestimmenden „Gründe“ des tatsächlichen Entscheidungsvorgangs im Wesentlichen wiedergibt. Sind sowohl das Finden als auch das Darstellen der Lösung jeweils in sich schlüssig gearbeitet, dann könnten sie sich genauso gut decken. Im Einzelnen sind die Anforderungen verschieden, sind sie etwa anders für gerichtliche Urteile als für Gutachten und Expertisen. Es kommt aber darauf an, das Finden der Entscheidung, das heißt die wirklichen Gründe nicht in Gegensatz zu ihrer nach außen wirkenden Darstellung, zu den dann nur noch vorgeschobenen Gründen geraten zu lassen. Sonst ermöglicht die Begründung nicht mehr das Überprüfen durch andere; sie kann sie verhindern, sabotieren. Die für Rechtsstaat und Demokratie unverzichtbare Wirkung der Begründungspflicht wäre insoweit durch apokryphe Praxis in ihr Gegenteil verkehrt.

---

[3] Dazu im Einzelnen: *F. Müller*, Juristische Methodik und Politisches System, 1976, mit dem Vorschlag, das Grundgesetz im Sinn eines „Grundrechts auf Methodengleichheit“ zu konkretisieren.

[4] Dieser Zusammenhang wird diskutiert bei *F. Müller*, Rechtsstaatliche Methodik und politische Rechtstheorie, in: ders., Rechtsstaatliche Form – Demokratische Politik, 1977, S. 271 ff.

Nach verbreiteter Einstellung wird ein vom jeweiligen Beurteiler als „gerecht“ empfundenes Ergebnis nicht beanstandet, auch wenn es mit „Sonder“mitteln auf nicht generalisierbarem Weg erzielt wurde – etwa im Widerspruch zu ständigen Grundsätzen der eigenen Judikatur aus Opportunität im Einzelfall oder in ähnlichen Lagen. Es wird dann mit dogmatischer Haarspalterei gearbeitet oder mit sonstigen Prozeduren, an die sich das betreffende Gremium in anderen Fällen desselben Typs – zu anderer Zeit, mit anderen Verfahrensparteien – nicht gerne erinnern lässt. Solche Kadijustiz ist ungut, weil nicht aus Schwierigkeiten der Sache, sondern aus dem Mangel an Methodenehrlichkeit stammend. Sie wird vorbeugend dadurch möglich gemacht, dass sich vor allem höchstrichterliche Praxis in Methodenfragen nicht deutlich festlegt, um sich für künftige „Sonder“fälle nicht selber die Hände zu binden. Ungleichheit und die damit verbundene Ungerechtigkeit werden dann von einer richterlichen Instanz gesetzt und durchgesetzt, die man politisch nicht zur Verantwortung zieht und die hinter verschlossenen Türen berät[5].

VI.

Das Gesagte handelt von typischen Arbeitsmethoden und von an sie normativ gerichteten Forderungen des demokratischen Rechtsstaats. Es ist nicht individualistisch und psychologisierend misszuverstehen. Bei im engeren Sinn *befangenen* Richtern oder Exekutivfunktionären gibt es gesetzliche Möglichkeiten für die Beteiligten, sie abzulehnen. Aber selbst wo eine Befangenheit unerkennbar und daher auch nicht sanktionierbar ist, muss sie das Ergebnis nicht notwendig ungleich und ungerecht machen. Das Resultat einer juristischen Entscheidung ist nicht schon dann und deswegen Unrecht, weil von einem Funktionär gesetzt, der an ihm ein Interesse hat. Der ganz *interesselose* Rechtsarbeiter wäre auch der *uninteressierte*, da eine „Rechtsordnung an sich“ eine Chimäre und der bloß technische Rechtsexperte gesetzespositivistischer Façon eine bequeme Selbst- und wirkungsvolle Fremdtäuschung ist. Mit anderen Worten ist ein Vorurteil durchaus etwas, das *vor* einem Urteil steht; und ein Vorverständnis ist eine Sache, die mit Verstehen zu tun hat – wenn auch im Normalfall eine Sache *verstehen* eines, Sachverstand „haben“ etwas anderes ist. Unrecht ist, als Prädikat einer Rechtskonkretisierung, ein Ergebnis aber nur dann, wenn es mit verallgemeinerungsfähigen und nachvollziehbaren, mit handwerklich schlüssigen, rechtsstaatlich korrekten Methoden durch Andere *nicht* erzielt werden *kann*, es also in diesem Sinn der positiven Rechtfertigung *nicht fähig* ist.

---

5 Der vielleicht nicht tägliche, wohl aber alltägliche Horror solcher Praktiken ist beispielsweise schon von *R. Lautmann*, Justiz – die stille Gewalt, 1972, protokolliert worden.

Eine der Aufgaben der Strukturierenden Methodik ist es[6], ein so dichtes und folgerichtiges Netz von Arbeitselementen rechtsstaatlicher Prägung auszuarbeiten, dass auch im Fall persönlicher Befangenheit, ideologischer Vorurteile oder sonstiger Störungsquellen für unparteiische Entscheidung das Ergebnis der Rechtsarbeit dennoch die Chance hat, methodologisch, prozedural und inhaltlich korrekt zu sein, gemäß der Leistungsfähigkeit einer positiven Rechtsordnung gleichheitlich und gerecht. Ein widersinniger Missbrauch wäre es, einzelne Elemente aus dem strukturierenden Modell zu isolieren, um sie von Fall zu Fall für autoritäre, Nachprüfung abschneidende Schlüsse und die Adressaten irreführende Begründungen zu verwenden.

Über das Ausmaß des Mangels an Methodenehrlichkeit in der Praxis sind Illusionen nicht angebracht. Der Vorschlag der Strukturierenden Methodik, redlich zu arbeiten, ist dennoch etwas anderes als der Appell eines reinen Toren. Er ist nicht Selbstzweck, er moralisiert nicht. Seine Erfüllung macht sinnvolle Kontrolle durch andere Instanzen möglich; darüber hinaus eine politische im Rahmen nicht propagandistischer, sondern versachlichter Kontroversen der Rechtspolitik; und nicht zuletzt auch ein Überprüfen der Frage, ob und wie weit sich Direktiven demokratischer Gesetzgebung im Alltag der Gesellschaft noch wiederfinden. Firmenwahrheit und Firmenklarheit des Politischen Systems im Allgemeinen und die des Verfassungsrechts im Besonderen bleiben Arabesken von Sonntagsreden, so lange nicht die Juristen in ihrer alltäglichen Arbeit den methodischen Standards gerecht werden.

Eine Methodenlehre ist nicht normativ. Was sie tun kann, ist, ihre Vorschläge der Kritik, Diskussion und Kontrolle der Beteiligten anzubieten. Ein Maßstab für diese Debatte ist die Verallgemeinerungsfähigkeit des Rahmenmodells und seiner methodologischen Einzelheiten. Mit Blick auf den Rechtsarbeiter sollte es sich, unabhängig vom Tun des Einzelnen, um Operationen handeln, die von jeder fachlich trainierten Person durchführbar sind; und mit Blick auf die anstehenden Fälle um Begriffe, Denkschritte, Verfahren, die über den Fall hinaus gleichheitlich verwendbar bleiben. Die methodischen Mittel sollten, anders gesagt, gegen eine noch verbreitete Praxis geeignet sein, Entscheidern in Justiz und Exekutive *für künftige Fälle dieser Art die Hände zu binden*. Funktion juristischer Methodik ist es, die positivrechtliche Lösung des Falls nicht etwa nach Art der Ontologie „*heraus*zufinden"; wohl aber, eine Rechts- und Entscheidungsnorm zu erarbeiten, die einem demokratisch gesetzten Normtext nach generalisierbaren Regeln zugerechnet werden kann. Denn eine zweite Funktion der Methodik

---

[6] *F. Müller*, Juristische Methodik, 1971; Bd. I, 11. Aufl. (mit *R. Christensen*), 2013, durchgängig.

besteht darin, mit denselben Argumentationsschritten das Setzen gerade dieser Rechts- und Entscheidungsnorm darstellend begründen zu können. Dagegen neigt die Rechtspraxis dazu, ihre Operationen eher für diese zweite Funktion einzusetzen, als nachträglich rechtfertigendes Absichern einer jedenfalls nicht im ersten Sinn „methodisch" erzielten Lösung. Daher ist es eines der Vorhaben der Strukturierenden Methodik, typische Quellen üblicher methodischer Beliebigkeit nach Möglichkeit auszutrocknen. Wer so arbeitet, wie sie vorschlägt, hat dann nämlich – auch wenn er sich auf sekundäres Rechtfertigen zu beschränken versucht – seine wie auch immer gesetzte Rechts-und Entscheidungsnorm unter den relativ genaueren Zurechnungsbedingungen dieses Modells darzustellen. Gelingt ihm das, so hätte er die Entscheidung ebenso gut bereits im primären Vorgang mit denselben methodischen Mitteln entwickeln können. Dann würden sich die Abläufe decken, in denen die Entscheidung erstellt und anschließend den Beteiligten, den Instanzen und der Öffentlichkeit verkündet und begründet wird. Mehr an Motivierung zur Ehrlichkeit wird eine nicht-normative Methodik kaum erhoffen können, soweit man überhaupt ihre Vorschläge aufgreift[7].

Die Strukturierende Methodik wie auch die sie begründenden und begleitenden Arbeiten sind rechtspolitisch nicht neutral geblieben. Sie stellen sich gegen das eigene Verantwortung verdrängende technokratische Axiom vom logisch subsumierenden Rechtsexperten, vom gesetzgeberische Befehle durch Syllogismus unpolitisch nachvollziehenden juristischen Fachmann. Wer immer sich für ein autoritäres, irrationales, nicht rechtsstaatlich-demokratisches „Erkenntnis"(im Sinn von: Herrschafts)interesse auf diese Arbeiten berufen wollte, täte das missbräuchlich. Das genannte Axiom prägte den Gesetzespositivismus, und auch in diesem politischen Sinn ist die strukturierende Position in Theorie, Dogmatik und Methodik *nachpositivistisch*. Der alte Positivismus kann, neben anderem, als der zur Doktrin stilisierte Abstumpfungsreflex der Juristen vor dem Ausmaß an sachlicher, menschlicher und sozialer Verantwortung interpretiert werden, dem sie bei ihrer täglichen Arbeit ausgesetzt sind.

---

7 So sieht das auch die kritische Auseinandersetzung mit diesem Konzept. Beispielsweise widmet sie ihm „umso mehr Aufmerksamkeit, als in der Methodendiskussion oft gerade die Beliebigkeit des methodologischen Arrangements mit Unbehagen vermerkt wird", *R. Dubischar*, in: Die Öffentliche Verwaltung 1973, S. 285; oder z. B. auch *B. Schlink*, der die Maßstäblichkeit dieser Vorschläge gegenüber einer Rechtswissenschaft betont, „die methodisch eher traditionell und großzügig verfährt und dafür bei der Hermeneutik die Bestätigung und Rechtfertigung sucht", in: *Rechtstheorie* 7 (1976), S. 94 ff., 100. – Zum Konzept „Methodenehrlichkeit" vgl. *F. Müller/R. Christensen*, Juristische Methodik, Bd. I, 10. Aufl. 2009, etwa S. 549 ff., 573 ff. u. ö. (11. Aufl. 2013); *F. Müller*, Syntagma, 2012, z. B. S. 50 ff., 76 ff., 130 ff., 278 ff., 281 ff.

Das ist schon Analyse, nicht mehr Darstellung. Auch der Positivismus kann nicht nur linear begriffen werden, auch er ist nicht monochrom. Gegen den Strich gebürstet, hat er wichtige Lehren zu bieten. Ob er seine historisch erstrebten Ziele nun erreicht hat oder nicht (er hat sie nicht erreicht), ob er dazu überhaupt fähig war oder vielmehr doch nicht – aus seinen Postulaten ist eine Haltung zu destillieren, die es mit geeigneteren Methoden beizubehalten gilt. Damit das Tragfähige an ihm fortgeführt werden kann, sollte er gegen die Logik seiner Grundlagen und seiner zu kurz greifenden Mittel umgepolt werden. Rechtsarbeit ist nicht bloß fachliches Tun von Experten *und daher* politisch neutral. Das Richtige am Positivismus ist in eine Anforderung an die Juristen umzuformulieren, durch rationale Regularität der Arbeitsschritte die Konkretisierung für judizielle, wissenschaftliche und politische Selbst- und Fremdkontrolle so weit wie möglich zu öffnen. Die normativ einschlägigen Texthypothesen und die betreffenden Fakten müssen einbezogen, die sachlich in Frage kommenden Argumente einsichtig durchgespielt und dargestellt werden. Solches Vorgehen hat keine arbeitstechnisch verschleiernde Wirkung; ob es eine politisch und sozial verhärtende oder befreiende hat, hängt dann nicht mehr an der Arbeitsweise, sondern an der Tendenz der betreffenden Normtexte. Deren inhaltliche Qualität kann eine wissenschaftspraktische Arbeitsmethodik kausal nicht bestimmen. Doch kann sie klären, wie es um diese Inhalte und die Folgen ihrer (methodisch selbstkritischen, generalisierbaren) Umsetzung auf soziale Konflikte bestellt ist. Angesichts der hartnäckigen Funktionsinteressen von Herrschaft *sollte* ein Erbe des Positivismus in diesem Sinn immer und *wird* es zugleich nicht immer gefragt sein. Und ob nun diese Arbeitshaltung mit dem Term „Positivismus" noch verbunden bleiben sollte oder nicht, jedenfalls brauchen wir sie.

Die Rechtswissenschaft wird methodisch rational und redlich, oder sie wird nicht sein. Es würde sie dann immer noch geben; aber nicht als Wissenschaft, sondern in ihrem *dogmatischen* Teil als sammelnde, sichtende, Herrschaft entschuldigende, Einwände beschwichtigende Rechtskunde; auf ihrem *rechtspolitischen* Feld als Wochenendjournalismus mit Fußnoten, als die Publizistik des Meinens und die Jurisprudenz der Interessenten. Die Chance, Rechtswissenschaft zu sein, hat das, was durch die Federstriche der Gesetzgeber nicht zu Makulatur wird.

VII.

Rechtsgeschichte wie heutige Rechtswelt lehren, dass sich Menschen mit Herrschaftszuständigkeit und Entscheidungsmacht, Juristen etwa, durch geltende Normen, auf die sie zugleich sich berufen, im Verfolgen eigener Zwecke so wenig wie möglich behindern lassen. Der rechtshistorische Teil dieser Einsicht macht klar, dass es nicht nur um Verformungen im Handeln *bürgerlicher* Charaktermasken geht, sondern um eine für die Geschichte rechtlicher Praxis und ihre absehbare Zukunft allgegenwärtige Deformation. Dieser Webfehler praktischer Jurisprudenz bedeutet, dass der Jurist für sich selbst und für Auftraggeber die geltende Vorschrift als instrumentell und (gestützt auf seine Fertigkeit im Umgang mit rechtlichem Herrschaftswissen) als zweckdienlich biegbar behandelt; und das, während er von den Anderen verlangt, dieselben Vorschriften als verbindliche Autorität zu achten. Im „Recht des Stärkeren" wird der Stärkere wenigstens als solcher kenntlich. Herrschaft durch Recht, über Normen vermittelte Gewalt, beansprucht dagegen, nicht als Herrschaft, als Gewalt *erkannt*, sondern als Norm *anerkannt* zu sein; somit auch vor den Unterworfenen als *richtig* ausgewiesen werden zu können.

Vor den Unterworfenen; nicht vor den Unterwerfenden und nicht, beobachtet man für sie typische Praktiken, vor ihren Vermittlern, den Juristen. All das ist nicht neu. Vielleicht wäre es erträglich, soweit die Gleichheit Aller vor dem Gesetz nicht nur *Text* des positiven Gesetzes wäre, sondern *Gleichheit*, das heißt verwirklichte. Nun ist es aber anders. Verfassungsgebote von Gleichheit, auch Forderungen wie die nach der Ehrlichkeit rechtsstaatlicher Methode, können selber ebenso *de mauvaise foi* gebraucht werden wie die Rechtsordnung, auf die sie sich beziehen: herrschsüchtig strikt in fremder, unverbindlich in eigener und in Auftraggebers Sache. Die solche Praxis mittragen, mögen das Augurenlächeln tauschen, unter ihresgleichen.

VIII.

Dass wir weder *die* substanzielle *Bedeutung* verwendeter Ausdrücke noch die *einzige Wahrheit* des geltenden Rechts für den Streitfall beobachten und aussprechen können, wurde im Verlauf von Analysen der Praxis einer realistisch strukturierenden, induktiv ansetzenden Rechts- und Verfassungslehre, juristischen Methodik und Dogmatik erkennbar. Das stimmt überein mit den Einsichten einer auf der Höhe der Zeit befindlichen Pragmalinguistik, der *Praktischen Semantik*. Die Jurisprudenz wird in solcher Konstellation, eher nolens als volens, zur politischen Sache. Recht ist eine durchaus sehr *besondere* Form von Politik; einer Politik, die sich nicht über Demokratie und Recht stellt wie beim mörderischen Begriff des Politischen im Dezisionismus, sondern neben beide. Sie zielt nicht im Realen das Totschlagen des „Feindes" an und auch nicht im Symbolischen das Totschweigen und Mundtotmachen des Gegners. Ihr geht es stattdessen darum, diesen zu überzeugen; und immer dort, wo sich das (noch) nicht als möglich erweist, jedenfalls um sein Ruhigstellen: inhaltlich durch Kompromiss trotz fortbestehender Differenz, rechtlich durch Vergleich, politisch durch Mehrheitsentscheidung. Also mit Mitteln, die friedlich bleiben, aber jeweils *nur auf Zeit* wirken können. Dieses Entscheiden des Unentscheidbaren macht das Politische aus – Jacques Derrida hat uns davon unvergesslich gesprochen.

Hans Kelsen, Gipfelpunkt des historischen Gesetzespositivismus, stellt in der Neufassung der „Reinen Rechtslehre" die Frage: „Was ist Gerechtigkeit?" Am Ende des Wegs dieser Frage erahnt er das Gorgonenhaupt der Macht. Gesehen hat er es nicht, zu Stein wäre er sonst erstarrt. So aber hat er als Jurist weiter gearbeitet; zu Recht, denn die Rechtsordnung gibt es. Wir hängen zwischen den Schleiern der Gorgonen und können es uns, solange es Bedürfnisse und Konflikte wirklicher Menschen in realen Gesellschaften zu lösen gibt, wir also Recht brauchen, nicht leisten, alle Schleier wegzureißen, auch noch den letzten. Es gibt genug Arbeit.

Die Juristen haben es mit der Pflicht, Unentscheidbares entscheiden zu müssen, noch mehr als Andere zu tun. Also ist „die" Gerechtigkeit weder Schatztruhe noch Kriegskasse, in die bei Bedarf immer noch wird gegriffen werden können – sei es, um zum finalen Schlag auszuholen, sei es zum endgültigen Argument, nach dem weiteres Argumentieren nicht mehr sinnvoll sein könnte. Gerechtigkeit ist nichts vorab definierbar Gegebenes. Sie ist kein Vorrat von Etwas, sie ist ein Problem – das Problem, das sich in alle praktische Rechtsarbeit störend einmischt, die zu entscheiden hat.

Sie ist wie die Unruh im Uhrwerk[8], die durch ihr Unruhig-Bleiben das Ganze in Gang hält – das Ganze des Rechtsbetriebs, dessen Räderwerk von Allen, die in es hineingeraten, als sehr bedrohlich erlebt werden kann. So insistiert Gerechtigkeit als nicht still zu stellende Frage, Anfrage, Anforderung. Sie bleibt das *cor inquietum*, das unruhige Herz des Rechts.

---

8 *F. Müller*, Gerechtigkeit als „Die Unruh im Uhrwerk", 2009, S. 275 ff.; *ders.*, Syntagma. Verfasstes Recht, verfasste Gesellschaft, verfasste Sprache im Horizont von Zeit, 2012, S. 269 ff., 274 ff., 278 ff., 285 ff., 485 ff. – Ebd. z. B. S. 266 ff., 269 ff., 271 ff., 274 ff. u. ö. zu: Recht – Gerechtigkeit – Naturrecht als Schutzinstanzen gegen: Gewalt – gesetzliches Unrecht – Ungerechtigkeit und *zur heutigen Funktionsübernahme naturrechtlicher Aufgaben durch national und transnational geltende Grund- und Menschenrechte.*

Zu Platon und Heidegger anlässlich § 31 der Hegelschen Rechtsphilosophie

1975

I.

Dialektik im höheren Sinn ist das Erkennen, das in Sprache Aufarbeiten der geschichtlichen Veränderung: der qualitativen, nicht nur der nach chronologischem Maß sich abspulenden Zeit der menschlichen Gruppen.

II.

Dieses Erkennen und Aufarbeiten ist nicht inhaltlich produktiv, sondern als Sprache; ist nur reproduktiv für den Inhalt, der sich „organisch" erzeugt. Die „höhere Dialektik des Begriffes" ist also „die eigene Seele des Inhalts" und nicht „*äußeres* Tun eines subjektiven Denkens". Die dialektische Bewegung als Tat treibt ihr Geschäft in der Wirklichkeit qualitativ fortschreitender Geschichte.

III.

Was die Wissenschaft dabei tut, kann nur sein, Wahrheit zu erkennen. Nicht kann sie Wahrheit, die das Entsprechen von Begriff und Wirklichkeit (Zusatz zu § 21; Jubiläumsausgabe, S. 37) ist, hervorbringen. Da Wirklichkeit nur als sich entwickelnde, als qualitativ vorantreibende Geschichte *ist,* kommt Philosophie im Sinn einer Weisung, einer Anleitung für die Praxis „ohnehin … immer zu spät". Anweisendes, Vorschreibendes, das sich dieses Sachverhalts nicht bewusst ist, bewegt sich im allzu weichen Medium der Beliebigkeit, „nur in seinem Meinen" (Vorrede). Was Denken zu erreichen hat, ist die Wirklichkeit; nicht „vorübergehendes Dasein, äußerliche Zufälligkeit, Meinung" (§ 1). Wirklichkeit als qualitativ neue, als geschichtliche, hat die Notwendigkeit höherer Dialektik auf ihrer Seite. Denken der Wahrheit kann nur darin bestehen, der Verwirklichung der Idee als Welt in Geschichte nachzudenken.

Einsicht dieser Philosophie soll sein, „daß nichts wirklich ist als die Idee" (Vorrede). Wissenschaft hat nur „zum Bewußtsein zu bringen": die Arbeit der sich im Material der Geschichte herausbringenden Idee, des Begriffs, der Vernunft, des Geistes in der Welt. Das Denken als Bewusstsein des denkenden Subjekts „sieht … nur zu" (§ 31).

IV.

Die passivische Position gegenüber der Wahrheit entlastet von subjektiver Verantwortlichkeit für deren Inhalte. Sie stellt einen ungeheuerlichen Anspruch auf Objektivität zugunsten dessen auf, der aus solcher Haltung sprachliche Vorschläge zur Wahrheit macht. Diese sind dem Denker zugekommen, nach der Struktur des Argumentierens Teile einer Offenbarung. Sie sind nicht subjektive Zutat, eingefärbt durch Vorverständnis, nicht Inhalt seines Meinens, sondern Erkenntnis schlechthin. Er hat nicht gefragt, nicht ausgelegt, nicht projiziert, nicht erfunden. Er hat zugesehen.

V.

Noch zwei andere erheben im Lauf der europäischen Philosophie einen vergleichbaren Anspruch aus vergleichbarer Einstellung. Der frühe Platon will die Ideen als die richtige Anschauung der Dinge, als deren Wirklichkeit für menschliches Bewusstsein, gleichfalls weder erfragen und projizieren noch konstruieren und hervorbringen. Er will sie schauen, erinnern durch Anamnesis, durch eine die intellektualistische Haltung des Vernünftelns, aktiven Diskutierens, des Herausfragens grundsätzlich übersteigende spirituelle Erfahrung. Der späte Heidegger nimmt das Hören auf Wahrheit als auf die Lichtung und Unverborgenheit, auf die Wahrheit des Seins, als die dem Denker allein vertretbare Haltung in Anspruch.

VI.

Erinnern: die Idee als das *eigentlich* Wirkliche der Dinge. Zusehen: dem *Eigentlichen,* dem qualitativ Notwendigen im Fortgang der Geschichte. Hören: auf die *eigentliche* Wahrheit des Seins, nicht auf das bloß Seiende der Objekte. Auf diese Weisen entgeht man auch, bei der Selbstbestimmung, Selbststilisierung, den Plattheiten sophistischer Diskussion, der Vernunft als Ratio, der „modernen Halbheit" einer als trial and error vor sich hinwurstelnden *„Annäherung* zur Wahrheit" (§ 31 der Rechtsphilosophie). Man entgeht dem Markt der Sätze und Gegensätze, der Tradition aus Sprüchen und Widersprüchen. Und so, wie Hegel sogar im aphoristisch knappen 31 der Rechtsphilosophie Platons gedenkt und seiner einzelnen *Ansätze* zur höheren Dialektik, indem er die „häufig auch bei Plato" unterlaufende „negative" Dialektik des bloßen Widerspruchs rügt, so hätte Heidegger Anlass gehabt, vom Vorwurf der Seinsvergessenheit nicht nur wegen seiner *Ansätze* (besonders im „Sophistes") den spirituellen Ikarus, den genialen Literaten Platon auszunehmen, sondern auch den zweiten der drei Brüder im Größenwahn. So aber ist laut Heidegger nicht etwa zwischen Platon und Hegel nicht philosophiert, sondern zwischen Platon und ihm selbst nicht gedacht worden. Hegel nämlich macht sich auf, der Welt als Wirklichkeit nachzudenken, dem Sein als dem Sein des als Geschichte Seienden; der Geschichte als dem Prozess, der nichts ist als die Realisierung seines Anfänglichen. Die Verwirklichung des Geistes als Wahrheit einzubeziehen, Hegel und seine Folgen zu verarbeiten, will Heidegger zu seinem Geschäft nicht machen. Dabei war schon Platons Idee (der Polis) nicht ein „leeres Ideal" gewesen, sondern betraf „die Angel …, um welche damals die bevorstehende Umwälzung der Welt sich gedreht hat" (Vorrede) – sagt Hegel. Und Begriff, Vernunft, Idee, Weltgeist könnten als Chiffre für eine Antwort auf die Frage stehen, warum überhaupt etwas sei und nicht vielmehr nichts.

VII.

„Nicht *wie* die Welt ist, ist das Mystische, sondern *daß* sie ist"[1]. Dem Mystischen ist Schweigen angemessen. Es ist unaussprechlich, es zeigt sich.

So wie bei Heidegger aufgefasst, wird die spirituelle Einsicht zu einer scholastischen Sache. Er bleibt bei der Frage nach dem *Warum* des Seins des Seienden. Dagegen steht auch das Denken, weil es Denken von Menschen ist, immer schon im *Dass* des Seins des Seienden – ebenso wie, unausweichlich, die menschliche Existenz im Ganzen, möge sie die Seinsfrage „vergessen" haben oder nicht. Dieses Unausweichliche macht den harten Kern und die Härte des Existierens aus. Demgegenüber bedeutet das Festhalten an der Frage nach dem Warum, sich in einem weichen Medium zu bewegen. Unverborgenheit geschieht immer schon, ohne darin, dass sie geschieht, auf Denken angewiesen zu sein. Nicht Zeit, sondern Geschichte ist der Horizont des Seins des Seienden. Wer allerdings Geschichte auf die der Philosophie verengt und Unverborgenheit als Wahrheit des Seins des Seienden zwischen Platon und dem Erscheinungsdatum von „Sein und Zeit" als *Vergessen* fasst statt als *Erfahren,* dem bleibt auch die eigene Geschichte und die seiner Mitmenschen nur vorlaufende Zeit, Wahrheit nur Denken von Wahrheit, Mitmenschlichkeit nur Thematik, Wirklichkeit nur Geräusch einer Wirklichkeit.

---

[1] *L. Wittgenstein,* Tractatus logico-philosophicus, 6.44; dazu 6.522 und 7.

Hegelsche Dialektik umkehren

1972

I.

Der Marxismus versteht sich als umkehrenden Erben Hegels. Dank der umgekehrten Dialektik sieht er sich dem alten mechanischen, dem vulgären Materialismus überlegen.

Laut Ludwig Feuerbach hat die Philosophie mit der Nicht-Philosophie zu beginnen, als Anthropologie des wirklichen Menschen, seines tatsächlichen Lebens. Nach dem Vorgang Feuerbachs verstand Marx den Materialismus als Umkehrung des Hegelschen Idealismus.

II.

Was heißt „Umkehrung" der idealistischen Dialektik Hegels?

Es meint nicht einfach, wie oft gesagt wird: Hegel fasse die Natur als Ergebnis der Entäußerung, Marx das Ideelle evolutionistisch als Produkt der Materie.

Die Umkehrung besteht darin, dass als *Subjekt* des dialektischen Prozesses der Selbstverwirklichung des Absoluten in der Geschichte nicht, wie bei Hegel, die Idee, der Weltgeist auftritt. Subjekt ist die Natur und, als ihr Teil, der sinnlich gegenständliche Mensch. Marx übernimmt dabei das Schema des Sich-selbst-verwirklichens auf dem Weg eines Sich-selbst-entäußerns. Eine in etwa vergleichbare Dialektik bei Rousseau hatte gelautet: Aufheben von Entfremdung durch deren Totalisieren, alienation totale.

Laut Engels bedeutet „Umkehrung": Hegel sehe die Welt richtig als einen Komplex von Vorgängen statt als einen Haufen fertiger Dinge. Er irre nur darin, die Dialektik als Selbstbewegung des Begriffs zu deuten: „Diese ideologische Verkehrung galt es zu beseitigen. Wir faßten die Begriffe unseres Kopfes wieder materialistisch als die Abbilder der wirklichen Dinge, statt die wirklichen Dinge als Abbilder dieser oder jener Stufe des absoluten Begriffs … Damit aber wurde die Begriffsdialektik selbst nur der bewußte Reflex der dialektischen Bewegung der wirklichen Welt, und damit wurde die Hegelsche Dialektik auf den Kopf oder vielmehr vom Kopf, auf dem sie stand, wieder auf die Füße gestellt.“[1]

III.

Solches Umkehren geht an dem vorbei, was Hegel verkündet. Nach dem für ihn zentralen Identitätsprinzip ist die Natur nicht als „Abbild“ der absoluten Idee aufzufassen, sondern als die Idee selbst in ihrem Anderssein. Demnach sind die „Begriffe unseres Kopfes“ nicht dialektisch aus den wirklichen Dingen ableitbar, die Engels als Abbilder des absoluten Begriffs verstehen möchte. Das subjektive Selbstbewusstsein ist die absolute Idee in der Entzweiung der Antithese, „für sich“, in der Abstraktion. Das Bewusstsein bestimmt bei Hegel nicht das gesellschaftliche Sein. So wollte es Marx aber sehen und mit der Aussage, das gesellschaftliche Sein bestimme vielmehr das Bewusstsein, Hegel erneut umkehren. Engels kommt zu einer Vorform der späteren Leninschen Abbildtheorie, die im Sinn von Marx undialektisch ist; nicht zu einem dialektischen Materialismus, sondern zu einem gutgläubigen erkenntnistheoretischen Realismus.

IV.

Marxens Umkehrungen treffen nicht das, was Hegel behauptet. Hegel braucht keine Erkenntnistheorie, die erklären müsste, wie sich Logik und Wirklichkeit, Sein und Denken zueinander verhalten. Seine Identitätsphilosophie entwickelt monistisch aus dem einen Begriff der dialektischen Logik den Aufbau der Wirklichkeit als einer gedachten, sich geschichtlich realisierenden. Hegels „Logik“ ist Logik und Ontologie in einem, mit unverkennbar ontologischem Schwerpunkt. Darum konnte Hegel auch nicht mit Kants Erkenntniskritik fertig werden. Kant wird polemisch der Reflexionsphilosophie eingemeindet, Hegel setzt seine dialektische Logik außerhalb deren an.

Marx und Engels haben nicht eine idealistische Theorie durch Umkehren zu einer wissenschaftlichen gemacht, sondern eine fiktive Lehre durch missverstandene Umkehrung einzelner ihrer Grundelemente durch eine neue fiktive ersetzt. Deutlicher noch als bei dem Hegelianer Marx zeigt sich das bei Engels und bei den auf ihn zurückgehenden späteren Linien Lenins, des Dialektischen und Historischen Materialismus.

Kritik an Hegel kann an seinem metaphysischen Monismus ansetzen. Gerade den kritisiert Engels nicht. Marx tut es, aber ohne Folgen für seine

---

[1] *K. Marx/F. Engels,* Ausgewählte Schriften, Berlin 1961, II, S. 360 f.

Übernahme der Dialektik, insoweit er ihr, und nicht nur in den Frühschriften, letzten Endes geschichtliche Wirkkraft aus sich selbst zuschreibt.

Als Beispiel zu Engels: Hegels Lehre von der Ursprünglichkeit des Geistes gegenüber der Natur soll einen christlichen Schöpfergott implizieren und schon dadurch widerlegt sein. Dagegen ist in Hegels Identitätsphilosophie die Natur mit dem Weltgeist gleichgesetzt. Die Natur „ist" auf der zweiten Stufe der Dialektik der absolute Geist in seinem Anderssein. Das schließt den Gott der Bibel aus, dem doch die Natur als Produkt des wesensmäßig verschiedenen und überlegenen Schöpfers gegenübergestellt bleibt.

V.

Hegels Dialektik bietet, bei Licht besehen, kein objektives Wirkgesetz, sondern eine Darstellungsform. Sie ist spracherzeugt, sprachgeschichtlich verortet. Sie liefert Schemata, mit denen die behandelten Probleme interpretiert werden sollen. Ihre Termini (wie: absoluter Geist, objektiver Geist, subjektiver Geist, Selbstbewusstsein, Entäußerung, Begriff) sind von Hegel konstruiert, um solcher Auslegung dienlich zu sein. Dasselbe gilt für Reihen wie „Recht – Moralität – Sittlichkeit", „Familie – bürgerliche Gesellschaft – Staat", „Kunst – Religion – Philosophie". Auch sie sind termini technici, nicht alltagssprachliche Beschreibungsbegriffe. Sie sind an die Sprache ihrer Zeit gebunden und zugleich an die Absichten, die Hegel mit ihrer Konstruktion als besondere Ausdrücke im Rahmen seines Konzepts verfolgt.

VI.

Zum zentralen Begriff wird für Marx der dialektische Arbeitsprozess. Er übernimmt ihn von Hegel, nicht aus der Rechtsphilosophie, sondern aus der Dialektik von Herrschaft und Knechtschaft in der „Phänomenologie des Geistes". Nach Hegel hat der Herr das eigentliche „Für-sich-sein" inne, der Knecht dagegen, durch sein Entäußern in der Arbeit, nur den Status eines Mittels zum Zweck, ein Für-ein-anderes-sein. Allerdings kommt der Knecht durch seine tätige Auseinandersetzung mit der Natur, durch naturüberformende Arbeit zum Selbstbewusstsein und lehnt sich gegen den Herrn auf, dem diese Chance verschlossen bleibt.

Hegel habe damit das Wesen des Menschen richtig erkannt: als Arbeit, als dialektische Selbsterzeugung, und den Menschen als „Resultat seiner eigenen Arbeit"[2].

---

2 Die Frühschriften, hrsg. von S. Landshut, 1953, S. 269.

Falsch sei nur, dass bei Hegel als Subjekt der dialektischen Bewegung „das Selbstbewusstsein" auftrete. Dagegen setzt Marx den Menschen in die Rolle des Subjekts ein. Bei ihm tritt das Verhältnis zwischen Mensch und Natur an die Stelle des Hegelschen Bewusstseinsprozesses, genauer: an die der dialektischen Entwicklung des absoluten Geistes auf der Stufe des Selbstbewusstseins. Daher liegt für Marx die Wurzel aller Entfremdung und Selbstentfremdung in entfremdeter Lohnarbeit: abstrakte Arbeit, Arbeit als etwas Äußerliches, Wegnahme des Produkts gegenüber dem Produzenten, Spaltung von Gebrauchswert und Tauschwert, im Ganzen das System der bürgerlichen Politökonomie.

VII.

Wenn Marx Wahrheit als Praxis und Praxis als Arbeit bestimmt sowie Arbeit als „das sich selbst verwirklichende Wesen des Menschen", formuliert er ein Konzept, das Entfremdung und Selbstverwirklichung einander entgegensetzt und normativ bewertet. Sie sollen sich im „Wesen" ausschließen: die eine ist zu überwinden, die andere zu erreichen. Sie markieren geschichtliche Stufen, beziehungsweise in Gestalt der allseitigen Selbstverwirklichung ein geschichtliches Endziel.

Marx macht über den Menschen eine Aussage philosophischer Anthropologie. Sie will das allerdings nicht im Sinn der idealistisch-rationalistischen Naturrechtstradition der griechischen Klassik sein und nicht in dem scholastischer Ontologie: überzeitlich als historiã solutus, als unabhängig von Geschichte in sich richtig. Näher steht diese Bestimmung dem durch und seit Rousseau eingeführten Konzept grundsätzlich wandelbarer, einander ablösender, auch zu verlassender oder anzustrebender „Menschenbilder". Aber es ist eben doch eine Wesensaussage, die Marx gibt. Sie erscheint nicht übergeschichtlich, aber auf eine paradoxe Weise überzeitlich, die bürgerliche *und* die sozialistisch-kommunistische Epoche miteinander verbindend. Arbeit im vollen Sinn, Ausdruck und Mittel einer Selbstentfaltung der Gattung als und durch allseitige Selbstverwirklichung aller Individuen, Arbeit ohne entfremdende Zwänge, ohne die Ausbeutung, Abstraktion und Entmenschlichung der bürgerlichen Gesellschaft wird erst in der sozialistischen Übergangsgesellschaft beginnen und dann in der klassenlosen Gesellschaft real sein. Wenn aber, mit Rousseau und gegen Ontologie, das Wesen „des" Menschen als Arbeit nicht von Geschichte unabhängig gedacht werden kann, warum orientiert es sich für die sozialistische und die klassenlose kommunistische Gesellschaft der Zukunft noch an der bürgerlichen Epoche? Arbeit als das Wesen „des" Menschen ist eine Zentralvorstellung des Bürgertums seit Beginn der europäischen Neuzeit: der homo faber, uomo universale, der in diesem Sinn allseitige Selbstentfalter und Unterwerfer der

Natur, weltimmanenter Veränderer, nicht-kontemplativer Aktivist der neuen aufsteigenden Klasse. Der Mensch der Zukunftsgesellschaft wird, nach Marx, nicht mehr durch spezialisierende, fixierende Arbeitsteilung lebenslang eingezwängt und damit vieler seiner humanen Möglichkeiten beraubt sein; aber durch die Allseitigkeit seiner *arbeitenden* Selbstentfaltung soll er sein menschliches *Wesen,* das Arbeit ist und bleibt, denn doch gerade gewinnen.

In Hegels Dialektik von Herr und Knecht der „Phänomenologie des Geistes“ steht der durch Arbeit die Natur verändernde Knecht für die geschichtlich gegen den Feudalismus voranschreitende, ihn überholende Klasse, die bürgerliche. Marx sieht, dass sich gegen diesen geschichtsmächtig gewordenen *einstigen* Knecht ein neuer erhebt, der des bürgerlichen Arbeits- (und nicht, wie einst, des feudalen Herrschafts-)prinzips. Warum soll aber die geschichtliche Stufe, die dieser letzte Knecht erreichen wird, noch durch das Signum der vorhergehenden geprägt sein? Warum sollen die durch die Umwälzung endlich klassenlos und zu Menschen gewordenen Proletarier zwar von starrer Arbeitsteilung befreit sein, im Übrigen aber genau *den* Zielzustand erreichen, welcher der Ausgangszustand der Bürger (nicht: der ihrer Lohnsklaven) war? Vielleicht liegt auch das an Marxens Entpolitisierung der Hegelschen Dialektik von Herr und Knecht. In der Lehre von Unterbau und Überbau wirkt sie, indem die Probleme in die Gesellschaft verschoben, um die politische Dimension verkürzt, indem Staat und Recht in den Überbau abgedrängt werden. Hier, in der Anthropologie, träte das Defizit an Politischem dann als Verkürzung der Probleme um die Frage eines Fortschritts im Menschenwesen auf. Oder woran sollte es sonst liegen, dass Marx hier die bürgerliche *Ausgangsposition* als nachbürgerliches Ziel wählt, sich auf sie so ohne Vorbehalt eingelassen hat?

So gesehen, wäre Marxens Projektion, gemessen an der anthropologischen Grundfrage, eine Anmahnung, die bürgerliche Gesellschaft endlich *bürgerlich* zu machen; ihr eigenes Ideal der Selbstentfaltung des homo faber, *und zwar für alle,* von Ideologie zur Praxis werden zu lassen. Das soll zwar nicht durch Evolution geschehen, sondern durch Umwälzung. Verwirrend ist aber der Eindruck, diese sei kein Zerbrechen, sondern ein Erfüllen des Gesetzes, nach dem die ihrerseits umwälzende bürgerliche Gesellschaft angetreten war. Es verwirrt, dass für die Frage nach dem Wesen des Menschen bei Marx das Proletariat sozusagen als zweite Garde bürgerlicher Revolutionäre an die Front welthistorischer Dialektik tritt. Gewiss ist diese Anmahnung kein moralischer Appell an die herrschenden Kapitalisten als die erste Generation der nachfeudalen Umwälzer; manches im Frühsozialismus hatte an solche Appelle erinnert. Sie ist ein Aufruf zur Praxis an die zweite revolutionäre Generation, an die – ebenso wie die Kapitalisten – durch den Sturz des Feudalismus hervorgebrachten Proletarier, den archaischen und chaotischen, den widermenschlichen Zustand der ersten Phase des Nach-Feudalismus umzustürzen und die klassenlose als die wahre bürgerliche, als Wahrheit der bürgerlichen Gesellschaft hervorzubringen.

VIII.

Dass Marx und die Marxisten das nicht so sehen, leuchtet ein. Die Frage verschiebt sich dorthin, ob nicht Marxens anthropologischer Ansatz und die philosophischen Folgerungen, die er aus ihm zieht, im Kern idealistisch bleiben[3]. Er wird im Zusammenhang der weiteren Thesen von Marx als Widerspruch fortgeschleppt. Er belastet das Corpus dieses Werks (Unterscheidung und Gewichtung von Überbau und Unterbau; Rolle von und Prognosen über Politik und Herrschaft, Staat und Recht; inhaltliche Zielnormen für die klassenlose Gesellschaft).

Idealismus macht unbestimmt. Unbestimmt ist Marxens Menschen- und Gemeinschaftsideal: zwischen den „allseitigen" Tätigkeiten einer vom Zwang zur Lohnarbeit und von arbeitsteiliger Festlegung befreiten quasifeudalen leisure-class und dem genossenschaftlichen Selbstversorger des Mittelalters steht, dialektisch unaufgehoben, der homo faber des bürgerlichen Zeitalters im Vordergrund herum.

IX.

Der Friedrich Engels, der Bücher alleine zu schreiben begann, endete beim geschrumpften, beim als Staat abgestorbenen Staat.

Mit dem frühen Marx geht Engels davon aus, die Lösung des Problems der Ökonomie werde die aller übrigen, nicht zur Basis gehörenden Fragen notwendig nach sich ziehen. Zumindest für die nicht zum Unterbau gezählten gesellschaftlichen Bezirke lebt der Glaube der gemeinsamen Jugendschriften an den Automatismus geschichtlicher Entwicklung weiter. Auch Engels wahrt das Ziel eines freien Vereins der Produzenten; das der brüderlichen, im Wesentlichen konfliktfrei harmonisch, der menschlich gewordenen genossenschaftlichen Gruppe. Auch von ihm wird die Frage der *Herrschaft* (Politik, Staat, Recht) minimalisiert, die der *Großorganisation* als eines weiteren neben der *Ökonomie* selbständigen Basisfaktors nicht ernst genug genommen. Das Verwalten von Sachen und das Leiten von Produktionsvorgängen werden laut Engels die Herrschaft von Menschen über Menschen ablösen, werden an ihre Stelle treten. Nicht bedacht ist dabei die Gewalt *der* Sachen, *in* den Sachen. Große Bereiche der mittelbaren, der

---

[3] Dazu: *F. Müller*, Entfremdung, 1970; 3., erw. Aufl. 2012.

gesellschaftlich ausgedehntesten Gewaltverhältnisse hängen an Sachen: Nahrung, Waffen, Gebäude, Technik der Kommunikation, Produktionsmittel. Wie soll die Lenkung von Produktionsprozessen ausschließender Gegensatz zur Herrschaft über Menschen werden können? Wer lenkt, wer erzeugt zu wessen Bedingungen – wenn doch das Ganze ohne im alten Sinn politische Strukturen und Interaktionen ablaufen soll? In einer kleinen Gruppe können, im Prinzip, Produktionsvorgänge solidarisch verwaltet und Sachen brüderlich verteilt werden. Hier können Entscheidende und von der Entscheidung Betroffene im Idealfall real identisch bleiben. Aber in größeren Gruppen werden beide Typen von Entscheidungen rasch rückverwandelt in Vorgänge, die politische Gewalt sei es nötig machen, sei es fortsetzen.

Wenn als Basis nur die politische Ökonomie gelten soll, dann wird nicht nur die Problematik der Bereiche des Überbaus verharmlost. Das Privateigentum an den Produktionsmitteln sei, wie die Marktwirtschaft, beseitigt. Aber dann wird sich zeigen, dass die *Teilung der Arbeit* stärker zum Basisfaktor Großorganisation als zu dem der Wirtschaft gehört. Eine Lösung dafür, von spezialisierender Arbeitsteilung zu befreien – abgesehen von dem durch frühkapitalistische US-Arbeitsgesetze und/oder durch Arbeitslosigkeit hervorgebrachten wahl- und regellosen Jobben, das in Marx' und Engels' Sicht keine Lösung wäre, sondern ihr Gegenteil – scheint jenseits eines irgend erreichbaren Horizonts zu liegen. Dass an diese Grundfrage der von Marx und Engels gezeichneten Perspektive vergleichsweise wenig Energie und Reflexion gewendet wird (durchaus aber bei Alfred Sohn-Rethel, Ernest Mandel und André Gorz), trägt nicht zu Hoffnung bei. Die daraus folgenden Einzelthemen, wie die Teilung von Kopf- und Handarbeit, wurden zunächst auf ein „Noch nicht – aber bald", dann auf „Noch nicht – aber vielleicht einmal später" zurückgenommen. Sie wurden auf historische im Sinn von chronologischen Fragen herabgestuft, statt als systematische, nämlich als Fragen der Basis, so ernst genommen zu werden, wie sie es verdienen.

Ist eine marxistische Rechtstheorie möglich?

Ein Streitgespräch zu Rousseau, Marx und Bloch*

Die Diskussion fand im Dezember 1985 auf Anregung von Ralph Christensen und Bernd Jeand'Heur statt.

Die beiden Gesprächspartner, Prof. Joachim Perels (Hannover) und Prof. Friedrich Müller (Heidelberg), haben in ihren rechts- wie politikwissenschaftlichen Veröffentlichungen[1] das Blochsche Denken produktiv-kritisch verarbeitet.

Jeand'Heur:

Zu Beginn der Diskussion möchte ich einige allgemeinere Fragen stellen. Schon während der Vorbereitung auf dieses Gespräch war uns bewusst, dass man bei Marx kaum von einer Theorie des Rechts, die er entwickelt haben sollte, sprechen kann.

Stimmen Sie dieser Auffassung zu oder halten Sie es für vertretbar, Marx als den Gründungsvater einer marxistischen Rechtstheorie zu bezeichnen? Muss oder kann man bei der Beantwortung dieser Frage zwischen verschiedenen Etappen seines Schaffens unterscheiden?

Und schließlich: Selbst wenn man von einer Marxschen Rechtstheorie – im weitesten Sinne – ausgehen könnte, leidet diese dann nicht an einer Überbetonung des ökonomischen Elements, die das Denken von Marx prägt?

---

* Bloch-Almanach, hrsg. von Karlheinz Weigand, 6 (1986), S. 67 ff. – Siehe auch in: *F. Müller*, Gerechtigkeit als „Die Unruh im Uhrwerk", 2009, S. 11 ff.

[1] Vgl. etwa: *J. Perels,* Sozialistisches Erbe an bürgerlichen Menschenrechten?, in: ders./J. Peters (Hrsg.), Es muß nicht immer Marmor sein. Ernst Bloch zum 90. Geburtstag, 1975, S. 82 ff.; *F. Müller,* Entfremdung. Folgeprobleme der anthropologischen Begründung der Staatstheorie bei Rousseau, Hegel, Marx, 2. bearb. u. stark erw. Aufl., Berlin 1985; jetzt: Entfremdung. Anthropologisch basierte Staatslehre bei Rousseau, Hegel und Marx als Erblast und Element sozialistischer Theorie der Zukunft, Berlin 2012 (3., erw. Aufl.).

Perels:

Zu der Frage, ob Marx eine eigene Rechtstheorie entwickelt hat, kann man sagen, dass in dem Plan des Marxschen Gesamtwerkes vorgesehen war, die Entwicklung von Staat und Recht systematisch zu analysieren. Marx ist aber dazu nicht mehr gekommen.

So gesehen, hat Marx keine gesonderte Rechtstheorie entwickelt. Aber ich denke, dass in den Schriften, die er vorgelegt hat, den ökonomisch-philosophischen Schriften und den politischen Schriften, Elemente einer Rechtstheorie angelegt sind. Diese Elemente zerfallen in wesentlich drei Problemkreise. Der eine Problemkreis bezieht sich auf die Frage, welche Funktion Recht innerhalb der bürgerlichen Gesellschaft, innerhalb des Kapitalismus hat. Diese Frage beantwortet Marx ambivalent: Man kann im Marxschen Werk einen ganzen Set von Belegen für die These finden, dass Recht nichts anderes ist als ein Instrument zur Sicherung der ökonomischen Klassenherrschaft. Man kann aber auch im Marxschen Werk eine andere Linie der Interpretation finden: Recht erscheint dort als ein Instrument zur Befreiung der Produzentenklasse, wie dies Marx etwa am erfolgreichen Kampf für die 10-Stunden-Bill in England exemplifiziert. Ich würde also sagen, dass bei Marx die Funktion des Rechts so gefasst wird, dass es sowohl Instrument zur Aufrechterhaltung von Klassenherrschaft ist als auch, in einer spezifischen historischen Konstellation, Instrument zur Befreiung der Arbeiterklasse. Es ist vor allem Ernst Blochs Verdienst, diese emanzipatorische Seite des Rechts für die marxistische Tradition erschlossen zu haben.

Der zweite Punkt der Marxschen Rechtstheorie bezieht sich auf die Frage, welche Funktion Recht im Übergang zur sozialistischen Gesellschaft hat. Marx misst dabei dem Recht eine bestimmte Bedeutung zu, wie Sie das auch in Ihrem Buch sehr gut herausgearbeitet haben.[2] Die Vereinigung der Produktionsmittel in den Händen des vom Proletariat dominierten Staates bedarf nach Marx des Rechts. Und selbst dann, wenn die Produktionsmittel vergesellschaftet sind, dient Recht als Verteilungsmechanismus dazu, die nach individueller Leistung unterschiedenen Arbeitslieferungen an einem allgemeinen Maßstab zu messen und damit auch unterschiedlich zu bewerten.

Damit komme ich zum dritten Punkt: Die Frage, welche Funktion Recht – abgesehen von dem genannten, gleichsam arbeitsrechtlichen Spezialproblem – innerhalb einer wirklich etablierten sozialistischen Gesellschaft hat, scheint mir die eigentliche Leerstelle in der Marxschen Theorie zu bezeichnen.

---

[2] *F. Müller,* Entfremdung (Fn. 1).

Müller:

Diese Leerstelle, die das Recht bei Marx für die Zukunftsgesellschaft einnimmt, scheint mir nicht zufällig zu sein. Davon abgesehen, gibt es kuriose Probleme mit den nur geplanten Werken, mit der Architektur eines Gesamtceuvres und mit der Frage, wie weit man damit gekommen ist. Wir sehen ja schon, zu welchen historischen Missverständnissen es geführt hat, dass Marx Hegel so interpretierte, als ob für Hegel seine idealistische Art der Geistphilosophie in der Philosophie des Staates und in der Vergötzung des preußischen Staats seiner Zeit gipfeln würde – ohne dass Marx in Rechnung stellen wollte, oder vielleicht ohne dass er es gesehen hat, dass die „Philosophie des Rechts" von 1821 einfach das letzte noch fertiggestellte monographische Systemglied ist. Hegel hatte ja vor, das ganze System der philosophischen Wissenschaften in dieser Form, wie er es mit der Rechtsphilosophie und mit anderen Teilen gemacht hat, monographisch auszuarbeiten. Dass sich der junge Marx so stark auf das Hegelsche Staatsrecht einschießen würde, hatte zunächst diese optische Täuschung zum Hintergrund. Anders gesagt, ich würde diese Ambivalenz nicht so betonen, wie Sie es getan haben. Man kann bei Marx aus der Schrift über das Holzdiebstahlsgesetz oder über die englische 10-Stunden-Bill oder in der Frage der Pressefreiheit, die ihn biographisch unmittelbar anging – man kann solche „positiven" Äußerungen über das Recht herausholen, wobei auch Kritik, grundsätzlich gesehen, eine positive Stellungnahme gegenüber einem Phänomen ist. Aber ich habe den Eindruck, dass im Werk von Marx, wenn man die systematischen Gewichte insgesamt austariert, die auflösenden oder peripheren Äußerungen über das Recht eindeutig überwiegen. Ich habe den Eindruck, dass Marx für seinen wissenschaftlichen Grundansatz Staat und Recht nicht ernst genug nimmt, um sie einer systematischen Kritik zu würdigen. Ich spreche jetzt nicht von der „Kritik des Hegelschen Staatsrechts"; da geht es um Hegel und noch um ein eigenes Projekt, nämlich die Marxsche Positionswahl. Ich rede vom jeweils positiven Recht. Marx nimmt es nicht ernst genug, d. h. er fasst es nicht als etwas auf, an dem man arbeiten muss und das deswegen einer analytischen Kritik überhaupt würdig wäre. Ich meine, dass man im Werk von Marx inhaltliche Bemerkungen über eine sogenannte Wechselwirkung zwischen Basis und Überbau im Bereich von Recht und Staat nicht finden wird. Das alles ist Engels.

Wenn Marx z. B. die politische Rolle, die Herrschaftsbedeutung ökonomischer Strukturen hervorhebt[3], dann ist das sicherlich etwas, was auf Dialektik hinweist. Aber ich finde bei Marx nichts, was für Staat oder Recht ein

[3] Grundrisse der Kritik der politischen Ökonomie, 1953, S. 387, 623. – Zur Gewalt als (auch) „ökonomische(r) Potenz" siehe umgekehrt MEW, Bd. 23, S. 779.

Rückwirken ihrer Elemente auf die Basis ausdrücken würde. Das hat Engels nachgeschoben. Er hat länger gelebt als Marx, hat sich 12 Jahre länger einer sich verstärkenden Kritik von verschiedenen Seiten ausgesetzt gesehen. Man kann bei Engels verfolgen, dass er etwa in der Schrift über die Wohnungsfrage[4] und im Bloch-Brief von 1890[5] Zugeständnisse macht, wenn Sie so wollen: Fortentwicklungen anzeigt. Die historischen Kämpfe werden in ihrem *Verlauf* durch Staats- und Rechtsphänomene beeinflusst, sagt er dort, und in ihrer *Form* werden sie teilweise sogar überwiegend durch Staats- und Rechtsfaktoren bestimmt. Wobei er, das ist für die Naturrechtsfrage vielleicht aufschlussreich, auch „philosophische Theorien" sowie „juristische Theorien" und „Verfassungen" ausdrücklich nennt. Das sind Positionen, wie wir sie bei Marx nicht antreffen; und ich halte es nicht für einen Zufall, dass sie sich bei Marx nicht finden. Für Recht und Staat kann Marx' Position doch ohne Überzeichnung auf die Formel gebracht werden, dass er in der Theorie auffallend monistisch denkt; und dass er in rechtspolitischen Fragen seiner Zeit als guter Liberaler argumentiert, ohne hier ein eigenes Konzept zu entwickeln – dass er da anderen Positionen nachtrabt, ohne dass es in einem genetischen Zusammenhang mit dem steht, was er wissenschaftlich macht.

Perels:

Mir scheint, dass man bei der Interpretation des Marxschen Werkes die politischen Schriften für die Bewertung seiner Rechtstheorie doch stärker heranziehen muss: nämlich die „Klassenkämpfe in Frankreich", den „Achtzehnten Brumaire" und den „Bürgerkrieg in Frankreich". Wenn wir diese Arbeiten heranziehen, dann kann man, glaube ich, zeigen, dass in ihnen nicht die Kritik der politischen Ökonomie, sondern die Analyse von Klassenbeziehungen und damit der jeweiligen Rolle des Staates in den jeweiligen Klassenbeziehungen im Mittelpunkt steht. In direktem politischen Zugriff auf die Phänomene interpretiert und bewertet dann Marx auch das Recht in bestimmter Weise. In der Schrift über die „Klassenkämpfe in Frankreich" findet faktisch eine Analyse des modernen demokratischen Verfassungsstaates statt. Marx sagt, dass der Verfassungsstaat auf der einen Seite die überkommenen ökonomischen Machtverhältnisse sanktioniert und dass er auf der anderen Seite durch die Institutionalisierung von gleichem Wahlrecht diese Machtverhältnisse potentiell zur Disposition der abhängigen Schichten stellt, die sich mittels des gleichen Wahlrechts in den Besitz der politischen Macht setzen können. Marx hat also in diesen politischen

---

[4] MEW, Bd. 18, z. B. S. 276.

[5] Brief an J. Bloch vom 21.9. 1890, MEW, Bd. 37, S. 463.

Schriften durchaus einen Verfassungsbegriff, in dem die demokratische Rechtsordnung auch als eine Voraussetzung gesellschaftlicher Transformation begriffen wird. Oder nehmen Sie die Schrift über den „Achtzehnten Brumaire“. Da sagt Marx, dass die Freiheitsrechte und die demokratische Hervorbringung der öffentlichen Gewalt für die Bourgeoisie gefährlich werden und sozialistische Formen annehmen, weil mit Hilfe dieser Instrumente die gesellschaftlichen Grundlagen der Bourgeoisie in Frage gestellt werden können. Im „Bürgerkrieg in Frankreich“ schließlich rekurriert Marx – in der Perspektive des Übergangs zum Sozialismus – auf die gleichen rousseauistisch-radikal gewendeten Prinzipien der Volkssouveränität, weil sich nur in ihrer vollständigen Realisierung die nicht bloß politische, sondern ökonomische Selbstregierung der Produzenten entwickeln kann.

Noch eine Bemerkung zur Frage der Wechselwirkung. Ich würde Ihnen voll zustimmen, dass Engels das Problem erst wirklich theoretisch erfasst. Aber bei Marx wird, in der Interpretation der 10-Stunden-Bill, faktisch das formelle methodische Schema von Basis und Überbau durchbrochen. Denn was ist nach Marx die 10-Stunden-Bill? Sie ist nichts anderes als die Norm, in der die Gesellschaft in der Form des Gesetzes – also einer juristischen Kategorie – versucht, die Qualen der überlang in den Produktionsprozess eingespannten Arbeiter zu verringern. Das heißt, marxistisch gesprochen, dass mittels des Überbaus, mittels eines Gesetzes, die Basis verändert wird.

Jetzt können Sie sicherlich zu Recht sagen, dass das Einzeläußerungen von Marx sind, die gewissermaßen querstehen zum systematischen Duktus seiner Theorie.

Müller:

Wie auch zum Schwergewicht des Œuvres insgesamt. Die doch auffallend querstehen, da sie ganz punktuell bleiben. Sie beweisen sicherlich, dass Marx an einer instrumentellen Sicht von Recht und Staat interessiert war, eben besonders in seinen politischen Schriften. Aber so, wie ich die uns gestellte Frage auffasse, ob man überhaupt von einer eigenständigen Rechtstheorie bei Marx sprechen kann, meine ich doch, wir müssen sie im systematischen Zusammenhang des Marxschen Denkens beantworten. Deswegen mein Beharren auf den für Marx, von ihm her gesehen, fundamentalen Bestimmungen. Wir hätten Schwierigkeiten, zu zeigen, dass für Marx Recht und Staat eigenständige Phänomene sind. Das würden wir nicht begründen können.

Jeand'Heur:

Vielleicht spricht für diese Annahme auch das Indiz, dass Marx, wenn er von Recht spricht, nur über Zivilrecht Aussagen macht, Strafrecht oder Öffentliches Recht aber mehr oder weniger ausgeblendet bleiben.

Perels:

Dem würde ich so nicht zustimmen. In den Arbeiten über das Holzdiebstahlsgesetz behandelt Marx strafrechtliche Fragen, und in den politischen Schriften geht es, wie gesagt, auch um Fragen der Funktion des Verfassungsrechts. Gleichwohl: Ich würde gar nicht in Abrede stellen, dass Marx keine Rechtstheorie in dem systematischen Sinne entwickelt hat.

Müller:

Auch keine *eigenständige* Rechtstheorie in dem Sinn, als man, wenn man eine Theorie will, das Recht damit als etwas Eigenständiges fassen müsste, das einer Theorie wert ist.

Perels:

In den Bruchstücken von Einzelanalysen hat Marx aber gewissermaßen die Grundlagen dafür gelegt, eine Theorie des Rechts im Rahmen seiner materialistischen Theorie zu entwickeln. In dieser Einschätzung würden wir uns vielleicht unterscheiden.

Müller:

Aber es ist nicht im Rahmen *seiner* Theorie möglich. Den Rahmen hierfür sehe ich nicht. Die Relativierung von Recht und Staat bei Marx steht auf zwei soliden Säulen. Es ist nicht nur die Überbau-Unterbau-Dialektik, sondern auch seine Klassentheorie. Recht ist in diesem Sinn, rousseauistisch gedacht, Ausdruck eines Sündenfalls der menschlichen Natur, einer Krankheitsgeschichte der Gattung Mensch. Es ist mit der Klassenspaltung in die menschliche Geschichte hineingekommen als etwas, was dann analysierbar und kritisierbar wird, nämlich als Ausdruck der Interessen und der Herrschaft, der Unterdrückungsintensität der herrschenden Klasse gegen die ausgebeutete Klasse. Deswegen ja auch die Perspektive, das Endziel ‚klassenlose Gesellschaft'. Für Marx ist die Absterbethese, die dann Engels populärer formuliert hat, einer größeren theoretischen Bemühung nicht wert, sie ist eine Selbstverständlichkeit. Dass Engels dann noch sprachlich so viel Akzent darauf gelegt hat, ist das Novum daran. Denn für Marx sind Staat und Recht allein an die Existenz antagonistischer Klassen gebunden und also etwas, das notwendig mit der Klassengeschichte einsetzte und in der von Marx periodisierten Geschichte der Menschengattung wieder verschwinden wird. So kommt Marx zu dem Vorverständnis, dass Recht und Staat nichts sind, das eine auch nur vergleichbare theoretische Energie lohnen würde wie die Basis.

Sie scheinen unsere Fragestellung für ambivalent zu halten. Ich habe aber eher den Eindruck, seine aktuellen Glossen sind ein Zeugnis für sein Politikbewusstsein, für seine Kritikbereitschaft gegenüber zeitgeschichtlichen Vorgängen. Aber er hat von hier aus keine Rückschlüsse auf sein theoretisches Modell gezogen. Die Frage an uns lautet, ob es eine eigenständige Rechtstheorie bei Marx gibt. Von ihr aus gesehen ist das Problem nicht, ob Marx nicht hie und da bewiesen hat, dass er einer Rechtstheorie fähig gewesen wäre, indem er etwa die Rolle von Verfassungen analytisch erhellt. Mir scheint das nebenher zu laufen, ohne dass es die Grundmelodie seines theoretischen Ansatzes betrifft. Es sind Nebengeräusche, die für uns interessant sein mögen. Aber die Grundmelodie wird dadurch nicht geändert.

Perels:

Wenn man Ihre These einmal voraussetzt, so muss man doch festhalten, dass die Marxsche Grundmelodie, dass Recht ein Instrument der Klassenherrschaft ist und abstirbt, wenn die antagonistische Klassengesellschaft verschwindet, mit der damaligen geschichtlichen Situation zu tun hat. Für Marx als Analytiker des 19. Jahrhunderts ist Recht in weitem Maße an die Funktion der zeitgenössischen Klassengesellschaft historisch-empirisch gebunden. Es war für ihn äußerst schwer, Recht als eine eigene Sphäre zu analysieren, die jenseits dieser klassengesellschaftlichen Dimension angesiedelt ist und ein spezifisches Zivilisationsniveau bezeichnet. Die Verkürzung, die Sie bei Marx sehen, scheint mir zunächst einmal eine Verkürzung zu sein, die der damaligen historischen Realität – der Sicherung privater ökonomischer Herrschaft durch das Mittel des Rechts – weitgehend entspricht. Ich würde auch zugeben, dass bei Marx Recht als ein Instrument zur Veränderung von Verhältnissen nicht systematisch behandelt worden ist. Wir finden – sagen wir – acht Zitate aus verschiedenen Schriften, aus denen man dann eine Summe emanzipatorischer Funktionen des Rechts bei Marx ziehen kann. Die Frage der relativ eigenständigen Veränderungsfunktion von Recht ist von Marx wohl deshalb nicht systematisch erörtert worden, weil für ihn Recht doch an die Entfremdungszusammenhänge der Klassengesellschaft weitgehend gebunden ist. In einer Gesellschaft, in der die

Klassengegensätze aufgehoben sind, kann dann das Recht konsequenterweise keine konstitutive Rolle mehr spielen. Damit wären wir auch an dem Punkt, an dem man über Defizite der Marxschen Theorie sprechen kann. Nur, wenn wir über diese Defizite sprechen, liegt mir daran, das Kind nicht mit dem Bade auszuschütten. Denn eine Grundlinie der Behandlung von Recht und Staat ist bei Marx von Anfang an, von der Kritik des Hegelschen Staatsrechts bis zur Kommuneschrift, durchgängig erhalten geblieben: nämlich seine Option für die politische Selbstregierung des Volkes als der Grundlage gesellschaftlicher Emanzipationsprozesse. Die – gerade auch gesellschaftliche – Realisierung der Ideen der Französischen Revolution kann bei Marx nicht durch einen der Gesellschaft übergeordneten Apparat geschehen. Marx hat in der Tat keine Rechts- und Staatstheorie auf der gleichen Differenzierungsstufe wie die Kritik der Politischen Ökonomie entwickelt. Aber er hat den Citoyen-Impuls bis zum Ende aufrechterhalten, der sich gewaltig von der späteren Gestalt des Sowjetmarxismus unterscheidet. Es gibt eine interessante Arbeit über die Interpretation der Kommuneschrift in der sowjetmarxistischen Literatur von Klaus Meschkat[6]. Dort wird festgestellt, dass der Marxsche Zentralgedanke der Selbstregierung weginterpretiert wird, um die Verselbständigung von Partei und Staat, wie sie dann tatsächlich in Osteuropa sich etabliert hat, rechtfertigen zu können. Bei aller Kritik, die man an Marx üben kann, sollte man dies Moment seiner citoyenhaften Argumentation nicht zu gering veranschlagen.

Müller:

Sicherlich ist die Abfolge marxistisch-leninistischer Rechtstheorien in den sozialistischen Staaten weniger eine solche von verschieden angestrengten Annäherungen an Marx oder von mehr oder weniger glücklichen Marx-Interpretationen gewesen, als vielmehr das Spiegelbild der wechselnden Machtverhältnisse. Ich würde Ihnen zustimmen, wenn wir sagen, Marx hat Gedanken wie ‚Volkssouveränität' im Sinn der Selbstregierung der betroffenen Menschen von der Französischen Revolution aufgenommen, hat das Rousseau-Erbe in der Französischen Revolution, das in dieser zunächst untergegangen war, aufrechterhalten. Die Frage, zu der wir dann kommen müssen, wäre aber: Meinen Sie, dass Marx dieses Element der Selbstregierung, der Selbstherrschaft im rousseauischen Sinn, durch die Folie der Französischen Revolution hindurch noch als *Herrschaft* begreift? Würde er es als eine Organisationsform von Gewalt, und zwar als eine seit Rousseau vorbildliche, Entfremdung maximal aufhebende Form auffassen? Wäre für ihn die Selbstregierung der Menschengruppe ohne Zwischenschaltung von

---

[6] *K. Meschkat,* Die Pariser Kommune, Köln 1971, S. 143 ff.

Repräsentativkörperschaften, von organisatorisch verselbständigten Regierungen und so fort – wäre das für Marx noch eine Herrschaftsform? Oder meinen Sie, dass er nicht vielmehr mit dem Anzielen eines künftigen, die klassenlose Gesellschaft global und kollektiv bestimmenden Gesamtsubjekts die Frage von Herrschaft überhaupt hinter sich lässt, so dass die Selbstregierung zu etwas völlig anderem würde, als sie bei Rousseau war? Rousseau gibt seinem Buch „Du contrat social" den wichtigen Untertitel „Grundsätze des politischen Rechts", „Principes du droit politique". Rousseau handelt vom Recht des Politischen, man kann seine verfassungsbezogenen Vorschläge ganz konkret nehmen. Möchten Sie wirklich Marx in dieser Linie sehen? Oder würden Sie nicht auch meinen, dass die Utopie oder die Zielvorstellung des gesellschaftlichen Gesamtsubjekts das ist, worin sich Marx in dem, was er theoretisch meint, am klarsten ausdrückt? Demgegenüber wären dann Rousseaus Vorstellungen von Volkssouveränität und Selbstregierung nur unzulängliche Fingerübungen für das, was der Hegelschüler Marx eigentlich möchte?

Perels:

Das ist eine sehr komplizierte Frage. Weil ich Ihnen zu sehr zustimme, will ich erst einmal widersprechen. Marx geht tatsächlich von der Konzeption aus, dass die Menschen ihre eigene Geschichte, nicht mehr gelenkt durch verselbständigte Gesetze des Tauschverkehrs, endlich mit Wissen und Bewusstsein in die Hand zu nehmen hätten. Dies kann nur in der Form eines gesellschaftlichen Gesamtsubjekts geschehen. Allerdings könnte man sich vorstellen, dass dieses gesellschaftliche Gesamtsubjekt entsprechend der Marxschen Theorietradition sich demokratisch konstituiert, dass es also insoweit an die rousseauistische Tradition anschließt: nicht als ein Subjekt, das als fertiges gesetzt ist, sondern eins, das sich zu entwickeln hat. Insoweit würde ich Ihre Frage erst einmal mit nein beantworten. Es gibt eine Verbindungslinie zwischen Marx und Rousseau, weil die Formierung eines Gesamtsubjekts, die Vergesellschaftung der zuvor privaten Arbeitsmittel nichts anderes ist, als dass alle gesellschaftlichen Glieder über die Organisation und die Richtung des Produktionsprozesses entscheiden. Aber – insoweit würde ich Ihnen dann wieder zustimmen – Marx hat eigentlich keinen Gedanken darauf verwendet, in welcher Form denn dieses Gesamtsubjekt, dieser gesellschaftliche Gesamtwille sich zu konstituieren habe. Es wird gewissermaßen substantiell vorausgesetzt: Wenn die Springquellen des genossenschaftlichen Reichtums voller fließen, wenn die Bande der Klassengesellschaft abgetrennt sind, entwickelt sich das gesellschaftliche Gesamtsubjekt irgendwie von selbst.

Müller:

An diesem führt dann sozusagen kein Weg mehr vorbei.

Perels:

Ich erinnere mich an eine Diskussion zwischen Herbert Marcuse und Jürgen Habermas, an der man das Problem deutlich machen kann. Da sagt Marcuse zu Habermas: ‚Daß an einem wunderschönen See doch kein sechzigstöckiges Gebäude gebaut werden darf, das versteht sich doch von selbst!‘ Und Habermas entgegnet zu Recht: ‚Das versteht sich gar nicht von selbst, sondern dafür braucht man diskursive Prozesse, Entscheidungsprozesse, aus denen Marcuses zweifellos zutreffende Position erst hervorgehen müßte. Aber man kann dieses Ergebnis nicht voraussetzen.‘ Marcuse ist an dem Punkt – leider, würde ich sagen – ein allzu guter Schüler von Marx. Diese Leerstelle, diese Ausgrenzung der Fragestellung, wie soll denn die Form von Vergesellschaftung sich konstituieren, hängt nun in der Tat damit zusammen, dass für Marx die Perspektive der klassenlosen Gesellschaft eine ist, in der Subjekt und Objekt nicht mehr einander entfremdet sind, in der das Rätsel der menschlichen Geschichte aufgelöst ist.

Müller:

Wobei Rousseau, wenn er von Identitäten und „identischen Wechselbeziehungen“, correlations identiques, spricht, das in der konstruktivistischen Sprache seiner Zeit tut, auf das gebildete Publikum hin formuliert. Gleichzeitig zeigt er aber doch in seiner bis ins einzelne gehenden Staatskonstruktion, in seinen Vorschlägen für ein nicht mehr entfremdendes politisches Recht, dass er sich mit diesen Identitäten nicht zufriedengibt, dass das für ihn Metaphern sind, die nicht ausreichen. Marx hatte insofern mit dem Vorbild Rousseaus – wenn Sie wollen auch mit dem Vorbild Hegel, aber da verstehen wir seine Abstoßung schon besser –Beispiele vor sich, wie solche Identitätsbehauptungen konkret ausgearbeitet werden können: etwas, worauf er verzichtet hat, und das muss man festhalten. Auch die Kritik am Gothaer Programm, die Skizze für die sozialistische Übergangsgesellschaft, ist dafür aufschlussreich. Was von den Faktoren, die Marx hier nennt, hat denn eine vorwärtstreibende Wirkung? Doch nicht die staatliche Organisation, das öffentliche Recht oder überhaupt das Recht; auch nicht das noch mit der berühmten „bürgerlichen Schranke“ versehene Recht des Warenaustauschs, das von Marx auch in der Phase des Sozialismus mit „allem Recht“ in einen Topf geschmissen wird, indem er global sagt, dieses sei stets „Recht der Ungleichheit“. Das heißt, Marx will oder kann für diese Übergangsphase nicht etwa eine höher entwickelte Rechtsform skizzieren. Es bleibt bei diesem bürgerlichen Austauschrecht, das eine instrumentelle Funktion hat, nur eine solche. Es muss im Moment noch mitgeschleppt werden, wie Herrschaft als die Diktatur des Proletariats, wie Herrschaftsstrukturen überhaupt noch mitgeschleppt werden müssen. Aber das, was für Marx vorantreibt, ist ausschließlich das historische Weitergehen der Dialektik von Produktivkräften und Produktionsverhältnissen. Das führt aus der bürgerlichen Epoche in die sozialistische hinein und soll, wenn die Springquellen alsdann reicher fließen, über die sozialistische Gesellschaft noch hinaustreiben. Recht und Staat, Herrschaft, bürgerlicher Warenaustausch in Rechtsform sind mitgeschleifte Dinge, um die man leider noch nicht herumkommt. Aber eine produktive Rolle, oder sei es auch nur eine auf die Basis heilsam, positiv zurückwirkende Rolle im Sinn einer Wechselwirkung, kann ich nicht daran entdecken. Insofern ist sogar noch diese im Rahmen des Werks von Marx doch ziemlich weit vorgeschobene Skizze in der „Kritik des Gothaer Programms" sehr sprechend.

Perels:

Ich widerspreche Ihnen nicht. Nur würde ich sagen, dass die Fragestellung in der „Kritik des Gothaer Programms" nur bezogen ist auf die weitere Rolle von Zivilrecht im Rahmen einer Gesellschaft mit genossenschaftlichem Eigentum an Produktionsmitteln. Die Konstitution des Gesamtplans dieser Genossenschaften ist eine Frage, die Marx in dieser Schrift überhaupt nicht stellt. Zivilrecht ist ein Regulationsmechanismus zur unterschiedlichen Bezahlung von leistungsmäßig differierenden Arbeitslieferungen. Diesen Mechanismus braucht man solange, solange kein vollständiger gesellschaftlicher Reichtum existiert. Wenn dieser Reichtum existiert, wird Recht als Verteilungsinstrument überflüssig. Marx stellt nicht die Frage, ob nicht, selbst wenn die „Springquellen des genossenschaftlichen Reichtums voller fließen" (Marx), ein Meinungs- und Entscheidungsbildungsprozess darüber stattfinden muss, was mit dem gesellschaftlichen Mehrprodukt zu geschehen habe. Die Frage ist, ob Marx diese Frage gar nicht stellen kann …

Müller:

So ist es! Halten Sie es für eine Lücke in seinem Werk – „nicht ausgeführter Plan" – oder halten Sie es, wie ich sagen würde, für ein beredtes Schweigen; für etwas, das in der Theorie von Marx nur von Konsequenz zeugt und nicht etwa von einem Vergessen oder Nichtdazugekommensein?

Perels:

Es zeugt von Konsequenz und es zeugt nicht von Konsequenz. Ich will mich nicht einfach der Antwort entziehen. Es zeugt darum von Konsequenz, weil bei Marx die eschatologische Vorstellung seiner Jugend, der Kommunismus sei das aufgelöste Rätsel der Geschichte, auch in den Spätschriften weiter eine Rolle spielt. Wenn das Rätsel der Geschichte aufgelöst ist, gibt es keine Konflikte mehr, die zu regeln wären, also auch kein Recht und auch keine wie immer gearteten öffentlichen Amtsfunktionen. Es gibt aber bei Marx untergründig auch eine andere Linie, in der Marx in seinen späteren Schriften von seinem eschatologischen Verständnis der endgültigen Lösbarkeit geschichtlicher Probleme abgewichen ist. Im dritten Band des „Kapital" handelt er davon, was eigentlich geschichtlich möglich ist. Er sagt, dass es nur möglich ist, den Produktionsprozess unter humaneren Bedingungen zu organisieren. Er bleibt aber immer ein Reich der Notwendigkeit, und jenseits dieses Reiches beginnt erst das Reich der Freiheit. Das heißt, beim späten Marx finden sich auch halbe Zurücknahmen der frühen eschatologischen Perspektive. Nur, insoweit würde ich Ihnen wiederum zustimmen, Marx hat diese Enteschatologisierung des Ziels dann nicht bezogen auf die Fragen der Konstituierung eines sozialistischen Gemeinwesens. Denn wenn er dies getan hätte, dann hätten Fragen der rechtlichen Konstituierung eines Gemeinwesens der Arbeit einen anderen Stellenwert bekommen müssen. Genau dies aber ist in einer bestimmten Tradition sozialistischen Denkens dann geschehen. Wenn wir uns die – von Ihnen ja auch herangezogene – Schrift von Rosa Luxemburg über die russische Revolution anschauen, so ist sie in gewisser Weise eine Form der Selbstreflexion der Schranken der Rechts- und Verfassungstheorie von Marx – bezogen auf die Konstitutionsprobleme des Sozialismus. Wenn Rosa Luxemburg sagt: „Freiheit nur für die Anhänger der Regierung ist keine Freiheit", dann bezieht sie sich auf eine sozialistische Regierung.

Müller:

Sie sagt es über eine sozialistische Regierung.

Perels:

Rosa Luxemburgs Position ist in der Marxschen Zielbestimmung eigentlich nicht unterzubringen, denn ein homogenes gesellschaftliches Gesamtsubjekt kann per definitionem keine Opposition zu sich selber ausbilden. Dies aber sieht Rosa Luxemburg als Problem an, weil sie nicht von einem homogenen Gesamtsubjekt ausgeht, sondern von der Frage: Wie kann sich ein Gesamtsubjekt in der Form der Selbstregierung der Produzenten überhaupt konstituieren? Es kann sich nur in Form eines gesellschaftliche Konflikte aufnehmenden und verarbeitenden Subjekts konstituieren. Daher bedarf es der Freiheitsrechte, der Meinungsfreiheit, der Versammlungsfreiheit, etc., um einen solchen Prozess auf der Basis sozialistischer Eigentumsverhältnisse in Gang zu setzen. Das ist in der Tat eine Fragestellung, die bei Marx noch nicht entwickelt ist. Dabei muss man aber bedenken, dass Marx eine politische Theorie auf der Basis bestimmter historischer Erfahrungen entwickelt hat. Rosa Luxemburg hatte gewissermaßen den historischen Vorteil, mit der sich entwickelnden Parteidiktatur der Bolschewiki konfrontiert zu sein und daraus dann theoretische Konsequenzen zu ziehen.

Müller:

Das würde auch ich hervorheben. In diesem Punkt konnte sich Rosa Luxemburg, als sie ihre Schrift herausbrachte, mit den Führern dieser Regierung einig fühlen. Man muss daran denken, wie Lenin grundsätzlich zu der Frage Stellung genommen hat: Wie weit ist Marx ein Kirchenvater, wie weit ist das Werk von Marx inhaltlich normativ und wie weit etwa nur Handlungsanleitung? Er differenziert da, indem er sagt, vor allem in seiner Schrift „Marx – Engels – Marxismus“[7]: Marx hat ein wissenschaftliches Fundament geschaffen. Dieses Fundament „müssen die Sozialisten nach allen Richtungen weiterentwickeln“, wenn sie nicht – eine interessante Formel – „hinter dem Leben zurückbleiben“ wollen. Aber Lenin sagt dort auch, die wissenschaftliche Grundlage, die Marx geschaffen hat, ist nicht nur unvollendet und somit entwicklungsbedürftig, sie ist auch nicht unantastbar. Und das ist eben der Punkt. Wenn Sie jetzt sagen, Marx hat im Verlauf seines Lebens an seinem Werk Retuschen angebracht – ich meine, vor allem für die Revolutionstheorie und nicht wesentlich für die revolutionäre Theorie, auch nicht für das Ziel – dann hätte er doch bei der Figur des homogenen gesellschaftlichen Gesamtsubjekts Gelegenheit gehabt, sich mit Organisationsfragen zu beschäftigen und er wäre dann auf das Phänomen von Herrschaft gestoßen, eben beispielsweise in der Form der Selbstregierung. Dann ist es relativ gleichgültig, ob schon der junge Marx das Problem der Herrschaft, von Hegel her, ernst genommen oder ob er es durch Retuschen erst später eingebracht hätte. Er wäre in jedem Fall mit zwei seiner theoretischen Grundannahmen, der Basis-Überbau-Lehre und der Klassentheorie, in Schwierigkeiten gekommen. Ich halte es nicht für einen Zufall, dass der Marx des „Kapital“ und auch der noch spätere Marx diese Fragen nach wie vor unbearbeitet liegen ließ. Ich kann mir nicht vorstellen, wie Marx, ohne

[7] *W. I. Lenin,* Marx-Engels-Marxismus, Berlin 1957, S. 116.

von seinen Grundannahmen deutliche Abstriche zu machen, sich mit diesen Fragen dann intensiv hätte befassen können. Denn etwa die Basis-Überbau-These sehe ich nicht im Sinn einer bloßen Wechselwirkungslehre, wie dann später Engels –, das ist nun wirklich ein geordneter Rückzug von früher gemeinsamen Marx-Engelsschen Positionen. Geistesgeschichtlich ist das Denken in Wechselwirkungen Produkt und Erbe der politischen Romantik gewesen. Die Romantiker, allen voran Adam Müller, dachten ständig in „Wechselwirkungen", und das ist ja etwas, womit sich dann Hegel dank seiner Dialektik hart auseinandergesetzt hat, in dem Sinn: Was ihr auf eine verschwommene, gefühlhafte Weise mit eueren schillernden, oszillierenden „Wechselwirkungen" meint, die methodisch nur ein Ausweichen vor dem Problem anzeigen, das bringe ich, Hegel, jetzt als dialektische Methode endlich auf einen wissenschaftlichen Begriff. Dass dann Engels ausgerechnet in den Fragen von Staat und Recht diese Rückzüge antreten musste, spricht für sich; nämlich indem er sagte: Ganz so ist die Basis-Überbau-Lehre nicht zu verstehen, sie ist kein materialistischer Monismus, sondern hier herrschen echte Wechselwirkungen vor; der Überbau von Staat und Recht, Philosophie, juristischen Theorien, Verfassungen, usw. kann sogar recht massiv auf die Basis, auf die geschichtlichen Kämpfe zurückwirken. Das ist etwas, was nicht Marx erspart geblieben ist, sondern was er sich erspart hat. Und was dann als Erblast auf Friedrich Engels lag, der zum methodischen Instrumentarium der politischen Romantiker seine Zuflucht nehmen musste, ausbrechend aus der Hegelschen Dialektik, die immerhin als Methodik einen harten wissenschaftlichen Anspruch aufstellt; auf Engels, der zu so verschwommenen Vorstellungen kommen musste, um mit dieser systematischen Lücke im Bedenken von Herrschaft, von Fragen der Großorganisation, von einer vielleicht eigenständigen Rolle des Rechts im Werk von Marx über die Runden zu kommen. Man kann ja, wenn man eine Gegenprobe macht, oft viel unmittelbarer sehen, wo die Probleme in einem theoretischen Corpus liegen, und Engels ist zu solchen Gegenproben gezwungen worden.

Christensen:

Bloch versucht in seinem Naturrechtsbuch, die politische Unterdrückung als eigenständigen Faktor für die Entfremdung (neben der ökonomischen Ausbeutung) herauszuarbeiten. Dies will er als Entfaltung der Position von Marx verstanden wissen. Damit würde er die Marxschen Aussagen über die Bedeutung des Rechts nicht nur als pragmatische Retuschen sehen wollen, sondern eher als ein unentfaltetes Arbeitsprogramm. Im „Prinzip Hoffnung" begründet er diese Auffassung mit einer Interpretation der Feuerbach-Thesen. Danach vollzieht Marx in den Feuerbach-Thesen eine Wendung zum praktischen Materialismus und gelangt damit über die systematischen Prämissen hinaus, die ihn im Frühwerk daran hinderten, das Citoyen-Ideal aufzunehmen.

Perels:

Das führt eigentlich zu der wiederum sehr komplizierten Frage der inneren Struktur des Marxschen Werkes insgesamt, ob man nämlich sagen kann, dass diese innere Struktur eine feste Prägung hat, bei der die Hegelsche Begrifflichkeit der Selbstentfaltung des absoluten Geistes sich in die Selbstentfaltung des Proletariats verwandelt, das sich am Ende im sich selbst wissenden gesellschaftlichen Gesamtsubjekt aufhebt. Das wäre die eine Linie, die in dem Marxschen Denken existiert, wobei diese Linie wiederum in sich widersprüchlich ist. Sie hat zunächst eine kritische Dimension. Das Kapital wird gleichsam als der negative absolute Weltgeist kritisiert, und der positive absolute Weltgeist wird das sich selbst überflüssig machende Proletariat. Die Selbstaufhebung der Entfremdung fasst Marx an zentralen Punkten in der Form eines objektiven, naturgeschichtlichen Prozesses. Der Kapitalismus wird mit der Notwendigkeit eines Naturprozesses gesprengt. Das ist in der Tat schlechtes Hegelsches Erbe.

Müller:

Und das ist nicht erst Engels.

Perels:

Das sehe ich nicht anders. Dies schlechte Hegelsche Erbe bei Marx macht es unmöglich, die Konstituierungsfrage von Veränderungsprozessen, wenn sie denn naturgeschichtlich ablaufen, überhaupt zu stellen. Und damit fehlt in dieser Linie des Marxschen Denkens die Problemwahrnehmung für die Rolle von Recht, etwa als einer Voraussetzung für die Handlungsfähigkeit der unmittelbaren Produzenten. Nur meine ich, dass das Marxsche Werk mit dieser Hegelianischen Linie nicht einfach zusammenfällt. In ihm sind andere sperrige Momente enthalten, die, von den Feuerbach-Thesen angefangen, bis in die – zumal politischen – Spätschriften einem praktischen Materialismus folgen. Man darf das Marxsche Werk nicht unabhängig von den politischen Schriften interpretieren, denn in diesen Schriften wird Marx der Hegelianismus durch das historische Material, dargestellt in den gegeneinander operierenden Klassenkräften, aus der Hand geschlagen. Es scheint kein Zufall zu sein, dass Engels, der, mit Marx verglichen, eigentlich der politischere Kopf war, ein äußerst kluger Analytiker und Stratege, in seinen letzten Schriften die relative Eigenbedeutung der Sphäre des politischen und rechtlichen Konfliktes durch den Hinweis auf die Wechselwirkung von Basis und Überbau besonders hervorgehoben hat. Engels hat ja in der Einleitung zu den „Klassenkämpfen in Frankreich" gesagt: Wir gedeihen viel besser bei der gesetzlichen Ordnung der Dinge; die Partei der bürgerlichen Ordnung will, sobald ihre grundlegenden Interessen bedroht sind, die gesetzliche Ordnung der Dinge beseitigen, während wir, die Umsturzpartei, darauf achten müssen, dass wir innerhalb – wir würden heute sagen – der verfassungsmäßigen Ordnung verbleiben. Das ist für uns viel günstiger – es ist aber keine bloß taktische Frage – als für diejenigen, die über die Produktion und den Staatsapparat verfügen.

Müller:

Ich meine doch, man tut den beiden keine Gewalt an, wenn man festhält, dass das Engels ist. Er hat nicht nur von der politischen Beobachtung der Zeitläufe und von ihrer taktischen Analyse mehr haben können als Marx. Er hat auch – wenn auch kurz formulierte – theoretische Rückschlüsse daraus gezogen. Was alles gleichzeitig bei Marx als Fehlanzeige nicht zufällig ist. Die Frage geht an Sie zurück, Herr Christensen: Meinen Sie denn, dass das Citoyen-Konzept im Sinn von Marx ein materialistisches Konzept ist? Bei aller Betonung der Vielschichtigkeit im Werk von Marx sollten wir, schon um ihn zu ehren, nicht vergessen, dass er einen strikten Wissenschaftsanspruch aufstellt; dass er auch einen strengen Materialismusanspruch erhebt, und dass naturrechtliche Elemente mit einem materialistischen Rechts- und Staatsverständnis in der Sicht von Marx nicht vereinbar sind. Die strategisch geordneten Rückzugsgefechte bei Engels stehen auf einem anderen Blatt als eine eventuelle Marxsche Rechtstheorie. Ich frage Sie noch einmal: Meinen Sie, das Citoyen-Konzept, wenn es denn in solcher Form fortleben sollte, sei ein materialistisches und mit dem Denken vereinbar, das Marx als verbindlich unterstellt?

Christensen:

Ich würde sagen, dass Marx mit den Feuerbach-Thesen den Glauben an einen historischen Automatismus mindestens insoweit einschränkt, als das Proletariat nicht mehr als bloßer Vollstrecker der historischen Logik erscheint.

Müller:

Das nenne ich eine Frage der Revolutionstheorie.

Christensen:

Ja, aber immerhin mit der Konsequenz, dass im Spätwerk die Verelendungstheorie wegfällt, welche vorher die Funktion hatte, das Proletariat zum Handeln zu zwingen. Daher fehlt im Spätwerk die Grundlage für ein automatisches Subjekt der Geschichte.

Müller:

Methodisch sind die Feuerbach-Thesen für die Revolutionstheorie sicher ein Einschnitt. Aber sie werden doch in aller Regel viel weitergehend interpretiert, als der Einschnitt überhaupt im Werk von Marx; also auch für die revolutionäre Theorie, und das kann ich nicht sehen.

Sie möchten die Frage des Citoyen-Konzepts in folgenden Zusammenhang hineinziehen und sagen: Könnte das Aufbewahren des Citoyen-Gedankens für die Strukturierung des homogenen gesellschaftlichen Gesamtsubjekts noch fruchtbar sein? Nicht für die Frage, wie kommen wir zur klassenlosen Gesellschaft, das ist Revolutionstheorie; sondern für die inhaltliche Zielvorstellung, um die es geht. Diese Zielvorstellung ist das, was das gesamte theoretische und praktische Werk überhaupt sinnvoll macht. Ich glaube, das ist klar. Könnte das Citoyen-Konzept auch für die Theorieinhalte, auch für die Zielprojektion noch von Interesse sein? Dafür wird die Frage dann noch penibler, ob das für eine Konzeption im Sinn von Marx gelten kann, den wir an seinem Anspruch festhalten müssen, eine materialistische Wissenschaftskonzeption aufzustellen.

Christensen:

Wenn das historische Subjekt von den Verhältnissen nicht gezwungen wird, revolutionär zu handeln, dann muss Marx auch auf materialistischer Grundlage die Frage stellen, wie sich dieses historische Subjekt konstituieren kann. Deswegen seine Frage nach der „ursprünglichen Organisation“ der Arbeiterklasse. Hier hätten von der Systematik seiner Theorie her die Freiheitsrechte Bedeutung für die Frage, wie diese ursprüngliche Organisation der Arbeiterklasse sich vollziehen kann.

Müller:

Für welche historische Phase?

Christensen:

Einmal bezieht sich Marx hier auf die Phase vor der Revolution. Die zweite Frage wäre aber, ob der Glaube an den historischen Automatismus noch fortwirkt für die Marxsche Sicht der Übergangsgesellschaft. Und an dieser Stelle fehlen eben weitgehend Aussagen von Marx. Daher gibt es zwei Möglichkeiten, seine Position zu bestimmen. Einmal könnte man ein Fortwirken seiner Auffassungen aus den Frühschriften annehmen. Oder man könnte von der Systematik seiner Theorie her argumentieren und sagen, wenn schon für die Revolution das automatische Subjekt fehlt, dann kann man auch nicht annehmen, dass die nach der Revolution erfolgenden gesellschaftlichen Veränderungen ein solches automatisches Subjekt hervorbringen würden. Von daher könnte man dem Citoyen-Ideal eine Weiterwirkung zubilligen.

Ein Problem für mich ist natürlich dann die Frage, warum Marx diese Argumentationslinie nicht selbst entwickelt hat. Ich glaube, dabei muss man berücksichtigen, dass Marx sich mit den Theorien der bürgerlichen Ökonomen auseinandersetzen musste, welche ihrerseits auf das bürgerliche Naturrecht zurückgegriffen haben. Aus dieser Frontstellung heraus lag es für ihn nicht gerade nahe, das Naturrecht selbst als Argumentationsgrundlage aufzunehmen.

Müller:

Nun, Hegel und Rousseau als zwei Naturrechtler hatten Marx gerade nicht mit Freiheitsrechten traktiert, das muss man den beiden gleichsam zugutehalten.

Darauf könnte man sagen, solange die Basis nicht in Ordnung kommt und noch antagonistische Klassengegensätze herrschen, kann man, auch wenn man Marx ist, offenbar gezwungen sein, jedenfalls in der Revolutionstheorie Zugeständnisse zu machen – wie er sie seit den Feuerbach-Thesen und besonders mit seinen Analysen in den politischen Schriften vorgeführt hat. Wenn einmal die Basis in Ordnung gebracht ist und die antagonistischen Klassengegensätze weggefallen sind, besteht für einen „erstrecht-Schluss“ kein Grund mehr: Das gesellschaftliche Gesamtsubjekt wird eine spontane Selbstorganisation aufweisen. Ich sehe nicht, dass Marx und Engels davon abgerückt wären.

Die Frage ist, wie weit können wir im Blick auf Bloch, ohne schamrot zu werden, unter Referenz auf oder unter Fortdenken von Marx naturrechtliche Konzepte einbauen?

Diese Frage muss sich auf das Marxsche Idealismusverdikt und sein Festklopfen sozialistischer Theorie auf eine materialistische Theorie einlassen.

Perels:

Ich denke, dass diese Fragestellung, worin eine sozialistische Bezugnahme auf bürgerliche Naturrechtstraditionen zu bestehen habe, mit zwei Dingen zu tun hat. Theoriegeschichtlich hat sie mit der verfassungstheoretisch erst noch einzuholenden Zielprojektion eines sich selbst organisierenden sozialistischen Systems zu tun. Aber diese Fragestellung hat auch mit den einschneidenden historischen Erfahrungen zu tun, die seit 1917 mit der Etablierung von Systemen, die sich selbst als sozialistisch ausgeben, eingetreten sind. In diesen Systemen erscheint der Staat gewissermaßen als hypostasiertes gesellschaftliches Gesamtsubjekt, das in Wirklichkeit nichts anderes darstellt als die Überordnung einer verselbständigten Staatsgewalt über die atomisierten Individuen. Diese historische Grunderfahrung hatte Marx noch nicht. Seine historische Grunderfahrung ist der sich entwickelnde Kapitalismus.

Unsere historische Grunderfahrung ist neben der Fortexistenz des Kapitalismus die Etablierung von Staatssystemen, die sich selbst als sozialistisch qualifizieren. Diese historische Erfahrung produziert, zumal bei Bloch, neue Fragerichtungen, die dann auf systematische Leerstellen in der Marxschen Theorie aufmerksam machen.

Dabei geht Bloch über Positionen von Marx hinaus. In seinem Naturrechtsbuch sagt er, dass das Inventar des bisherigen Naturrechts gegenüber allen Verdinglichungen von Machtmitteln und gegenüber der Unkontrolliertheit von Macht einen wichtigen und unverzichtbaren Faktor darstellt.

Das führt dann ein Stück weiter: Muss man nicht angesichts der Erfahrungen mit dem Staatssozialismus – Sozialismus in Anführungszeichen – auch anfangen, Marx' Zielkonzept nicht abstrakt negierend, aber doch kritisch zu diskutieren? Muss man nicht anfangen, das Zielkonzept einer homogenen Gesellschaft als eine ungeschichtliche, romantische Utopie anzusehen, die gar nicht realisiert werden kann? Muss man nicht den ganzen Erfahrungsreichtum der Geschichte der sogenannten sozialistischen Systeme und der Reformversuche einbeziehen, um daraus modifizierte Formen sozialistischer Zielsetzungen zu entwickeln?

Um es auf eine These zu bringen: Mir scheint, dass etwa das Modell des Danziger Abkommens von 1980 sehr viel mehr an – auch in rechtlich gefasster Form – Strukturen einer komplexen sozialistischen Demokratie enthält als die ganze Kommuneschrift von Marx! Die könnte ich fast ad acta legen und mir stattdessen anschauen, wie die demokratischen Konfliktregelungsmechanismen im Danziger Abkommen für eine Gesellschaft mit öffentlichem Eigentum an den Produktionsmitteln aussehen.

Es besteht überhaupt kein Zwang, sich kirchenvaterhaft auf Marx zu beziehen, sondern man muss die neuen geschichtlichen Erfahrungen verarbeiten, um mit ihrer Hilfe die Ziele des Sozialismus realistisch – und nicht eschatologisch im Sinne eines voll auflösbaren Rätsels der Geschichte – zu formulieren. Wenn diese Ziele nämlich nicht enteschatologisiert werden, dann wird der Sozialismus als eine humanere Stufe konfliktverarbeitender Demokratie auf den Sankt-Nimmerleins-Tag verschoben.

Müller:

Rousseau, der bekanntlich auch eine polnische Verfassungsschrift verfasst hat, die im Rahmen seines Werkes besonders wegen ihrer pragmatischen Abstufungen gegenüber „Du contrat social“ interessant ist, hätte sich über Danzig als ein „experimentum contractus“ gefreut.

Ich stelle die Frage noch einmal so primitiv: Wie weit kann man, mit Marx argumentierend, naturrechtliche Denkansätze aufnehmen?

Eine mögliche Antwort darauf wäre, zu sagen, Marxens geschichtliches Ziel ist Idealismus reinsten Wassers; und dann mit methodischem Zynismus fortzufahren: Wenn das schon so ist, warum sollten wir uns dann noch um sein Idealismusverdikt kümmern? Warum sollten wir dann nicht Argumente aus einer von Marxens Anspruch her – den er aber selbst nicht einlöst – überholten, in den Archiven der Philosophiegeschichte zu Recht abgelegten Naturrechtstradition wieder aufgreifen?

Eine andere Antwort wäre freier von solchem Zynismus. Gehen wir von der neuralgischen Stelle im „Kommunistischen Manifest“ aus, an der Marx und Engels erklären müssen, warum sie beide als doch bürgerliche Subjekte in der Lage sind, über die Ideologiegebundenheit der bürgerlichen Klasse hinaus und die wirklichen Verhältnisse zu sehen. (Das ist ein Problem, das sich in der Philosophiegeschichte bei Autoren mit besonders hoch gespanntem Anspruch fast immer gestellt hat.) Wieso sollte sich sozialistische Theorie und Praxis des Reichtums haltbarer Argumente aus früheren, naturrechtlich geprägten Epochen berauben? Warum sollte sie sich wegen eines automatischen Ideologieverdachts bei idealistischen Positionen um die Chance bringen, sich mit ihnen auseinanderzusetzen? Wenn schon alle bisherige Geschichte die Geschichte von Klassenkämpfen ist, dann wäre es nicht einleuchtend, dass diese beständige historische Situation nicht auch schon in anderen Individuen vor Marx und Engels die Fähigkeit erzeugt haben sollte, die Bindung an die ideologische Blindheit des bürgerlichen oder des feudalistischen Horizonts oder des Horizonts der antiken oder der asiatischen Produktionsweise zu überschreiten. Es wäre sonst ein von Marx' und Engels' materialistischem Anspruch her größenwahnsinniger, nicht plausibler Versuch, die Möglichkeit von Einsicht auf die Personen Marx und Engels zu verengen. Eine Geschichte von Klassenkämpfen ist – wie in der Kampfsituation des 19. Jahrhunderts, in der das „Kommunistische Manifest" erschien – darauf angelegt, durch Gegenkräfte, die sie dialektisch provoziert, Bewusstseinsformen in einzelnen Individuen hervorzurufen, die die wahren Verhältnisse aufdecken.

Mit anderen Worten: Ein allumfassender Ideologieverdacht gegenüber der Naturrechtstradition lässt sich von der These einer Geschichte der Klassenkämpfe aus nicht einleuchtend machen. Die Frage wird, soweit ich sehe, bei Marx nicht gestellt. Aber die Klassenkämpfe haben nicht zur Zeit des „Kommunistischen Manifests" begonnen. Was in einer Weltgeschichte der Klassenkämpfe bisher gedacht worden ist – und in der naturrechtlichen Tradition in beachtlichem Ausmaß nicht affirmativ, sondern kritisch – ist ein Fundus, der von dieser ideologiekritischen Zuversicht des Manifests umfasst werden müsste und nicht von vornherein ausgegrenzt werden darf.

Jeand'Heur:

Und Bloch hat diese ideologiekritische Tradition wieder aufgegriffen, meinen Sie?

Müller:

Das weiß ich nicht. Ich sage aber, gegenüber jemandem wie Bloch, der so etwas versucht hat, wäre das Ideologieverdikt, auch wenn man es insoweit orthodox marxisch anpackt, kein Einwand.

Der andere Gesichtspunkt bringt vor: Wenn schon du, Marx, dem Idealismus nicht entkommst, dann wollen wir es auch nicht so genau nehmen. So möchte ich nicht argumentieren; ich habe nur gesagt, das wäre eine mögliche Antwort.

Eine dritte Antwort, die mir auch näher liegt als die erste zynische, wäre, die Naturrechtstradition, die wir aus einer uns aufgezwungenen historischen Distanz betrachten müssen, gegen den Strich zu bürsten und sie in dieser Form als *heuristisches Mittel* aufzufassen: Naturrechtsüberlieferungen im Sinn einer möglichen Handlungsanweisung, im Sinn eines methodischen Fundus zum Finden neuer Argumentationsmuster; d.h. als methodische Beispiele in der historisch-materialistisch jeweils zu definierenden Lage;

Beispiele dafür, wie dort naturrechtlich, in Distanz zum Gegebenen und Herrschenden argumentiert werden konnte. Ein heuristisches Prinzip, um neue ‚naturrechtliche', d.h. vor allem grund- und menschenrechtliche Ansprüche und Handlungsmöglichkeiten zu entwickeln.

Jeand'Heur:

Wäre das nicht auch ein Weg, um eventuell die Lücken in den Marxschen Aussagen zum Recht auf diese Weise aufzufüllen? Besteht nicht das Neuartige in der Blochschen Argumentationsweise gerade darin, dass Bloch an dem herrschaftskritischen Stachel des klassischen Naturrechts – soweit es ein revolutionäres Naturrecht war – ansetzt? Liegt nicht bei Bloch der Fortschritt gerade darin, dass er diesen Stachel aufgreift und versucht, von der Argumentation des Subjekts her, Aussagen über Rechtstheorie zu machen – indem er über den Charakter von Herrschaft spricht? Für Bloch ist dies nicht nur ein Problem der Ausbeutung, eine Frage ökonomischer Unterdrückung, sondern für ihn ist es immer auch eine politische Frage von Herrschaft. Nur von daher kommt er auf die erwähnten naturrechtlichen Ansätze.

Perels:

Im entscheidenden Punkt, nämlich der Bestimmung des sozialistischen Ziels, differiert Bloch nicht von Marx.

Müller:

Bei aller Achtung für den eben erwähnten Fortschritt.

Perels:

Der große Fortschritt, den Bloch in der marxistischen Rechtstheorie gebracht hat, bezieht sich auf die emanzipatorische Funktion des Rechts innerhalb des Kapitalismus und im entstehenden Sozialismus: Recht ist nicht einfach Instrument zur Sicherung von Ausbeutung, sondern es kann auch dazu dienen, die Handlungsmöglichkeiten der abhängigen Klassen zu fördern, und gegenüber dem Neo-Absolutismus, genannt Sozialismus, bildet das naturrechtliche Erbe eine wichtige Gegenposition. Aber die Zielvorstellung der schließlichen Selbstgewissheit der menschlichen Gattung, in der Recht als eigene Sphäre verschwindet, bleibt bei Bloch bestehen. Und für mich ist tatsächlich die Frage, ob der ursprüngliche Gedanke des Absterbens von Staat und Recht so noch aufrechterhalten werden kann.

Christensen:

Das würde dann aber auch heißen, dass Bloch in gewisser Weise nur ein Mehr an pragmatischen Konzessionen an die historische Realität macht, als Marx zu seiner Zeit schon machen konnte; dass er aber an dem Grundproblem, das wir eigentlich schon festgestellt hatten bei der Marxschen Theorie, nämlich substantielles, geschichtliches Ziel, nichts verändert. Insoweit wäre eigentlich das Grundproblem nach wie vor vorhanden, dass dieser Idealismus in der Zielvorstellung auch bei Bloch noch nachwirkt.

Perels:

Von Idealismus würde ich im Blick auf eine Zielvorstellung sprechen, die meint, die Entzweiung von Subjekt und Objekt und der Menschen untereinander könne in einer neuen Identität geschichtlich aufgehoben und nicht lediglich in eine humanere Formbestimmtheit überführt werden.

Anders gesagt: Kann es nicht etwas Drittes geben? Eine gedankliche, aber auch geschichtlich realisierbare Konzeption, die weder der Zielprojektion utopistischer Identität noch der schlechten Utopie der Fortexistenz des Bestehenden – in staatssozialistischer oder kapitalistischer Form – folgt?

Mir scheint, dieses Dritte gibt es tatsächlich, weil es nämlich temporär schon einmal existiert hat, beispielsweise in den Versuchen der gesellschaftlichen Aneignung des sozialen Produktions- und Lebensprozesses in den Ländern Osteuropas, wie sie im Prager Frühling von 1968 oder in Polen 1980/81 unternommen worden sind.

Müller:

Eine solche Möglichkeit sucht Rousseau: eine Heilung der menschlichen Natur, einen qualitativen Sprung in der Geschichte der Menschengattung aufgrund einer bestimmten Art von Umwälzung. Und für deren Aufrechterhalten, für das Andauern dieses Zielzustandes hält Rousseau eine ganz bestimmte Rechtsordnung und Verfassungskonstruktion für notwendig, denn in der Geschichtszeit muss diese Errungenschaft dann durch fortwährende Anstrengung realisiert werden. Für Rousseau gibt es einen Automatismusglauben auch nicht in dem Sinn, dass aus dem Schwergewicht eines einmal erreichten historischen Ziels dann folgt, dass sich dieser erwünschte Zustand in seiner Immanenz weiter erhalten wird. Nicht einmal diesen idealistischen Zug können wir bei Rousseau finden.

Bloch ist demgegenüber in der konkreten Bezeichnung des geschichtlichen Zielzustands keinen Schritt weiter gegangen als Marx; und da schon

Marx hier nicht weit ging, bewegen sich beide um den Nullpunkt herum. Bloch hätte hier in dem Sinn, in dem ich es versuchsweise formulierte, naturrechtliche Bestände als heuristische und nicht nur als retrospektive Größe aufgreifen können: dass man unerledigte Vergangenheit, unerledigte Handlungsprogramme aus der reichen Tradition herüberrettet und neu fruchtbar macht. Dass man am Beispiel historischer Naturrechtsargumente für jetzige und künftige Lagen dann eben auch *neue,* etwa neue grund- und menschenrechtliche Konstrukte ersinnt. Das wäre etwas, was man zunächst unbedingt für die Übergangsgesellschaften, im Prinzip auch für die Konkretisierung der Zielprojektion, der Endgesellschaft, einsetzen könnte. Soweit ich sehe, hat das Bloch nicht getan.

Ich stelle klar: Ein Naturrecht, das man als heuristisches Prinzip einsetzt, mit dem man vertretbar um Marxens Idealismusverdikt herumkäme und auch den Materialismusanspruch nicht verfehlen müsste – es wäre kein rationalistisches, es ist ein *voluntaristisches* Naturrecht. Man kann gegenüber Marx, auch gegenüber Bloch einen Vorwurf erheben, der sich unter dem Stichwort „Idealismus" auf mehrfache Weise begründen lässt, auch den des Holismus und des Monismus[8]. (Das sind aber Fragen, die im Rahmen des Marxschen *Wissenschaftsanspruchs* zu diskutieren sind.) Das heißt nicht, dass deswegen nicht eine solche Politik betrieben werden sollte. Wenn man naturrechtliche Konstrukte, wie sie die Freiheits- und Gleichheitsrechte, wie sie allgemein subjektive Rechtspositionen und subjektive Definitionsmacht darstellen, von dem übermenschlichen, übergeschichtlichen Anspruch entlastet, idealistischer Ausdruck einer allgemeinen ratio zu sein, die orts-, zeit- und situationsunabhängig ist – wenn man sie davon befreit, sie als epochengebundene voluntaristische Grundentscheidungen und als eine zu verfolgende Politik auffasst, dann ist man viel Ballast los, mit dem sich Marx doch mit wenig Erfolg herumgeschlagen hat.

Perels:

Mir scheint, dass diese Blochsche Formel ‚die Menschenrechte sind als sozialistische erst zustellbar' zeigt, dass Menschenrechte, rechtsstaatliche Verfahrensgarantien, Volkssouveränität erst dann voll realisiert werden können, wenn sie nicht durch die Zwänge von gesellschaftlichen Antagonismen immer wieder in ihrem Funktionieren gehindert werden. Erst in einer Gesellschaft, in der bestimmte gesellschaftliche Gegensätze durch die Vergenossenschaftlichung der Produktionsmittel beseitigt sind, können gesellschaftliche Konflikte sich wirklich rational entwickeln und werden nicht durch reine Machtinteressen determiniert. Damit aber diese gesellschaftli-

---

[8] *F. Müller,* Entfremdung (Fn. 1), S. 182 ff. (in der 3. Aufl. 2012).

chen Konflikte sich einigermaßen rational entwickeln können – Adorno hat einmal zu Recht gesagt: Erst eine klassenlose Gesellschaft wird eine pluralistische Gesellschaft sein – bedarf es der Menschen- und Bürgerrechte. Sie sind die Bedingung der Möglichkeit dafür, dass überhaupt so etwas wie ein sozialistisches Gemeinwesen zu entstehen beginnt[9]. Wenn die Menschen- und Bürgerrechte, wenn rechtsstaatliche Verfahrensgarantien absterben, dann bleibt nur die Alternative – ich überspitze es jetzt einmal –: Stalinismus. Dann wird das Gesamtsubjekt von oben gesetzt und konstituiert sich nicht aus den konflikthaften Beziehungen der Individuen.

Bezieht man diesen Gedanken noch genauer auf die Frage des Absterbens von Staat und Recht, so müsste man die Formen von Staat und Recht, die gebunden sind an bestimmte Machtinteressen herrschender Klassen, scharf von denjenigen Formen trennen, die für eine demokratische Vergesellschaftung unabdingbar sind. Soweit die Machtinteressen wirtschaftlich dominierender Klassen durch Recht und Staat gesichert werden, können diese Funktionen in einer Gesellschaft, die diese Machtbeziehungen vermittels der Vergenossenschaftlichung des privaten Eigentums an Produktionsmitteln aufhebt, in der Tat absterben. Aber Recht und Staat (verstanden als gesamtgesellschaftliche Synthetisierungsinstanz) sterben nicht als Sphäre insgesamt ab, sondern nehmen eine andere, genuin demokratische Formbestimmung an. Das bedeutet allerdings auch, dass es in einer solchen Gesellschaft funktionelle Hierarchien und zentrale politische Entscheidungsinstanzen geben wird, die nicht einfach verschwinden; auf dem jetzigen Niveau der technologischen Entwicklung kann man ohnehin nicht in eine vorindustrielle Gesellschaft der Unmittelbarkeit von Sozialbeziehungen zurückspringen. Dadurch aber, dass diese funktionellen Hierarchien und politischen Entscheidungsinstanzen einer sozialistischen Gesellschaft an die Funktionsmechanismen von Menschen- und Bürgerrechten und rechtsstaatlichen Verfahrensgarantien und damit an gesellschaftliche Diskussions- und Entscheidungsprozesse gebunden werden, kann verhindert werden, dass sie sich verselbständigen. Ich hätte Angst, in einer Gesellschaft zu leben, in der auch das Inventar des bisherigen demokratischen Naturrechts abgestorben wäre.

Müller:

Die Schwierigkeit ist nur, dass Bloch nicht den sozialistischen Staat herbeisehnt oder voraussagt. Sondern er unterstellt: Der Herrschaftsstaat, wie

---

[9] Vgl. *J. Perels,* Meinungsfreiheit als Element des Sozialismus, Frankfurter Hefte, H. 7/1979, S. 20 ff.; *ders.,* Rechtstypen und gesellschaftliche Aneignung, in: N. Paech/G. Stuby (Hrsg.), Wider die „herrschende Meinung“, Beiträge für W. Abendroth, Frankfurt 1982, S. 190 ff.

ihn die Menschengattung seit dem frühen Sumer, seit mehr als 5000 Jahren in ungebrochener Tradition, wenn auch in verschiedener Form kennengelernt hat, dieser Staat als Herrschaftsapparat werde absterben. Da liegt weiterhin für den Marxismus das Problem der Zielprojektion. Das ist das eine.

Das andere ist, dass Sie sagten: Rechtsstaatliche Verfahrensgarantien und Freiheitsrechte als Bedingung der Möglichkeit, und umgekehrt. Da ist Blochs Sicht sehr plausibel: die Umwälzung der Basis im Sinn der Klassiker nicht als zureichende, sondern nur als notwendige Bedingung dafür, eine sozialistische Gesellschaft auf den Weg zu bringen. Und wenn wir uns dann die Staaten des real existierenden Sozialismus ansehen und an sie nüchtern die Marxschen Grundkategorien halten, müssen wir sagen, dass dort auch nur eine sozialistische Gesellschaftsphase noch nicht in Sicht ist; dass wir im Sinn der „Kritik des Gothaer Programms“ weit davon entfernt sind, vom Beginn einer sozialistischen Gesellschaft sprechen zu können. Insofern wird Kritik, die sich von hier aus zurück auf das theoretische Corpus von Marx richtet, verfrüht auf ihr Ziel losgeschossen.

Umgekehrt sollte kein Marxist meinen, das Potenzial an sachlicher Autorität im Werk von Marx müsse durch Anbetung ausgeschöpft werden. Marx’ Mangel an Wahrnehmung des realen Gewichts von Staat und Recht ist ein grundsätzlicher Mangel. In diesen Fragen ist Marx von Hegel und Rousseau eingeholt worden, die als idealistische Naturrechtler abtun zu können er gemeint hatte. Lenin ist Rousseauist für die Rolle staatlichen Rechts zum Vorantreiben und Absichern einer sozialen Umwälzung, für die (mögliche) produktive Rolle von Herrschaft in der Geschichte. Er ist Rousseauist auch in seinem Mangel an Automatismusvertrauen: Man verlässt sich nicht darauf, dass sich etwas ereignen wird – der Staat absterben, das Recht überflüssig werden, die Menschennatur (so auch noch Bloch) sich ändern. All das sind, genau genommen, formelle Annahmen, keine inhaltlichen Aussagen; sie sind ungutes Hegelsches Erbe, vom Kopf kurzzeitig auf die Füße und dann linksherum wieder auf den Kopf gestellt. Dagegen Lenin, ähnlich wie Rousseau: Nichts geschieht, alles ist zu tun. Keine Theorie über die Geschichte, dafür Anleitung zum Handeln.

Niemand tut Marx Ehre an, der eine – von dessen Kategorien aus beurteilt – bürgerliche Rechtslehre „marxistisch“ nennt. In diesem Sinn sind Rechtstheorien erkennbar, die aus Marx lernen, nicht aber eine marxistische Rechtstheorie.

Die Chance, zu lernen, besteht nicht nur in einer Richtung. Für ein marxianisches, von Marx bewegtes Denken, das für sein Teil aus der alten Tradition einer nicht im Positiven ersäuften Theorie von Staat und Recht gelernt hat, ist Bloch ein gutes Stück vorangekommen. Er versucht eine voluntaristisch naturrechtliche Ergänzung des von Marx herrührenden Antriebs, als Handlungsanweisung – „getrennt marschieren, vereint schlagen" – methodisch unbekümmert bis zum militanten Pragmatismus. Er formuliert weder ein irdisch-messianisches Theologiederivat, noch pocht er auf eine empirisch, chronologisch einlösbare Zuversicht im Stil modern-positivistischer Fortschrittsnaivität. Er bietet auch keine idealistisch ontologisierende ‚Philosophie des Als ob' an, sondern leistet die Theorie einer Anweisung auf humanisierendes Handeln im ‚Als ob'.

Reine Sprachlehre – Reine Rechtslehre – Aufgaben einer Theorie des Rechts

Notizen zu Kelsen und Wittgenstein

1975

I.

Der Wittgenstein des *Tractatus logico-philosophicus* ist mit Trennungen beschäftigt. Er sucht eine Sprache, die aus Elementarsätzen oder aus Wahrheitsfunktionen von Elementarsätzen besteht, deren jeder einen Sachverhalt abbildet. Bild und Sachverhalt sollen dieselbe logische Form und ein Satz nur die eine Funktion haben, eine Tatsache abzubilden.

Diese „einzig streng richtige“ Methode der Philosophie lässt nur Sätze der Naturwissenschaft zu. Da allen Zeichen in ihren Sätzen ihre genaue Bedeutung zu geben ist, lässt sich so nichts Metaphysisches aussprechen (Tractatus 6.53). Wissenschaftliche Probleme sind sagbar, Lebensprobleme unsagbar; sie werden gefühlt, sie zeigen sich (Tractatus 6.52 und Vorwort).

Die Folgerung, man müsse über das schweigen, wovon man nicht (klar) sprechen kann, ist als Appell an die Sprachmoral verstanden worden, als Lebensregel in einem rhetorischen Knigge; oder als Ultimatum an die jeweils andern, endlich mit dem Gerede über das aufzuhören, wovon man doch allemal mehr verstehe.

Wittgenstein wurde für diesen Satz mit weitgehender Zustimmung geschlagen. Dabei konstatiert der Satz, statt zu appellieren. Er stellt fest, es sei nicht ausgesagt, was nicht klar gesagt wurde; um das Ausmaß des Unklaren schert er sich nicht. Wer nicht klar spricht, weil er über etwas der Sprache Unzugängliches spricht, ist zum Schweigen schon verurteilt[1], mag er auch reden, soviel seine physischen Kräfte es erlauben. Die Unmöglichkeit, klar nicht Sagbares überhaupt zu sagen, ist auch durch Gebirge metaphysischen Geschwätzes nicht zuzudecken.

---

[1] So dann auch *J.-F. Lyotard*, Der Widerstreit (1983), deutsch 1987, S. 142 (Nr. 135).

Die Philosophie hat die Aufgabe, zu begrenzen und abzugrenzen. Die (Ideal-)Sprache darf nicht für Unsinn verwendet werden; nicht dafür, Sagbares und Unsagbares zu vermischen. Von der Grenze dessen an, was sich klar sagen lässt, muss geschwiegen werden (Tractatus 4.116,7 und Vorwort). Die Philosophie soll das Denkbare und damit zugleich das Undenkbare „abgrenzen", das Nichtdenkbare „von innen durch das Denkbare begrenzen". Indem die Philosophie „das Sagbare klar darstellt", bedeutet sie das, was nicht sagbar ist (Tractatus 4.113 bis 4.115).

Dieser idealen, universalen, dieser Grenzsprache ist das menschliche Leben unerreichbar. Die Lebensprobleme bleiben ungelöst; sie sind, da nicht sagbar, sogar von der Antwort auf alle *möglichen* wissenschaftlichen Fragen „noch gar nicht berührt" (Tractatus 6.52) – so wie umgekehrt die klare wissenschaftliche Sprache dieser Philosophie von ihnen: ein zweifaches Noli me tangere. Sie müssen mit anderen Methoden, besser: auf andere Weise angegangen, ausgehalten werden, außerhalb der vom *Tractatus* gemeinten Klarheit und ihrer Sprache. Das Leben und seine Werte, Gutes und Schönes, Spontaneität und Phantasie werden und bleiben auf diese Art von optischen Täuschungen, von Verzerrungen, von den Zumutungen traditioneller Vernunft, rationalistischer Metaphysik, herkömmlicher Ethik und Ästhetik befreit; nicht zuletzt auch von Angriffen und Übergriffen.

Der so mit Philosophie abrechnet, erkauft es durch Abspalten der Welt von der Sprache; der Welt, die in sich ohne Sinn bleiben muss (Tractatus 6.41; auch 6.373 und 6.42). Daher lassen sich die „philosophischen" Fragen als Fragen der „Logik unserer Sprache" „im Wesentlichen endgültig" lösen, ohne dass damit Wesentliches getan wäre (Tractatus, Vorwort, 6.54, 6.52). Dann mag, für die Position des *Tractatus,* „keine Frage mehr" bleiben. Was bleibt, sind nur die Probleme; unbeeindruckt, unausgesprochen, unansprechbar bestehen sie fort. Was Platon, Hegel und andere Metaphysiker zu den Widersprüchen menschlicher Gemeinschaft, zu ihrer Aufklärung *philosophierten,* ist „Unsinn"; die Auflösung im *Tractatus,* dieses Grenze-Ziehen, lässt die „Lebensprobleme" auch der Gesellschaft der Menschen unberührt (Tractatus, Vorwort, 4.111 ff., 4.114 f., 6.52). Der Wittgenstein dieses Textes will, Unsinn vermeidend, einen Schutzwall gegen entfremdende Anmaßungen errichten, und er zahlt seinen Preis. Verstehen ist Handeln, Schreiben ebenfalls. Nicht so sehr seine Philosophie als vielmehr Wittgenstein ist es, der die tägliche Realität der Welt, oder eine in ihr, durch den Text von 1918 abzuspalten sucht.

Der Wittgenstein des *Tractatus* weiß, dass er in Tradition steht. Er stützt sich auf Frege und Russell, weist auf Hertz, Kant und Mauthner hin, will aber keine Quellen angeben noch Neuigkeiten bieten. Er rechnet damit, neue Traditionen auszulösen (Tractatus, Vorwort), die es besser machen mögen als er. Aber all dies ist ihm „gleichgültig“. Ihm geht es um anderes als um Zugehörigkeit zur Zunft der Philosophen, als um Professionalität.

Im Sinn des Wortes denkt er rücksichtslos: ohne Sicht nach rückwärts. Seine Tat, die Fragen rationalistischer Metaphysik als scheinhaft, unsinnig herauszubringen, hat auch die Aufgabe, ihn vor diesem Herkommen zu schützen; hat auch zu rechtfertigen, warum er nicht zurücksieht. Zu denken wie der erste Mensch als die einzig verantwortbare Art, zu denken.

Neben Schutz ist die Rücksichtslosigkeit für ihn auch Erfahrung. Selbst die Antwort auf alle möglichen wissenschaftlichen Fragen berührt unsere Lebensprobleme „noch gar nicht“; also gerade die auf Wittgensteins Fragen, nicht die der herkömmlichen Scheingefechte. Wer Wittgensteins Sätze versteht, erkennt sie „am Ende als unsinnig“ (Tractatus 6.54); somit gerade die Sätze, die sich nicht auf die von Anfang an abwegigen Scheinfragen der Tradition eingelassen haben. Es geht nicht um „alle möglichen“, sondern um „alle *möglichen*“ (nicht: die unmöglichen) wissenschaftlichen Fragen. Wittgensteins Sätze werden am Ende als unsinnig *erkannt;* unsere Lebensprobleme und ihr Verschwinden (was heißt, den „Sinn des Lebens“ zu finden), die Rätselhaftigkeit des gegenwärtigen Lebens werden dagegen *gefühlt* (Tractatus 6.4312, 6.52, 6.521). Von ihnen ist nicht zu sprechen.

Nicht schweigen muss man dagegen von den Antworten auf mögliche, d.h. als Probleme sinnvolle Fragen. Nur reicht ihr Ende noch nicht einmal an den Anfang der Fragen des Lebens heran. „Unsinnig“ sind sie also in Bezug auf diese; auf die Erwartung, sie könnten zur „Lösung des Rätsels des Lebens“ (Tractatus 6.4312, 6.54) beitragen. Die Sätze der Abhandlung sind insoweit sinnvoll, als sie diese Erwartung als sinnlos dartun; als sie zeigen, „wie wenig damit getan ist, dass die Probleme gelöst sind“ (Tractatus, Vorwort). Sie sind aber unsinnig in Bezug auf diese Erwartung selbst, die als existent gefühlt wird. Zwar gibt es eine Antwort auf die möglichen Fragen von der Art, dass es dann keine Fragen mehr gibt. Aber das unmittelbare Leben bleibt rätselhaft, „und eben dies ist die Antwort“ (Tractatus 6.52).

Wittgensteins Sätze sollen die Scheinfragen der Philosophie als Scheinfragen erweisen, nicht die Lebensprobleme als Scheinprobleme. Sie zeigen diese als durch Sätze der Idealsprache nicht erreichbar, als nur durch Aushalten, Ausstehen des Zwiespalts austragbar: praktizierter, nicht verkündeter Existentialismus; daher nicht Existentialismus, sondern Existenz.

Über die Umgrenzung des Unsagbaren, gleichsam über seinen Stoff, äußert sich Wittgenstein lapidar, aber deutlich nachvollziehbar. Es sind Emotionen und Affekte, Phantasie und Spiel, Ästhetik und Ethik, Rätsel und Sinn des Lebens, das Leben selbst (Tractatus 6.42, 6.421, 6.4312, 6.52, 6.521).

Die klaren Sätze der einen Sprache sind unfähig, all dies auszusagen, denn Sätze können „nichts Höheres ausdrücken" (Tractatus 6.42). Was über die Grenze des klar Sagbaren hinausgeht, ist in der Philosophie Scheinproblem, im Leben aber gerade nicht. Wir müssen uns ihm ohne die Hilfe einer Sprache, die klar sein kann, stellen. Wir müssen die geforderten Antworten außerhalb solcher Sprache erteilen. Wir erteilen sie auch; und wenn wir dann darüber zu philosophieren, wissenschaftlich zu reden versuchen, sind wir zu Geschwätz verurteilt. Das Schweigen, welches Anfang und Ende des *Tractatus* beschwören, ist nicht einfach Negation, Abwesenheit von Gerede. Das Schweigen vom „Höheren" ist ein höheres Schweigen. Es ist nicht weniger wahrheitsfähig als Elementarsätze, sondern anders als sie; es ist lebendig, unmittelbar. Die Rätsel des Lebens „fühlen" wir, die durch Elementarsätze nicht fassbare Welt „sieht" man, das Unaussprechliche „zeigt" sich (Tractatus 6.52, 6.54, 6.522: „Das Mystische").

Der Ausdruck „Mystisches" verwirrt. Er kommt von *rm3ein,* „die Augen schließen". Nichts im *Tractatus* deutet darauf hin, dass damit ein Nach-innen-blicken gemeint sei; vielmehr ein Umgang mit dem Unsagbaren außerhalb wissenschaftlicher Sprache; ein unmittelbares, von solcher Sprache nicht erfassbares Hinschauen, ein Wahrnehmen durch die Sinne, Reagieren durch Emotionen, ein Lösen der Lebensrätsel durch unsprachliches Handeln. Die Welt zeigt sich, ohne Sagbarkeit, und ich verhalte mich zu ihr, ohne für die Zumutungen herkömmlicher Philosophie erreichbar zu sein.

Vielleicht wählte Wittgenstein den Ausdruck „Mystisches" wegen dessen abgeleiteter Bedeutung „sich versenken". Wo nicht mehr sinnvoll wissenschaftlich gesprochen werden kann, im Schweigen, mag ich mich versenken. Es ist aber ein Sich-versenken durch intuitive Zuwendung zur Welt, nicht durch Abkehr; nicht durch Wegblicken, sondern durch befreites Hinsehen – ein künstlerisches Weltverhalten. Nicht rede ich richtig über die Welt, sondern schweigend *sehe* ich sie richtig.

II.

Der Wittgenstein des *Tractatus* ist von der Wiener Schule und seitdem noch öfter als Kronzeuge des Positivismus verstanden worden; mit seiner späteren Philosophie habe er die alten Positionen verraten. Die äußere Form des *Tractatus* und seine zupackende Theorie der Elementarsätze mögen dieses Missverständnis genährt haben. Die einzig korrekte Methode der Philosophie sei die der Nicht-Philosophie, sei das Produzieren von Sätzen der Naturwissenschaft (Tractatus 6.53). Der radikale Abschied von herkömmlicher Metaphysik im *Tractatus* erscheint als Bekenntnis zur Naturwissenschaft als einziger Wissenschaft und damit – hier beginnt das Missverständnis – als zu dem einzigen, was wesentlich sei. Tatsächlich will der klassische Wissenschaftspositivismus, wie auch der Neopositivismus unseres Jahrhunderts, alles menschliche Wissen von metaphysischer Interpretation, und zwar durch präzise empirische Methodik, befreien: Wissenschaft hat es mit realen Erscheinungen zu tun. Die Philosophie arbeitet nur die Gesetze ihrer Zusammenhänge heraus. Erfahrungstatsachen sind gegenüber der Befragung durch rationalistische Vernunft autonom. Lässt man alles weg, was der *Tractatus* über Welt und Leben, Sinn und Rätselhaftigkeit, über das Mystische und Unaussprechliche sagt, dann kann ihm das schlechthin Gegebene als letzte Instanz unterstellt werden.

Dem Text wird damit eine Gewalt angetan, die vor ihm noch nie Bestand hatte. Die Umgebung, in welcher der *Tractatus* geschrieben wurde, war diesem Missgriff günstig; war betriebsblind vor Wittgensteins Gegenmodell, das hier nicht ausgeführt, sondern ausgespart ist; dies aber mit einer Intensität, die auf das Ungesagte umso nachdrücklicher hinweist.

Der Positivismus hatte auch die Rechtswissenschaft durchdrungen. In der Frage der Rechtsgeltung wird das Naturrecht rigoros verabschiedet, wird Recht als positiv gesetztes und durch eine staatliche Zwangsinstanz gestütztes gefasst, ohne dass Inhalts- und Richtigkeitsfragen eine Rolle spielen dürfen. Tatsachen und Werte sind auch auf diesem Gebiet voneinander getrennt. Die Tatsache besteht in der Setzung, Wertungen müssen als nicht sinnvoll aus der Jurisprudenz ausscheiden. Diese kann nach Kelsen nur als Lehre von den „reinen Formen des Rechts“ Wissenschaft sein, weshalb „jeder beliebige Inhalt Recht sein“ könne.

Beim praktischen Umsetzen des geltenden Rechts trat der Positivismus als methodischer Gesetzespositivismus auf. Die Kodifikationen werden als Systeme unterstellt, denen Einheit sowie – als vollständigen und widerspruchsfreien Systemen – Geschlossenheit zukomme. Aus dem lückenlosen Ganzen des Gesetzessystems wird bei der Rechts „anwendung“ logisch deduziert, wird subsumiert, und in nichts anderem soll Rechtsumsetzung bestehen. Offene Rechtsfragen können nicht auftauchen, jedes gesellschaftlich neue Problem ist vom System bereits denknotwendig gelöst. Lücken in der ausdrücklichen Regelung sind mit gewissermaßen naturwissenschaftlicher Objektivität durch juristische Konstruktion aus Grundsätzen und Prinzipien aufzufüllen. Soziale Zusammenhänge werden nicht geleugnet, aber abgedrängt, weil sie die Rechtswissenschaft nicht zu interessieren hätten. Diese muss von Politik, Ökonomie und Philosophie als von „nichtjuristischen“ Elementen befreit werden. Auf diesem Weg werde die Jurisprudenz autonom und damit Wissenschaft; sie darf rechtliche Normen nicht als mit gesellschaftlichen Gegebenheiten zusammenhängend behandeln.

Auch hier wird durchweg unterschieden, um radikal zu trennen: soziale Tatsachen von positivrechtlichen „Tatsachen", die Wissenschaft von ihrem Stoff, das Rechtsleben von der Rechtsaxiomatik, das Sein vom Sollen. Die grundlegenden Spaltungstendenzen im *Tractatus,* das sich dort ausdrückende Trennungsbedürfnis Wittgensteins, erscheinen dazu analog. Dasselbe gilt für den Vorsatz, alles Sagbare „klar zu sagen" – hiermit korrespondiert das Eindeutigkeitsdogma des methodischen Rechtspositivismus. Auch wird bei beiden jede Frage der Erkenntnistheorie ausgespart. Der Positivismus untersucht nicht das Verhältnis von Wirklichkeit und Norm, von Sein und Sollen; er setzt sie einander scharf als Kategorien gegenüber, ohne nach theoretischer Möglichkeit und praktischer Technik einer Vermittlung zu fragen. Wirklichkeit und Wert, Leben und Philosophie als Wissenschaft sind auch im *Tractatus* unter Umgehung allen erkenntnistheoretischen Nachfragens voneinander getrennt. Wissenschaft ist Naturwissenschaft oder orientiert sich methodisch an ihr. Dass hierin die „einzig streng richtige" wissenschaftliche Methode liege, haben der *Tractatus* und die Autoren des Gesetzespositivismus gemeinsam. Ein Entsprechen von Sprache und Wirklichkeit wird unterstellt. Gesetzespositivistische Subsumtion ist ein Prototyp von Nicht-Vermittlung, einer äußerlichen, als Tatsache behaupteten und theoretisch unbefragten Beziehung. Sprache und Welt, Sollen und Sein stehen gerade deshalb so schroff getrennt neben- und gegeneinander, weil die Frage ihrer Zuordnung als beantwortet vorausgesetzt ist. Da den Gesetzesbegriffen „Bedeutung" innewohnen soll, ohne dass dies als Problem gesehen wird, sind solche Aussagen gleichsam (allerdings nicht deskriptive, sondern normative) Elementarsätze über die Rechtswelt. Mit dem Rechtsfall kommt eine zusätzliche Realität als weiteres Objekt hinzu; der rechtliche Ausspruch, das Ergebnis der Subsumtion, ist ein zusammengesetzter Satz, analog der Wahrheitsfunktion eines Elementarsatzes[2].

Kelsen hat es unternommen, eine „gereinigte" Rechtstheorie zu entwickeln, um sie damit „auf die Höhe einer echten Wissenschaft, einer Geistes-Wissenschaft zu heben". Sie habe „ausschließlich auf Erkenntnis des Rechts" gerichtet zu sein. Aus dieser Erkenntnis möchte er „alles ausscheiden", was „nicht zu dem exakt als Recht bestimmten Gegenstande gehört". Ihr methodisches Grundprinzip sei, sich „von allen ihr fremden Elementen (zu) befreien", nämlich von Psychologie und Soziologie, von Ethik, politischer Theorie und Rechtspolitik (Reine Rechtslehre, 19602, S. III, 1).

---

[2] Zur Diskussion des Rechtspositivismus: *F. Müller,* Normstruktur und Normativität, 1966, z. B. S. 24 ff.; vgl. auch *dens.,* Strukturierende Rechtslehre, 1984, 2. Aufl. 1994; *dens./R. Christensen*, Juristische Methodik, Bd. I, 11. Aufl. 2013, durchgängig; *dens.*, Syntagma. Verfasste Recht, verfasste Gesellschaft, verfasste Sprache im Horizont von Zeit, 2012, z. B. S. 61 ff., 72 ff., 76 ff. u. ö.

Eine solche Rechtslehre ist universal, liefert eine ideale Theoriesprache nicht einzelner besonderer Rechtsordnungen, sondern „des positiven Rechts schlechthin". Die damit angestrebten Eigenschaften Objektivität und Exaktheit sind aber nur sehr begrenzt von Nutzen, wenn sie durch Abstinenz an Realitätskontakt, durch planvolle Manipulation an ihrem Gegenstand erkauft sind. Kelsen stellt sich einem solchen Einwand nicht. Der Zusammenhang des Rechts mit der von ihm geordneten Wirklichkeit, damit auch mit anderen diese Wirklichkeit psychologisch oder soziologisch, ethisch oder politisch behandelnden Wissenschaften, wird nicht abgestritten. Es geht Kelsen weder um diese Wirklichkeit noch um die Frage ihres Verhältnisses zur Form seiner Theorie. Es geht ihm um Wissenschaft, um die Reinheit ihrer Methode und ihres „Wesens", um das Ziehen von Grenzen und Schranken.

Und was soll Recht sein, was ist „exakt als Recht bestimmt": die Rechtsnormen; und diese sind nichts anderes als die Normtexte, denn der Gesetzgeber erzeugt sie als „generelle Rechtsnorm" (Reine Rechtslehre, z.B. S. 72ff., 75, 230ff., 242ff.). Dagegen sollen „Rechtssätze" die Sätze sein, mit denen die Rechtswissenschaft die durch die Normtexte begründeten Beziehungen zwischen ihren gesetzlichen Tatbeständen beschreibt. Wenn Kelsen dagegen polemisiert, dass herkömmlich „Rechtsnorm" und „Rechtssatz" gleichgesetzt würden, so nicht darum, weil für ihn die Rechtsnorm mehr wäre als ihr Text. Er tut es nur deshalb, weil dabei Recht und Rechtswissenschaft, Normatives und Deskriptives vermischt würden. Rechtswissenschaft sei Erkenntnis und nur Erkenntnis, nicht Gestaltung des Rechts. Andernfalls mache sie sich einer „Vermengung von Rechtswissenschaft und Rechtspolitik" schuldig (Reine Rechtslehre, S. 75).

Auch dem *Tractatus* geht es darum, befürchtete Verzerrungen ein für allemal auszuschalten, die aus dem Vermengen von Tatsachen und Werten, von Leben und wissenschaftlicher Sprache zu entstehen drohen. Es darf kein Unsinn hervorgebracht, die Sprache darf nicht zu Unsinn missbraucht werden. Jeder Vermischung von Sagbarem und Unsagbarem ist das Schweigen vorzuziehen. Hier das Mystische, das nicht Aussprechbare, dort das Entscheiden, das (Rechts-)Politische sind von der wissenschaftlichen Sprache einmal der Philosophie, zum andermal der (Rechts-)Theorie energisch abgegrenzt, ausgegrenzt, sind ihr entgegengesetzt. Kelsen will die Sprache seiner Theorie von allem freihalten, was sie – gemessen an seinem verengten Rechtsbegriff – verunreinigen könnte. Wittgenstein will die Sprache der Philosophie vom Unsinn befreien, der aus dem Niederlegen der Grenzen, aus dem Vermengen der Sphären folgen soll. Kelsen fragt nicht das Recht nach seinen empirischen Eigenschaften ab, zu denen seine Funktionen gehören, sondern kolonisiert die Welt des Rechts nach den Grundsätzen seines Wissenschaftsbegriffs. Wittgenstein stellt die Frage nach den Grenzen der Philosophie als Wissenschaft, als Frage nach den Grenzen der Sprache, um das Undenkbare „von innen durch das Denkbare" zu begrenzen (Tractatus 4.114). *Das Undenkbare* muss begrenzt werden, um es vor den Zumutungen herkömmlicher Ethik und Metaphysik zu schützen. Dagegen begrenzt Kelsen *das Denkbare,* um es rein, wissenschaftlich, um es objektiv und exakt zu rekonstruieren und in der Folge zu bewahren – eine herkuleische Aufgabe angesichts augiastischer Zustände (Reine Rechtslehre, S. III). Was bei Kelsen von innen her zu begrenzen ist, ist *die andere Seite* im dualistischen Trennsystem, ist die Wissenschaft. Es ist die Linie herauszufinden, an der Rechtswissenschaft Halt machen muss, wenn sie Wissenschaft bleiben soll. Bleibt die Rechtswissenschaft ihrer – zwanghaft verengten – Logik treu, so ist das getan, was getan werden musste. Die Reinigung hört nicht schon dort auf, wo dem wirklichen Recht wesentliche Eigenschaften betroffen sind, vielmehr erst dort, wo das Einzugsgebiet dieses geschichtlich überholten Standes der Wissenschaftslehre endet. Das Recht kann sehen, wo es bleibt; es wird gestaltet, entschieden, dem „Spielraum freien Ermessens", dem „Willensakt" rechtsanwendender Organe und damit einer wissenschaftlich angeblich nicht strukturierbaren Rechtspolitik überlassen (Reine Rechtslehre, S. 346 ff.; ebd., S. 352 ff., zur rechtswissenschaftlichen Interpretation). Daneben soll die Interpretation durch die Rechtswissenschaft als „rein erkenntnismäßige Feststellung des Sinnes von Rechtsnormen", also einer den Normtexten angeblich innewohnenden Bedeutung, stehen. Weder das Verhältnis der Sprachzeichen zu „ihrem" Sinn noch die Relation von Tatsachen und sprachlichem Ausdruck sind dabei auch nur als Frage aufgeworfen. Weitere Aufklärung durch Wissenschaft soll nicht möglich sein. Das konkrete Entscheiden wird entschlossen dem Irrationalen überantwortet; der „Rahmen", in dem es sich abspielen soll, wird eben so wenig von Kelsens „Theorie der Interpretation" arbeitsfähig und kontrollierbar beschrieben wie die sonstigen Operationen tatsächlicher Rechtsarbeit. Sie bleiben von der Sollenslogik der abstrakten Strukturlehre des Rechts, die zu sein die *Reine Rechtslehre* sich bescheidet, unberührbar. Schweigende Dezision im Recht entspricht, auf den ersten Blick, dem Schweigen angesichts der von der Sprache wissenschaftlicher Philosophie unberührbaren Lebensprobleme im *Tractatus.*

Beim Anschein von so viel Gemeinsamkeit[3] ist zu fragen, wo, für Wittgenstein wie für Kelsen, das Schwergewicht liegen soll. Kelsen geht es entscheidend nicht um das Recht, sondern um Rechtslehre als Wissenschaft; um Reflexion und verwissenschaftlichte Aussage *über* das Leben, Sektor Recht, nicht aber um dieses. Er erstrebt scharfes Abgrenzen dieser dann reinen Aussagen von anderen, die trotzdem im wirklichen Leben des Rechts

---

3 In allgemein kulturhistorischem Zusammenhang: *A. S. Janik/St. Toulmin*, Wittgensteins Wien, 2. Aufl. 1989.

mit ihm eng zusammenhängen. Kelsens Anstrengung gilt dem Exakten, Klaren, Objektiven um seiner selbst willen; gilt der durch mannigfaltiges Stutzen und Zurechtschneiden herauspräparierten Rechtslehre, die ihm das *Höhere* ist, nämlich als „echte Wissenschaft" (Reine Rechtslehre, S. III). Sie ist es, die, anders als bei Wittgenstein, befreit und freigehalten werden muss – sogar von den Eigenheiten bestimmter einzelner positiver Rechtsordnungen: Die Rechtslehre soll eben eine Theorie „des positiven Rechts schlechthin" sein (Reine Rechtslehre, S. 1). Diese Option hebt die *Reine Rechtslehre* vom *Tractatus* ab, mögen auch beider aus demselben Ambiente stammenden Gemeinsamkeiten eines Furors der Trennung von Sphären und des Ziehens von Grenzen im Übrigen eindrucksvoll sein. Anders gesagt, Kelsen ist Positivist[4].

III.

Demgegenüber macht die verhaltene Intensität des *Tractatus,* machen nicht zuletzt die hochgespannten Aussagen am Ende des Textes und im Vorwort einen anderen Eindruck. Demnach entfernt Wittgenstein Leben und Kunst, Gefühl und Phantasie, also die Objekte herkömmlicher Ethik und Ästhetik rationalistisch-metaphysischen Schlages, aus deren Reichweite. In diesem Sinn steht Wittgenstein auf der Seite des Unsagbaren, tritt er als Partisan des Mystischen auf. Anders gesagt, Wittgenstein ist nicht Positivist.

Der ältere Gesetzespositivismus hält sein System für axiomatisch geschlossen, zumindest für jederzeit schließbar. Mit seinen Mitteln soll jeder denkbare künftige Rechtsfall durch logische Operationen zu lösen sein. Kelsen hat wegen der Mehrdeutigkeit vieler sprachlicher Ausdrücke dann das Bild vom „Rahmen" eingeführt, innerhalb dessen irrational gewollt und entschieden werde. Wittgenstein will dagegen nicht nur als Notlösung, sondern als eigentliches Ziel seiner Anstrengung die Grenze ziehen, um all das vom Positivismus und seiner Sprache freizukämpfen, was sich nur zeigt und zeigen lässt. Positivisten (auch nicht Kelsen) empfehlen nicht, die von ihnen konstruierten Leitern wegzuwerfen (zu Tractatus 6.54).

Das, was positivistische Sprache nicht erfassen kann, worüber zu schweigen ist – Ethik und Werte, Gefühl und Phantasie, Problem und Sinn des Lebens –, nennt Wittgenstein wohl nicht zufällig „Höheres" (Tractatus 6.42

---

4 Zum Rechtspositivismus als Gestalt und Ergebnis wissenschaftstheoretischer Verkürzung: *F. Müller,* Recht – Sprache – Gewalt, 1975, z.B. S. 24f. (2. Aufl. 2008). – Zur Diskussion der sprachtheoretischen Voraussetzungen des Positivismus siehe auch *dens.* (Hrsg.), Untersuchungen zur Rechtslinguistik, 1989; *dens./R. Christensen/M. Sokolowski*, Rechtstext und Textarbeit, 1997; *dens.* (Hrsg.), Neue Studien zur Rechtslinguistik, 2001; sowie oben die Angaben in Fn. 2.

in Zusammenhang mit 6.421, 6.41, 6.4312, 6.52f.; vgl. auch 6.432: „das Höhere“). Zwar wäre die einzig korrekte Methode der Philosophie, nur Sätze der Naturwissenschaft zu sagen, weil nur sie sich sagen lassen. Doch es sind gerade „nicht Probleme der Naturwissenschaft“, die in der Sicht des *Tractatus* zu lösen sind (6.53 in Zusammenhang mit 6.4312; zum Folgenden: 6.42, 6.421). Sinnvolle Sätze unserer Sprache bilden Tatsachen ab; an die Phänomene der Kunst, an Rätsel und Sinn des Lebens, also an „Höheres“, reichen sie unmöglich heran. *Sätze* der Ethik wie der Ästhetik kann es nicht geben. Wenn große Teile der Wirkungsgeschichte des *Tractatus* diesen als besonders markantes Buch des philosophischen Positivismus verstanden, so gingen sie an den Äußerungen Wittgensteins vorbei, auf denen das Schwergewicht des Textes liegt, die mit dem größten Ernst formuliert sind.

Wittgenstein verfolgt sein Ziel im *Tractatus* mit den beschriebenen, in seiner späteren Philosophie dann mit anderen Mitteln. Im *Tractatus* gibt es eine einzige aus Elementarsätzen oder deren Wahrheitsfunktionen zusammengesetzte Sprache. Die Aufgabe eines Satzes ist es allein, eine Tatsache abzubilden. Dass Bild und Sachverhalt dieselbe logische Form hätten, ist dabei unterstellt. Um den Preis dieser Unterstellung soll die Funktion der Sprache nichts anderes sein, als die Welt abzubilden.

Sokrates scheiterte, und sagte es, beim Suchen der einen, allgemeinen Wahrheit mit den Mitteln der Sprache; auf der Suche nach der je einen Formel für universelle Wahrheit.

Der frühe Wittgenstein resigniert, und sagt es, bei derselben Suche. Er steckt die Feldzeichen (signa) zurück und das enge Feld ab, auf dem Scheitern nicht notwendig ist („Sätze der Naturwissenschaft“). Die für ihn, wie für Sokrates, entscheidende Sphäre der Ethik will er zwar nicht dem Erleben, aber dem Sprechen entziehen.

Der spätere Wittgenstein wird universell, tritt aus dem Sprachspiel der Philosophie seit Sokrates, auf der Suche nach dem je besonderen Wahren des je eigenen Sprechens. Er hat dann nicht mehr geglaubt, Tatsachen könnten eine logische Form haben. Er wollte sich ab dann nicht mehr auf ein Wort als einen Namen stützen; in den *Philosophischen Untersuchungen* geht es um ein Wort als Moment einer konkreten Gebrauchsweise. Ein Satz hat jetzt unzählige Funktionen, und die Aufgabe besteht darin, ihn zu verstehen. Er wird dann verstanden, wenn begriffen ist, welche Funktion er tatsächlich in seinem sozialen Gebrauch erfüllt, und nicht mehr dann, wenn eingesehen ist, welchen Sachverhalt er abbildet. Die real gebrauchten Ausdrücke und Sätze schreiben sich nicht mehr einer einzigen exakten Idealsprache ein, sie sind Sprachsituationen eingeschrieben. Sie können verstanden oder auch missverstanden werden. Verstanden werden sie, wenn ihr Gebrauch in einer bestimmten Situation, wenn ihre Stelle in dem bestimmten Sprachspiel begriffen ist. Die Sprachspiele schweben nicht in einem durch autoritären Zugriff des Denkens konstruierten idealsprachlichen Raum. Sie sind in das alltägliche Leben und seine Sprache eingebettet: „Eine Sprache vorstellen heißt, sich eine Lebensform vorstellen“ (Philosophische Untersuchungen § 19).

Der Raum, in dem Sprachspiele gespielt werden, ist die Umgangssprache. Sie ist nicht nur die Sprache des sozialen Alltags und Umgangs. So müssen etwa Art und Genauigkeit der von Freud entdeckten und bewunderten ungezählten Winke auf Psychologie und Psychosomatik auffallen, die sie formuliert und aufbewahrt. Diese Leistung ergibt sich daraus, dass sie die leibliche und seelische, die unmittelbarste Erfahrung der Menschen und Gruppen mit sich selbst ausdrückt und kollektiv weitergibt. Mit nicht geringerem Recht als „Alltags-“ oder „Umgangssprache“ kann sie spontane Sprache *(Spontansprache)* genannt werden.

Die Spontansprache sagt auch sinnlich, was „Bedeutung“ heißen kann. Bedeuten gehört in das Wortfeld: befingern, berühren, befassen. Die Spontansprache sagt kollektiv, was der spätere Wittgenstein gemeint hat: Ein Ausdruck „bedeutet“ das, was ich *mit ihm* bedeute: worauf ich, mit seiner Hilfe, handelnd hindeute, zeige. Er repräsentiert nicht, sondern *erzeugt* die Verbindung zwischen Sprache (in die er gehört) und äußerer Wirklichkeit, die ich, ihn in bestimmter Weise und Lage gebrauchend, herstelle.

Zwischen „Gegenständen“ und „einfachen Zeichen“, zwischen Welt und Sprache wird keine unbefragte, sozusagen stabile Verbindung mehr vorausgesetzt. Die Probleme erweisen sich als alles andere denn „im Wesentlichen endgültig gelöst“, wie es Wittgenstein im Vorwort zum *Tractatus* noch meinte. Bedeutung existiert nicht, sie wird verliehen, gegeben – nicht im geschlossenen System einer Idealsprache, sondern im zwar nicht willkürlichen, wohl aber uferlosen Gebrauch, im unmittelbaren kommunizierenden Lebensvollzug. An die Stelle künstlicher Isolation und der in ihrem Rahmen angestrengt gezogenen Grenzen tritt ein freier sozialer Raum als Ort von Sprachspielen, die aus dem Ganzen von Handlungs-, Organisations- und Funktionsweisen der menschlichen Gruppe kommen, aus „Lebensformen“. Diese stecken zugleich den weitesten Horizont für das ab, was sinnvoll gesagt werden kann (vgl. etwa Philosophische Untersuchungen § 23). Der vorige Gebrauch von „uferlos“ erscheint insofern nicht mehr als passend, als der äußere Umriss einer jeweiligen Gesamtheit von bestimmten Lebensformen die Ufer des sinnvoll Sagbaren absteckt. Sie stehen aber nicht ein für allemal fest, sind wandelbar wie wirkliche Küstenlinien.

Zwischen dem *Tractatus* und den späteren Arbeiten, wie den *Philosophischen Untersuchungen,* ist das Operationsfeld radikal ausgewechselt, das

Ziel dagegen unverrückt: „Nichts zu sagen, als was sich sagen läßt" (Tractatus 6.53). Nach wie vor will Wittgenstein herausfinden und aussagen, was Sprache uns sein kann.

IV.

Wittgenstein steht gegen das, was wir herkömmlich Metaphysik[5] nennen. Darin stimmt er mit den Positivisten überein. In den Punkten, die für ihn zählen, ist er aber alles andere als ein Positivist. Muss hierin ein Widerspruch liegen?

Wozu sollte es dienen, im *Tractatus* so scharfe endgültige Grenzen zu ziehen? Alles, was sich nicht durch Sätze im Sinn des *Tractatus* sagen lässt, zeigt sich (nur), ist dem Nichtsagbaren zugeschrieben, muss mit Schweigen behandelt werden – aber das Sagbare wird „klar" gesagt. Die Sprache der Philosophie als Wissenschaft bleibt dadurch sinnvoll, gleichsam geschützt durch das Ziehen der inneren Grenzlinie, dem die Anstrengung des *Tractatus* gilt. Insofern geht Wittgenstein mit dem entwickelten Positivismus seiner Zeit einig. Wenn das Sagen vom Zeigen, wenn Fakten von Werten, wenn das methodisch streng richtig Aussprechbare vom „Höheren" zuverlässig getrennt bleiben, kann sich Wissenschaft mit ihrer Sprache ihrer selbst vergewissern. Der Wissenschaft kommt ihr für Denken und Sagen notwendiges Instrument nicht abhanden, es kann ihr nicht durch unsauberes Vermischen mit anderen Bereichen aus den Händen gewunden werden. Wenn wissenschaftliche Philosophie nicht den Anspruch aufgeben soll, Wahrheit zu erarbeiten, dann setzt der Traktat ein nicht nur sinnvolles, sondern unverzichtbares Ziel. Entsprechend geht es Kelsen um die „reine" Lehre vom Recht nur deshalb, um Jurisprudenz als Wissenschaft wiederherzustellen und zu verteidigen.

Weit davon entfernt, wie Kelsen oder ein anderer Positivist damit zufrieden zu sein, die Grenzen gezogen und diesen Schutz wissenschaftlichen Arbeitens und Sprechens gewährleistet zu haben, legt auf die vorhin genannte Art Wittgenstein das größere Gewicht auf das Unaussprechliche, Mystische. Ihm vor allem scheint seine Anstrengung zu gelten, in deren Verlauf es ihm, wie er damals meinte, zugleich gelungen war, die streng richtige ideale Sprache für das Sagbare zu entwickeln. Wie erklärt sich die Intensität, mit der Wittgenstein dieses Sagbare und diese Grenze als etwas aussagt, das nicht in sich selbst zu belassen, sondern das um des Lebens, seines Rätsels und Sinns wegen zu überschreiten ist? Es ist nicht die inquisitorische Inbrunst eines

[5] Zum einfachen Kern von Metaphysik: *F. Müller*, Syntagma (Fn. 2), S. 62, 112 f.; zu latenter Metaphysik in der Wissenschaft: ebd., z. B. S. 138 ff., 315 ff. u. ö.

Erzpositivisten, der auf letzte Reste und Schlupflöcher der Metaphysik Jagd macht. Gegen das herkömmlich Metaphysische geht es in der Tat; aber nicht im Namen des Positivismus, sondern gerade um diesen abzugrenzen, einzugrenzen, ihn in seine enge Domäne zurückzuverweisen („Sätze der Naturwissenschaft", Tractatus 6.53), die sich mit der des Transzendierenden, des Lebens, des Mystischen nirgends soll überschneiden können. Woher also kommt diese Intensität? Weiter zurückgefragt, warum überhaupt ist Wittgenstein in dem Sinn antipositivistisch, dass ihm das Unsagbare, das schweigend durch Leben Auszutragende wichtiger ist?

„Ethik und Aesthetik sind Eins" (Tractatus 6.421) – dieses im Objektiven seltsame Diktum lässt sich vielleicht subjektiv entschlüsseln: Wittgenstein hat „Lebensprobleme" (Tractatus 6.52), die ihm ethisch wie ästhetisch gleichermaßen fragwürdig sind. Der *Tractatus* hatte, was der spätere Wittgenstein dann anders sah, „die Probleme im Wesentlichen endgültig gelöst" (Vorwort), hatte insoweit „alle *möglichen* wissenschaftlichen Fragen beantwortet" (Tractatus 6.52). Die Lebensprobleme Wittgensteins waren aber durch diese Tat „noch gar nicht berührt". Allerdings konnte an sie keine legitime Frage mehr gerichtet werden; sie waren als unaussprechlich, damit auch als unansprechbar dargetan. Über sie war in Zukunft zu schweigen. Der Schutz von Ethik und Ästhetik, von Leben und Gefühlswelt vor der Anmaßung des üblichen moralischen Ansprechens ist jeder Autor schreibt zumindest *auch* von sich – nicht zuletzt der Schutz Wittgensteins vor derartigen Zumutungen. Daher wurde mit dem Lösen der im *Tractatus* gestellten Wissenschaftsfragen für seine Lebensprobleme durchaus etwas erreicht, ein grundsätzliches Abschirmen. Dennoch war das nur „wenig" (Tractatus, Vorwort), denn als solche mussten sie fortbestehen.

Im *Tractatus* hat Wittgenstein nach einer einzigen Universalsprache gesucht, die wissenschaftliches Sprechen möglich machen und die zudem menschliches Glücken und menschliches Scheitern davor bewahren sollte, angesprochen zu werden.

Für den späteren Wittgenstein ist schon das Vorkommen eines philosophischen Problems ein pathologisches Symptom. Es ist die Aufgabe des Philosophen, es möglichst vollkommen zum Verschwinden zu bringen (Philosophische Untersuchungen § 133). Wittgenstein behandelt solche Fragen „wie eine Krankheit" (Philosophische Untersuchungen § 255). Sein Ziel in der Philosophie ist es, der Fliege „den Ausweg aus dem Fliegenglas" zu zeigen (Philosophische Untersuchungen § 309). Bei der „eigentlichen Entdeckung", die er sucht, weil er sie braucht, geht Wittgenstein in die erste Person Einzahl über: Sie sei diejenige, „die mich fähig macht, das Philosophieren abzubrechen, wann ich will". Der nächste Satz, nach einem Gedankenstrich, gleitet in die dritte Person Einzahl zurück; zu finden sei ein Mittel, dank dessen „die Philosophie … nicht mehr von Fragen gepeitscht wird, die sie selbst in Frage stellen“ (Philosophische Untersuchungen § 133). Schneidendere, schmerzlichere Selbstaussagen sind dieser noblen und nüchternen Sprache nicht zuzumuten. Da philosophiert einer um sein Leben.

V.

Kelsens Rechtslehre bietet für eine Theorie der juristischen Praxis kein Vorbild. Die methodische Selbstreflexion einer Wissenschaft sollte nicht zur Nabelschau, die Sorge um ihre Wissenschaftlichkeit nicht zum Selbstzweck werden. Entscheidend ist nicht die Reinheit der Doktrin als solcher, sondern ihre Fähigkeit, den von ihr bearbeiteten Ausschnitt der Welt angemessen zu erfassen. Kelsens Lehre bietet einen historisch markanten Versuch, die Jurisprudenz zu verwissenschaftlichen. Eine realistische Rechtstheorie ist sie nicht. Die Forderung nach Klarheit und systematischer Verlässlichkeit bleibt gültig, aber nicht als Eigenzweck, sondern als Arbeitsanforderung auf dem Handlungsfeld der jeweiligen Wissenschaft. Das wirkliche Recht ist formal *und* inhaltlich, rational sowie ehrlich und überprüfbar zu erfassen; was aus der (dann zum Teil unreinen) Wissenschaft wird, wird man sehen. Der Gesetzespositivismus ist nicht nur dort zu korrigieren, wo er in Einzelheiten allzu offenkundig gescheitert ist. Der Abschied von ihm beginnt mit der Aufgabe des Glaubensartikels, die Normtexte in den Gesetzbüchern seien identisch mit den abstrakt-generellen Rechtsnormen[6]. Eine Rechtsnorm kann, entgegen der positivistischen Annahme, nicht auf ihren amtlichen Wortlaut, die positive Rechtsordnung nicht auf ein fiktives System von Geschlossenheit oder Einheit, die Lösung eines praktischen Rechtsfalls nicht auf einen durch Syllogismus logisch schließbaren Vorgang reduziert werden. Dabei sind jedoch die Standards dogmatischer Rationalität, die der Positivismus erstrebt und zum Teil auch erreicht hat, nicht aufzugeben. Von der Freirechtslehre über Integrationslehre, Dezisionismus und andere Antipositivismen bis zur Rhetorischen Jurisprudenz wurde vergeblich versucht, hinter den Positivismus zurückfallend, diesen zu „überwinden“. Das Ziel, Lehre und Praxis des Rechts soweit wie möglich zu verwissenschaftlichen und eine verallgemeinerungsfähige Dogmatik bereitzustellen, ist nicht aufgebbar. All das aber, was vom Positivismus um der Reinheit seines antiquierten Wissenschaftsideals willen aus der juristischen Reflexion hinauskomplimentiert wurde, ist hereinzuholen, zu strukturieren und in Dogmatik, Methodenlehre und Rechtstheorie durchzuarbeiten.

---

[6] Dazu *F. Müller,* Normstruktur und Normativität, 1966, z. B. S. 147 ff.; auch in: *ders.*, Strukturierende Rechtslehre, 2. Aufl. 1994, zusätzlich etwa ebd., S. 263 ff.; *ders.*, Recht – Sprache – Gewalt, 1975, S. 38 ff. (2. Aufl. 2008).

Wittgensteins Art, mit dem Positivismus umzugehen, bildet dabei kein Hindernis. Das gilt sogar für den *Tractatus,* nicht erst für sein späteres Philosophieren. Auch schon dort, wo Wittgenstein das Band zwischen Welt und Sprache als fraglos gegeben voraussetzt und alle Erkenntniskritik ausspart, wird die Situation des Rechts von seinen hierauf bauenden Aussagen nicht getroffen. Eine Art von Verbindung zwischen Sprache und Welt wird in Normtexten, der Äußerungsform geltenden positiven Rechts, hergestellt, *erzeugt;* nicht aber geht es dabei um erkenntnistheoretische Fragen, etwa von der Art, ob es eine logische Beziehung zwischen Sprache und Welt geben könne. Und wenn sich, der Bewegung des *Tractatus* folgend, die Relation zwischen Welt und Sprache als nicht aussagbar erweist, so ist auch das kein Punkt, an dem die Fragen einer juristischen Textstruktur ansetzen. Normtexte müssen nicht von der Wirklichkeit „schweigen"; sie sind ja Praxistexte, *sind* Praxis sozialen Handelns. Die amtlichen Wortlaute des geschriebenen und die variierenden Formulierungen des ungeschriebenen (Gewohnheits-)Rechts kommen geradewegs aus dem Leben, sind eine Form bestimmt organisierter Interaktion in entwickelten Gesellschaften; und sie zielen auf dasselbe Leben anordnend zurück. Das Verdikt des *Tractatus* gegen rationalistische Metaphysik trifft das traditionelle Naturrecht, hat aber mit dem Spielfeld der Texte positiven Rechts nicht die entscheidende Fragestellung gemeinsam. In der Rechtswelt hätte es auch vom *Tractatus* her keinen Sinn zu sagen, die Formulierungen der Legislative müssten dort, wo sie nicht mehr klar sein könnten, schweigen; oder die Entscheidungstexte von vollziehender und rechtsprechender Gewalt seien zum Schweigen verpflichtet. Diese Instanzen sprechen, sprechen aus, urteilen und verurteilen, und zwar nicht im Namen von Wissenschaft, sondern im Zug eines lebenspraktischen Zusammenhangs, der allen organisierten Großgesellschaften gemeinsam ist. Die Sprachspiele des Rechts folgen unmittelbar aus ihren Lebensformen.

Dabei ist nicht Wittgenstein auf das Recht „anzuwenden". Es geht darum, Analogien aufzuspüren, die je in ihrem Bereich ehrlich und ohne amputierende wissenschaftstheoretische Vorgaben herausgearbeitet worden sind. Beobachtungen, die sich bei einer immanenten Analyse der Funktionen, Strukturen und Arbeitsweisen der Rechtswelt machen lassen, sind in allgemeinerer und anderer, aber wiedererkennbarer Form auch in der Auffassung anzutreffen, die der spätere Wittgenstein von unserer Sprache entwickelt hat[7].

Es bleibt noch von den Texten der *Rechtswissenschaft* zu sprechen; von der wissenschaftlichen Interpretation, die Kelsen scharf von der so genann-

---

[7] Zur Seite der Rechtstheorie: *F. Müller,* Recht – Sprache – Gewalt, 1975, S. 18 ff., 28 ff., 32 ff., 34 und ff. (2. Aufl. 2008); ferner *ders.* (Hrsg.), Untersuchungen zur Rechtslinguistik, 1989; *ders./R. Christensen/M. Sokolowski,* Rechtstext und Textarbeit, 1997; *ders./R. Wimmer* (Hrsg.), Neue Studien zur Rechtslinguistik, 2001.

ten authentischen der das Recht anwendenden Staatsorgane unterscheidet. Er hat gefordert, die Wissenschaft vom Recht dürfe ausschließlich mit Gegenständen aus Sprache befasst sein: eben mit den Rechtsnormen, die dabei wieder einmal mit den Normtexten verwechselt werden. Diese „generellen Normen" sind – in der Art, in der wissenschaftliche Rechtslehre sie behandeln darf – durch das juristisch nicht aussagbare Leben (Politik, Ökonomie, Psychologie, Soziologie) nicht betroffen, jedenfalls nach der Forderung einer gereinigten Rechtslehre. Damit würde aber – und wird tatsächlich bei Kelsen – nichts „Höheres", „Mystisches" abgeschirmt. Vielmehr wird der soziale Stoff, das Konflikt- und Regelungspotential, das mit Normtexten und auf ihnen aufbauenden juristischen Entscheidungsprozessen einhergeht, diesen entzogen. Selbstgenügsam gereinigt, in kalt strahlender Pracht zieht sich die Wissenschaft des Rechts vom Recht zurück. Dagegen fängt für eine realistische wissenschaftliche Rechtslehre die Arbeit dort an, wo Kelsen meinte, angesichts einer selbstgezogenen Grenze abbrechen zu müssen. Sie lässt die Unterstellung eines unabhängig von der Rechtsverwirklichung vorgegebenen Begriffs der Rechtsnorm fallen. Sie beginnt bei einer Analyse der normalen, ständigen Arbeit der Juristen in einer bestimmten Art von Verfassungs- und Rechtsordnung. Dieses konkrete Handeln der Juristen ist ernstzunehmen, im Einzelnen aufzuschlüsseln und wissenschaftlich nach Kategorien zu verarbeiten, die fähig sind, verallgemeinert zu werden. Das tatsächlich wirkende, das in der Aktion normative Recht ist als herzustellendes, nicht als bereits vorgegebenes, nur noch anzuwendendes, zu begreifen. Bei diesem Herausarbeiten aus der normalen Praxis können die Abstraktionsgrade von einer Beschreibung der Praxis über eine systematisierende Dogmatik, eine strukturierende Methodik bis zur Rechtstheorie als einer besonderen Wissenschaftslehre weitergetrieben werden. Das ist die dem Positivismus und Kelsen, ist die einer jeden „von oben" kommenden, abstrakt deduzierenden entgegengesetzte Linie[8].

Allgemeine Wissenschaftstheorie kann den besonderen Arbeitsaufgaben der Rechtswelt keine abstrakte, ohne Eingehen auf ihre Strukturen, Funktionen und Arbeitsweisen entwickelte Art von Rationalität vorgeben. Nicht alles wissenschaftlich Mögliche – z. B. alle methodisch möglichen Varianten einer Interpretation – ist schon ohne weiteres zulässig. Nicht alles Spielbare ist schon legitim. Zwischen beiden Urteilen steht die Legalität als ein spezifisches normatives Gerüst der jeweiligen Lebensform. Nicht nur, aber vor allem durch rechtsstaatliche Postulate der geltenden Verfassung wird hier der äußere Horizont abgesteckt, wird die Küstenlinie des *legal und legitim* Sagbaren vermessen.

---

[8] Dazu *F. Müller*, Normstruktur und Normativität, 1966; *ders.*, Strukturierende Rechtslehre, 2. Aufl. 1994, z. B. S. 437 f. u. ö.

Es sollte nicht, mit Kelsen, die Rechtslehre sich selbststilisierend einmauern. Besser ist es, die Bewegung dessen, was real existiert und damit von Wissenschaft zu erfassen ist, in seinen alltäglichen Vorgängen aufzunehmen. Dazu gehört, es wissenschaftlich soweit zu strukturieren, als der Sache damit nicht Gewalt angetan wird. Dem, was der Positivismus erarbeitet hat, ist die gebührende Ehre zu geben: soweit es nötig ist, um das Erreichbare an Wissenschaftlichkeit, Objektivität und Präzision zu leisten. Im Übrigen ist der Positivismus zu überschreiten, und zwar von der Wurzel aus; von dort her, wo er sich dem *Kontinuum* aus Wirklichkeit und Sprache willkürlich versperrt. Sein Wissenschaftsziel, soweit unverzichtbar, ist beizubehalten, aber das Arbeitsfeld in die uns umgebende Realität des Lebens zu verlagern.

Notiz zur Strukturierenden Rechtslehre

Operationsfelder – Strukturgesichtspunkte – Strukturierungsebenen – interdisziplinäre Anschlussstellen

I.

Dieses Konzept der Rechtstheorie ist in einem Sinn *nachpositivistisch*, der an anderer Stelle geklärt wurde[1]. Es ist ein Gesamtkonzept, das Dogmatik, Methodik, Rechts(norm)theorie und Verfassungslehre einbezieht, sie zueinander in Beziehung setzt. Diese vier Arbeitsbereiche bezeichnen die von der Strukturierenden Rechtslehre angezielten *gegenständlichen Operationsfelder*[2]. Der fünfte Bereich ist in einem problemorientierten Sinn *interdisziplinär*: die Rechtslinguistik.

Ein zweites Ensemble von Unterscheidungen, mit deren Hilfe die Position beschrieben werden kann, bieten die *Sachaspekte,* nach denen auf diesen Arbeitsgebieten im Einzelnen strukturiert wird. Die Beispielsfälle sind zu zahlreich, um hier genannt werden zu können; die bisher publizierten[3] sind nicht abschließend, sie können noch vielfältig durch andere Vorschläge ergänzt und erweitert werden. So bedeutet *„strukturieren"* etwa für die Frage

---

[1] *F. Müller,* Strukturierende Rechtslehre, 2. Aufl. 1994, S. 233, 331 f., 383 f., 437f. u. ö.; *ders.,* Artikel „Positivismus", in: Ergänzbares Lexikon des Rechts, 2/400 (1986), S. 2 ff. Zur *nachpositivistischen* Rechtslehre und Methodik inzwischen auch: *ders.*, Syntagma. Verfasstes Recht, verfasste Gesellschaft, verfasste Sprache im Horizont von Zeit, 2012, S. 61 ff., 65 f., 72 ff., 85 ff., 112 f., 211 ff., 285 ff., 387 ff. – Der Text des vorliegenden Kapitels ist gegenüber der 1. Aufl. (1990) bearbeitet und erweitert worden.

[2] Vgl. *F. Müller,* Strukturierende Rechtslehre, 2. Aufl. 1994, S. 431 ff.; im Einzelnen ebd., S. 225 ff., 274 ff., 314 ff. und für die Dogmatik: 381 ff.; zur Methodologie: *ders.,* Juristische Methodik, 1. Aufl. 1971 (Bd. I: Grundlegung für die Arbeitsmethoden, 11. Aufl. 2013, und Bd. II: Europarecht, 3. Aufl. 2012, beide mit *R. Christensen*).

[3] Nachweise zur *Verfassungstheorie* in: *F. Müller,* Recht – Sprache – Gewalt, 1975 (2. Aufl. 2008); *ders.,* Juristische Methodik und Politisches System, 1976; *ders.,* Die Einheit der Verfassung, 1979 (2. Aufl. 2007); sowie für die *Dogmatik, Methodik* und *Rechts(norm)theorie* an den oben in Fn. 2 genannten Stellen. – Die weiteren Bände zur Verfassungstheorie: *ders.,* ‚Richterrecht', 1986; *ders.,* Fragment (über) Verfassunggebende Gewalt des Volkes, 1995; *ders.,* Wer ist das Volk? Die Grundfrage der Demokratie, 1997; *ders.,* Demokratie in der Defensive, 2001; *ders.,* Demokratie zwischen Staatsrecht und Weltrecht, 2003. – Nachweise zur *Rechtslinguistik*: vgl. unten Fn. 22.

nach Recht und Wirklichkeit, nicht holistisch „die" Wirklichkeit „dem" Recht, nicht das Sein dem Sollen global entgegenzusetzen. Es ist stattdessen ein Arbeitskonzept zu entwickeln, das durch Begriffe wie: Normtext, Sach- und Fallbereich, Normprogramm und Normbereich, Rechtsnorm und Entscheidungsnorm präzisiert wird. Solche Strukturbegriffe werden in vielfachen Konstellationen auf den genannten gegenständlichen Feldern empirisch beschrieben, juristisch abgegrenzt, in ihrer Funktion bestimmt und arbeitsfähig gemacht. Diese Operationen sind mit wissenschaftlichen Mitteln durchzuführen, die stets *verallgemeinerungsfähig* sind. Sie machen damit die Gebundenheit der Juristen an die Anforderungen von Rechtsstaat und Demokratie besser realisierbar.

Die methodenbezogenen beziehungsweise methodenrelevanten Vorschriften des demokratischen Rechtsstaats gehören zu einer Zone des Übergangs zwischen positivem Verfassungsrecht und einer sich an dieses bindenden Verfassungslehre. Eine solche nicht vorgeblich allgemeine, sondern historisch und *normativ konkrete Verfassungstheorie* bildet, wie gesagt, das vierte der Arbeitsfelder dieser Rechtslehre. Die Fragen und Methoden der Rechtslinguistik sind in ihnen allen bedeutsam.

II.

Strukturierende Rechts(norm)theorie, Dogmatik und Methodik führen zur Verfassungslehre. Diese wird dadurch nicht zu einer höheren Stufe der Rechtsarbeit, welche die drei anderen aufheben oder auch nur umfassen könnte. Sie ist der Rechtslehre, der Methodik und Dogmatik nicht in dem Sinn übergeordnet, in dem die Verfassung die ranghöchste Quelle innerstaatlichen positiven Rechts darstellt. Sollte es eine Rangordnung wissenschaftlicher Aussagen geben, dann jedenfalls nicht nur gemäß der äußerlichen Hierarchie ihrer Gegenstände.

Auch diese Verfassungstheorie arbeitet strukturierend und baut auf dem positiven Recht auf. Das Konzept der *Rechtsarbeit* steht im Zusammenhang der Verfassungslehre; und diese ist eine an der Konstitution orientierte Teiltheorie der Gesellschaft, eine *politische Rechtstheorie*. In welchen Richtungen, mit welchen Mitteln Verfassungslehre strukturierend vorgehen kann, wurde entwickelt an Fragen wie: Gewalt und Sprache in der Legitimation des Verfassungsstaats, Einwirkungen des Politischen Systems auf die juristische Methodik, Zusammenhänge zwischen Recht und Politik oder auch beim Analysieren und Auflösen ungenau holistischer Fragestellungen in Recht und Rechtstheorie[4].

---

[4] *F. Müller*, Recht – Sprache – Gewalt, 1975 (2. Aufl. 2008); *ders.*, Juristische Methodik und Politisches System, 1976; *ders.*, Die Einheit der Verfassung, 1979

Strukturierende Verfassungslehre bleibt *normorientierte* Verfassungstheorie. Ihre Fragen, Methoden und Antworten sind von den Bedürfnissen juristischer *Entscheidungsarbeit* nicht trennbar, sollten von ihnen auch nicht getrennt werden. Sie lehnt es ab, juristisches Urteilen als logische Subsumtion zu verharmlosen. Sie begreift Rechtsarbeit als Entscheidungshandeln mit politischem Stellenwert, das durch rechtliche Texte, aber auch durch Elemente der sozialen Realität, also durch *Sprachdaten und Realdaten* angeleitet wird[5].

Die insoweit instrumentelle *Wirksamkeit von Sprache* beim Steuern menschlichen Zusammenlebens wird – im Rechtsstaat nicht beliebig, sondern komplementär – durch gewaltgestütztes Entscheiden ergänzt, insoweit auch vermittelt[6]. In der Ausdrucksweise Theodor Geigers bildet sich erst beim Umsetzen der Vorschrift die „subsistente Norm“ als der „konkret-inbegriffliche Typus, der für den wirklichen sozialen Geschehensablauf maßgebend ist“[7].

Es ist die Entscheidungsnorm, durch die eine Rechtsnorm (und nicht nur deren Wortlaut, ihr „Normsatz“) in der sozialen Wirklichkeit, so punktuell wie nachdrücklich, spürbar wird – abgesehen von der unersetzlichen Wirkung der Gesetze *im Vorfeld* juristischer Verfahren und Streitbeilegung. Entsprechend ist der Ansatz der Strukturierenden Verfassungslehre als Vorschlag verstanden worden, Rechtswissenschaft als Element des Durchschnitts der Sozial- und der Entscheidungswissenschaften aufzufassen[8].

Der Zusammenhang mit *praktischer Entscheidung* wie auch ihre Begründung auf *positives Recht* hindern diese Verfassungslehre daran, als Konst-

---

(2. Aufl. 2007). – Siehe ferner die Nachweise oben in Fn. 3. – Es geht also auch, aber nicht nur um „eine Reflexion des Zusammenhanges von juristischer Methode und dem Verfassungssystem“, von der *W. Meyer-Hesemann,* Rechtstheorie 12 (1981), S. 317ff. 328, in Bezug auf *F. Müller*, Juristische Methodik und Politisches System, 1976, spricht.

[5] Das wird anerkannt z.B. bei *Öhlinger* zu: *F. Müller,* Juristische Methodik und Politisches System, 1976, in: Österreichische Zeitschrift für Politikwissenschaft 1981, S. 494.

[6] *F. Müller*, Recht – Sprache – Gewalt, 1975, S. 20f., 28ff. (2. Aufl. 2008, S. 22f., 29ff.). – Grundsätzlich zu Gewalt und Sprache: *ders.*, Syntagma (Fn. 1), S. 83ff., 173ff., 300ff., 349ff.

[7] *Th. Geiger*, Vorstudien zu einer Soziologie des Rechts, 1947, S. 246. Ebd. die auch noch Geiger kennzeichnende positivistische Ausdrucksweise von „der Anwendung des Normsatzes“.

[8] Bei *A. Podlech,* Wertentscheidung und Konsens, in: G. Jakobs (Hrsg.), Rechtsgeltung und Konsens, 1976, S. 9. – Unter „Entscheidung“ versteht Podlech die – nicht durch Algorithmus herstellbare – Ordnung der vorhandenen Alternativenmenge“ oder die Auswahl einer zu verwirklichenden Alternative; durch diesen Arbeitsvorgang wird eine sogenannte Präferenzordnung hergestellt, ebd., S. 12.

rukt spekulierender Theorie, als normgelöste Verdammung oder Verklärung bestehender Verhältnisse aufzutreten. Ihre Eigenschaft, Teil einer normorientierten Rechtslehre zu sein, bindet sie an die Probleme und Widersprüche, aber auch an die Erfahrungen und den Wirklichkeitsgehalt des positiven (Verfassungs-)Rechts. Sie ist – weil durch die Strukturierende Methodik praktisch umgesetzt – als normative Sozialwissenschaft bezeichnet und systemtheoretisch umformuliert worden[9]. Im Einzelnen wurde auf der Grundlage verfassungstheoretischer Strukturierungen im Feld zwischen Recht und Politik zum Beispiel gezeigt, dass in Fragen der Bürokratie und Personalpolitik die Spannung zwischen Neutralitätsgebot und Republikschutzrecht weder mit den idealtypischen Antithesen Max Webers zwischen politischem Bereich und Bürokratie noch von anderen zweidimensionalen Erklärungsmodellen (wie etwa von makrotheoretischen Ansätzen mit ihrer Unterscheidung von flexibler und rigider Verfassung oder von jener zwischen konditionalen und finalen Programmen) zureichend erfasst werden kann. Einwirkungen des Politischen Systems auf die Rechtsarbeit lassen sich erst dann methodisch genauer verarbeiten, wenn normative und nicht-normative Implikationen eingeführt und demgemäß die Kontaktstellen des Systems mit dem Recht für jede fragliche Rechtsnorm gesondert nach Normprogramm und Normbereich bestimmt sind[10].

III.

Neben den Operationsfeldern der Strukturierenden Rechtslehre und dem Ensemble der einzelnen Sachaspekte, nach denen sie in den Arbeitsbereichen jeweils zu differenzieren vorschlägt, sind auch mehrere *Strukturierungsebenen* in Gestalt der *Normstruktur*, der *Textstruktur* des Rechtsstaats sowie der *Geltungsstruktur* der positiven Rechtsordnung unterschieden worden[11]. Die Aussagen dieser Teilkonzepte sind hier nicht zu wiederholen, wohl aber um den einen oder anderen Punkt zu ergänzen.

Die normtheoretischen, in die Methodologie hineinführenden Strukturbegriffe Normprogramm und Normbereich stehen in einem Spannungsfeld, das gerne global mit Ausdrücken wie „Recht und Macht" belegt wird. Hier kann zunächst der sprachwissenschaftliche Einwand gemacht werden, Sprachgründe und Sachgründe reichten als Demarkationslinie zwischen

---

9 Bei *F. Hufen,* Verfassungstheorie und Systemtheorie, AöR 100 (1975), S. 193 ff., 195 ff., 222, 223 ff.

10 Dazu *F. Rottmann,* Der Beamte als Staatsbürger, 1981, v.a. S. 113, 155 ff., auf der Grundlage von: *F. Müller,* Juristische Methodik und Politisches System, 1976.

11 Seit: *F. Müller,* Juristische Methodik und Politisches System, 1976. Weitere Nachweise in: *ders.,* Strukturierende Rechtslehre, 2. Aufl. 1994, S. 431 ff., 435 ff.

Recht und Macht nicht aus, ihr rationales Auflösungsvermögen sei angesichts der Wucht dieser beiden Blöcke zu schwach. An Punkten wie diesem lässt sich aber zeigen, dass juristische Argumentation gegenüber sozial- oder sprachwissenschaftlichen Gesichtspunkten eigenständig sein kann; und auch, dass methodologische Gründe auf der einen, normative – hier: rechtsstaatliche – auf der anderen Seite je ihre eigene Logik haben. Noch im entwickelten Rechtssystem kommt Macht nicht nur als verrechtlichte vor, sondern auch als a-rechtliche (ohne positive normative Stütze) oder widerrechtliche (im Gegensatz zu positiven Normen stehend). Handeln von Machtträgern kann „über" das sprachlich vermittelte geltende Recht „hinaus" oder auch „gegen" sprachlich vermitteltes geltendes Recht gehen. Als *geltendes Recht* ist dabei die Gesamtmenge der korrekt in Kraft gesetzten und noch nicht wieder korrekt aufgehobenen Normtexte (d. h. Texte im Gesetzbuch) zu verstehen.

Rechtlich begründbare *konstitutionelle Gewalt* legitimiert, rechtlich nicht gestützte „bloße", unmittelbare Gewalt entlegitimiert[12]. Darum muss von Juristen zwischen „im Rahmen des" beziehungsweise „außerhalb des geltenden Rechts" ebenso systematisch unterschieden werden wie zwischen Recht und Rechtspolitik, auch wenn das keine sprach- oder semantiktheoretischen Einteilungen sind.

Für die Strukturierende Rechtslehre stellt sich allerdings die Frage nicht mehr dringlich, ob denn die Differenz von Sprach- und Sachgründen als Trennungslinie zwischen Recht und Macht überhaupt ausreichen könne. Denn Sprachdaten *und* Realdaten des Konkretisierungsvorgangs müssen gemeinsam eine korrekte Entscheidung ergeben. „Korrekt" heißt dabei: im Ergebnis methodisch rechtfertigungs*fähig*[13]. Damit eine Entscheidung rechtsstaatlich ganz in Ordnung ist, muss allerdings nicht nur das Ergebnis, sondern auch der dahin führende Weg, die Methodik seiner Ausarbeitung in Ordnung sein. Eine korrekte Entscheidung liefert nicht rechtlose, sondern legitime und legitimierende konstitutionelle Gewalt. Arbeitstechnisch wird sie in dieser Sicht in einem Zusammenspiel beider Gruppen von Entscheidungselementen – Sprachdaten *und* Realdaten – in Form des Normprogramms *und* des Normbereichs erarbeitet, die zusammen die im konkreten Fall zu produzierende *Rechtsnorm* bilden. Der linguistische Einwand, ein argumentierender Rechtstext lasse sich nicht eindeutig einerseits in Sprach-, andererseits in Sachaussagen scheiden, ist dabei schon reflektiert, weil Sprachdaten als *primär*, Realdaten als erst *sekundär* sprachlich konstituiert

---

[12] Dazu: *F. Müller*, Recht – Sprache – Gewalt, 1975, S. 21 f., 28 ff. (2. Aufl. 2008, S. 23 f., 29 ff.).

[13] Dazu: *F. Müller*, Rechtsstaatliche Methodik und politische Rechtstheorie, in: ders., Rechtsstaatliche Form – Demokratische Politik, 1977, S. 271 ff., 285 ff.

beschrieben werden[14]. Kein Gegengrund liegt darin, dass die Abgrenzung im Einzelnen Schwierigkeiten machen kann. Ziel der Bildung wissenschaftlicher Kategorien und Begriffe kann es nicht sein, in Zukunft Auseinandersetzungen zu verhindern. Ihr Sinn ist dann erfüllt, wenn der in der Praxis der Gesellschaft unvermeidliche, wenn der demokratisch notwendige *Streit* sich aufgrund der fraglichen Vorschläge *in sinnvollen Kategorien* führen lässt, nämlich als Differenz über rational diskutierbare und die Realität ausreichend aufgreifende Begriffe.

IV.

Das Teilkonzept der *Textstruktur* setzt bei der Rolle der Sprache im rechtsstaatlich verfassten Gemeinwesen der Moderne an. In diesem wird Herrschaft als legitime dadurch verwirklicht, dass sich die mit öffentlicher Gewalt Handelnden durch sprachliche Mittel auf das vertextete geltende Recht berufen[15]. Der hier entwickelte Ansatz gliedert das Kontiuum all der Texte, die eine rechtsstaatliche Ordnung sprachlich formen, nach Kriterien, die dieser Ordnung immanent sind – sei es nach ideologischen (z.B. bürgerliche Rationalität), sei es nach verfassungsrechtlichen (vor allem Gewaltenteilung). So werden etwa unterschieden: Herrschaft *sichernde* von Herrschaft *verunsichernden*, weil diese kontrollierenden Wirkungen bürgerlicher Rationalität; oder *anordnende* von *rechtfertigenden* Texten auf allen Stufen des Rechtssystems; oder Texte, die vom Gesetzgeber erzeugt sind (*Normtexte*), von solchen, die von Rechtsarbeitern in der vollziehenden und rechtsprechenden Gewalt (*Rechts- und Entscheidungsnorm, Begründungstexte*) hervorgebracht werden. Ausnahmen verdeutlichen für den zuletzt genannten Unterscheidungstyp die Regel dann, wenn Stellen der Exekutive durch Rechtsverordnung und Satzung Normtexte setzen oder wenn Richter (kraft der Kompetenzen des Bundesverfassungsgerichts) normtextähnliche Wirkungen hervorbringen beziehungsweise formelle Normtexte beseitigen dürfen. Im allgemeinen können aber nur die unmittelbar *demokratisch berufenen* Legislativorgane *Normtexte* geben. Diese sind die noch nicht normativen amtlichen Eingangsdaten für Konkretisierungsvorgänge, die in der Praxis von Instanzen der beiden anderen Gewalten durchzuführen sind[16].

---

14 *F. Müller*, Strukturierende Rechtslehre, 2. Aufl. 1994, z.B. S. 238 u.ö.; ferner: *ders.*, Juristische Methodik, 10. Aufl. 2009, S. 41 u.ö.

15 Dazu: *F. Müller*, Recht – Sprache – Gewalt, 1975 (2. Aufl. 2009); *ders.*, Juristische Methodik und Politisches System, 1976; *ders.*, Die Einheit der Verfassung, 1979 (2. Aufl. 2007). – Siehe ferner die Nachweise oben in Fn. 3.

16 Vgl. das Beispiel in: *F. Müller*, Strukturierende Rechtslehre, 2. Aufl. 1994, S. 264ff. – Rechtstheoretisch reflektiert, ist der Richter nicht, wie – in Nachfolge der Strukturierenden Rechtslehre – manchmal gesagt wird, „Gesetzgeber zweiter

Andere analytische Begriffe des Konzepts der Textstruktur sind die der *Dezision*, der gesellschaftlichen und normativen *Implikation* sowie der *Explikation* als Muster für das Einwirken politischer Momente auf die Normkonkretisierung. Eine sich aus dem Ansatz ergebende Forderung ist die der *gemeinsamen Analyse von Funktionen, Strukturen und Arbeitsweisen* als Aufgabe einer von der Verfassungstheorie zu leistenden Politisch-Juristischen Methodik[17]. In der Methodologie des Rechts prägt sich der Ansatz der Textstruktur etwa in der Unterscheidung von Normtexten und Nicht-Normtexten als Kriterium zwischen historischer und genetischer Auslegung aus, in der Klassifizierung und Abgrenzung von Sprachdaten untereinander, im Abschichten primär sprachlicher von sekundär sprachlichen Elementen (Sprach- und Realdaten) oder in der Rangfolge zwischen normtext-näheren und normtext-ferneren Konkretisierungsfaktoren im Rahmen eines praktischen Ensembles von *Präferenzregeln für methodologische Konflikte.*

Wie läuft die Konkretisierung methodisch ab? – Innerhalb dieser *Textstruktur der Legalität* geht der Rechtsarbeiter, etwa ein Richter, vom vorgelegten Sachverhalt aus. Mit Hilfe von dessen Merkmalen bildet er aus der Gesamtmenge des sogenannten geltenden Rechts, also aus der Menge aller Normtexte, die ihm passend erscheinenden Normtexthypothesen. Sie liefern ihm die *primären Sprachdaten*, deren Interpretation ihn zum Zwischenergebnis, dem Normprogramm führt. An dessen Maßstab wählt er aus dem Sach(bzw. Fall-)bereich, also aus den einschlägigen Realdaten (*sekundären Sprachdaten*), den Normbereich als die Teilmenge der für die Entscheidung normativ wirkenden Tatsachen. *Normprogramm und Normbereich* bilden zusammen die vom Richter (oder vom sonstigen Entscheider) erzeugte und generell formulierte *Rechtsnorm.* In einem letzten Schritt individualisiert er diese zur verbindlichen und fühlbar normativen Entscheidung des Falles (Tenor). Alle Stufen und Mittel seines Arbeitsvorgangs sind entweder schon vertextet (Normtexte, Texte von Normvorläufern, Texte aus dem Entstehungsverfahren der fraglichen Normwortlaute, Texte dogmatischer Argumente, usw.) beziehungsweise müssen sie von ihm noch vertextet werden. Normtext, Normprogramm, Normbereich (in seiner sekundär sprachlichen Formulierung), Rechtsnorm und Entscheidungsnorm ergeben, vereinfachend gesprochen, *fünf Textstufen.* Diese bezeichnen zum einen die genannten

---

Stufe“. Er ist alleiniger Gesetzgeber, auch wenn das ungewohnt klingt. Die Legislative kann mit dem amtlichen Wortlaut in den Gesetzbüchern nur eine *nicht-normative Vorform* produzieren, ein rechtsstaatlich und demokratisch zentrales *Eingangsdatum der juristischen Entscheidungvorgänge.*

[17] *F. Müller,* Juristische Methodik und Politisches System, 1976, durchgehend. Die Forderung schon in: *ders.*, Recht – Sprache – Gewalt, 1975, S. 30 f. (2. Aufl. 2009, S. 32 f.). – Die Präferenzregeln werden entwickelt in: *ders./R. Christensen,* Juristische Methodik, 10. Aufl. 2009, S. 482 ff.

Strukturbegriffe des Normmodells, zum andern die hauptsächlichen Stationen des tatsächlichen Konkretisierungsablaufs.

V.

Die bisher genannten Teilkonzepte sind noch durch den Gedanken einer *Legitimierungsstruktur* zu ergänzen. Er ist mit dem der Textstruktur eng verknüpft. Deren bisher skizzierte Gesichtspunkte können als Textstruktur *der Legalität*, der neu hinzutretende Aspekt kann auch als die *der Legitimität* umschrieben werden.

Die Frage der Legitimität ist auch für positivistische Juristen erstrangig. „Positivistisch" meint in diesem Zusammenhang nicht den allgemeinen Wissenschaftspositivismus, da es um Rechtsarbeit geht; auch nicht den Positivismus in Methodenlehre und Rechtstheorie, den Gesetzespositivismus, da dessen Anhänger wie seine Gegner zweifellos legitim handeln wollen. Es geht um den „Rechtsgeltungs-Positivismus"[18], der sich in der Frage des Geltungsgrunds – „*Warum* gilt diese und jene Norm?" – gegen das Naturrecht stellt und sich stattdessen auf die Tatsache einer (verfassungs-)rechtlich korrekten Setzung stützt.

Rechtsarbeiter in der vollziehenden und rechtsprechenden Gewalt haben die Aufgabe, Entscheidungs- und Begründungstexte hervorzubringen. Positivistische Juristen gehen dabei zu Recht von den einschlägigen Normtexten als Eingangsdaten aus und halten sich auch in der Frage einer Grenze zulässiger Konkretisierung an das vorgegeben Vertextete, eben an die (interpretierten) Gesetzeswortlaute. „Höheres", wie Moral und Naturrecht, darf insoweit nicht in Erscheinung treten. Es tritt dagegen in den Auseinandersetzungen der Rechts*politik* auf, die auf ihre Weise zum Schaffen beziehungsweise Ändern von Normtexten führen sollen. Für Recht wie für Rechtspolitik, für Normtext„anwendung" wie für das Vorbereiten der Normtexterzeugung haben *die modernen Verfassungen* die *Funktion des alten Naturrechts* als des „Höheren" übernommen. Sie tun das durch vertextende Setzung, durch Positivierung. Sie tun es somit nicht gegen die, sondern mit Hilfe der Grundannahme des Rechtsgeltungs-Positivismus.

Unter dem Grundgesetz ist es dank spezieller Vorschriften auch den Rechtsarbeitern auf den alltäglichen Gebieten des Zivil-, Straf- und Verwaltungsrechts, also den zunächst nicht-verfassungsrechtlich arbeitenden Juris-

[18] Dazu *F. Müller*, Artikel „Positivismus", in: Ergänzbares Lexikon des Rechts 2/400 (1986), S. 1 (etatistische Variante), wo die drei Grundtypen von Positivismus beschrieben werden. – Zur Unhaltbarkeit der richterrechtlichen Tradition vgl. *dens.*, ‚Richterrecht', 1986.

ten möglich, sei es direkt, sei es indirekt, auf ihr „Höheres", auf die Verfassung durchzugreifen: einmal wegen der in allen Bereichen unmittelbar bindenden Rechtswirkung der Grundrechte (Art. 1 Abs. 3 GG); zum andern wegen der Pflicht, den Rechtsstreit unter Umständen auszusetzen und die Frage der Verfassungsmäßigkeit von ihnen anzuwendender Vorschriften dem Bundesverfassungsgericht vorzulegen (konkrete Normenkontrolle, Art. 100 Abs. 1 S. 2 GG). Rechtsprechung und Literatur haben noch zwei weitere Figuren hinzugefügt, welche ähnlich wirken können: die verfassungskonforme Gesetzesauslegung und die sogenannte mittelbare Drittwirkung der Grundrechte zwischen privaten Rechtssubjekten.

Für alles, was darüber hinausgeht, bildet die Verfassung eine Sperre; nämlich gegenüber sonstigen Verfahrensweisen eines Durchgriffs „nach oben", die nicht als solche positiviert sind. Und auch die zuhöchst gesetzte juristische Instanz, das Bundesverfassungsgericht, sperrt das Grundgesetz materiell gegenüber allem in ihm nicht vorgesehenen Höheren ab (anders für das supranationale Europarecht und einen Teil des Völkerrechts, wegen Art. 23 ff. GG). Trotzdem wird in Praxis und Wissenschaft nicht nur für die Verfassungsjustiz, sondern auch für die Fachgerichte eine Bresche in Gestalt des „Richterrechts" offengehalten und traditionell gepflegt: Sie soll unmittelbare Zugriffe auf Ersatzfloskeln für das Naturrecht, so auf Moral und Ethik, auf die „Erfahrungen aller Zeiten und Völker", auf „die Rechtsidee" oder schlicht auf „die" Gerechtigkeit möglich und zulässig machen.

Noch ganz abgesehen von methodologischen, theoretischen und positivrechtlichen Einwänden, ist an dieser Praxis bereits zu kritisieren, dass dabei das jeweils „Höhere" als sicher vorhanden und disponibel, als dem legitimen Streit entzogen, als von unmittelbarer Evidenz für alle „billig und gerecht Denkenden" oder jedenfalls „verfassungsfreundlichen" Bürger hingestellt wird. Dagegen kann der Unsicherheits-, Kampf- und Entscheidungscharakter *des legitim Höheren, nämlich der geschriebenen Verfassung*, bei allem bemühten Harmoniedenken der herrschenden Praxis, nicht einfach verleugnet werden. Trotz der Komplexität des Verfassungsrechts und trotz allen Kampfes um seine Begriffe ist die praktische und theoretische Arbeit mit ihm und an ihm ungleich rationaler und besser nachzuvollziehen, damit auch demokratisch und rechtsstaatlich legitimer als die Berufung auf wolkige „Werte", die *nicht positiviert* und die in der Gesellschaft weiterhin umstritten sind.

VI.

Schließlich liegt es noch nahe, mit Hilfe der Strukturierenden Rechtslehre juristische *Kontakt- und Anschlußstellen* gegenüber anderen Disziplinen zu beschreiben.

Deren Ansatzpunkt für Verfassungsrecht[19] liegt dort, wo sich dieses Konzept – statt eine „allgemeine“ Rechtslehre sein zu wollen – auf den *Typus* von Ordnung konzentriert, den das deutsche Grundgesetz verfasst. Er liegt ferner dort, wo Dogmatik und Methodik von rechtsstaatlichen Normen und Postulaten betroffen, beeinflusst, gesteuert werden. Das *Rechtsstaats*prinzip mit seinen abgestuften Anforderungen an Erlass und Gründe juristischer Entscheidung tritt als eine Art *positivrechtlich gefasster Ethik* der rechtlichen, der die Staatsgewalt vermittelnden Kommunikation auf. Die Strukturierende Rechtslehre setzt also, linguistisch ausgedrückt, in Sprachspielen an, die sich im Gesamthorizont des durch die Verfassung gezogenen größeren Sprachspiels bewegen[20]. Sie deduziert weder aus Vorgaben einer der philosophischen Schulen noch aus angeblich generell verbindlichen Präskriptionen der Allgemeinen Wissenschaftslehre. Sie arbeitet sich vielmehr aus den alltäglichen Sachproblemen des Rechts auf dem Weg über Dogmatik, Methodik, Rechts(norm)theorie und Verfassungslehre zum mittleren Abstraktionsgrad einer *Rechtslehre* als der *Besonderen Wissenschaftstheorie der Rechtswelt* voran. Die einzelne geltende Verfassung – und über sie hinaus ihr Typus des demokratischen materiellen Rechtsstaats – gibt dabei das Rahmenwerk ab: eine umfassende Grammatik für die als legal und legitim geltenden gesellschaftlichen Rechtshandlungen.

Ferner markiert die Strukturierende Rechtslehre Eintrittspunkte für die *Sozial- und Sprachwissenschaften*. Sie setzte sich von Anfang an die Aufgabe, juristisches Handeln in Bezug auf die beiden theoretisch und praktisch zu untersuchenden *Achsen Norm – Wirklichkeit* und *Norm – Fall* zu erfassen und es zugleich gemäß den rechtsstaatlichen Anforderungen an juristische Arbeitsweise zu strukturieren – wozu der herkömmliche, in weiten Teilen der Praxis noch immer herrschende Gesetzespositivismus nicht in der Lage war.

Der Jurist, der zu entscheiden hat, geht von Fall und Normtext aus (nicht von „Fall und Norm“) und *erzeugt* die allgemein formulierte Rechtsnorm, bevor er sie zur Entscheidungsnorm (dem Tenor) individualisiert. Auf der *Achse Norm – Wirklichkeit* lehrt die Differenz von Norm und Normtext, den Normbereich nicht als Gegensatz zur Rechtsnorm oder als Grenze, sondern

---

19 Daneben gibt es auch solche für Gesetzesrecht, etwa in der Form methodenrelevanter Verfahrensvorschriften.

20 Etwa schon in: *F. Müller*, Recht – Sprache – Gewalt, 1975, S. 32ff. (2. Aufl. 2009, S. 34 ff.). – Ferner z.B. in: *ders.*, Strukturierende Rechtslehre, 2. Aufl. 1994, S. 372 ff.; *ders./R. Christensen*, Juristische Methodik, 10. Aufl. 2009, durchgängig. – Zur Figur des Sprachspiels in den hier besprochenen Zusammenhängen auch: *ders.*, Syntagma (Anm. 1), S. 54 ff., 96 ff., 109 ff., 143 ff., 274 ff., 325 ff., 339 ff., 344 ff., 358 ff., 367 ff.

als ihren Bestandteil aufzufassen. Hier beginnt die Anschlussstelle zu Fragestellungen und Ergebnissen der *Sozialwissenschaften.* Die Probleme juristischer Begriffsbildung werden nicht auf wort-semantischer Ebene, sondern auf der des Textes behandelt. Die im Text erfasste Referenzanweisung kann auf dem Weg über eine funktionale Verbindung von Rechts- und Sozialwissenschaften aufgenommen werden[21].

Daneben zeigt sich auf der *Achse Norm – Fall* mit der Unterscheidung von Normtext und Rechtsnorm, genauer: mit dem Abschichten von Textstufen sowohl im Normmodell als auch im tatsächlichen Vorgang juristischer Konkretisierung ein *komplexer Semantisierungsprozess* – dieser wurde vom Gesetzespositivismus stets hinter angeblich *vorgegebenen* Bedeutungen (im Sinn der von *Valtazar Bogisic* zu Recht klar abgelehnten Begriffsjurisprudenz) versteckt. An dieser Stelle können, systematisch gesehen, Fragestellungen und Ergebnisse der *Sprachwissenschaft* ansetzen[22].

Was Linguisten am Recht interessieren müsste, sie auch tatsächlich interessiert und sie für die Rechtswissenschaft wichtig macht, ist nicht zuletzt seine Schriftlichkeit. Im System des geschriebenen Rechts sind die Grobstrukturen von Macht, aber auch die Stellung ihrer Träger, deren Kompetenzen, Handlungschancen und die Maßstäbe ihres Handelns nicht nur – wie in älteren Sozialmodellen mit Gewohnheitsrecht – gelebt, sondern „zunächst“ vertextet. Von der Fachkompetenz her gehen die Fragen, die sich aus der Vertextung ergeben, vor allem die Sprachwissenschaftler an. Trotzdem hat es hier keine genetischen Zusammenhänge gegeben. Ohne mit der Entwicklung in der Sprachwissenschaft in Austausch gestanden zu haben, weist die Strukturierende Rechtslehre zu der sogenannten pragmatischen Wende in der Linguistik und zu der aus dieser weitergeführten *praktischen Semantik*[23] eindrucksvolle Parallelen auf. Das gilt für die Stellung Beider gegen den jeweiligen (juristischen beziehungsweise linguistischen) *Positivismus*; für den *handlungstheoretischen* Grundansatz (Rechtsarbeit, Sprach-

---

[21] Vgl. *R. Christensen*, Artikel „Strukturierende Rechtslehre“, in: Ergänzbares Lexikon des Rechts 2/560 (1987); zur Grundlegung: *F. Müller*, Strukturierende Rechtslehre, 2. Aufl. 1994, z. B. S. 168 ff., 184 ff., 250 ff., 308 ff., 323 ff.

[22] Vgl. *F. Müller*, Strukturierende Rechtslehre, 2. Aufl. 1994, S. 372 ff.; dazu *Christensen*, ebd. (Fn. 21); siehe auch *dens.*, Artikel „Begriff, Begriffsbildung“, in: Ergänzbares Lexikon des Rechts 2/60 (1986). – Vgl. zur praktischen Einlösung nunmehr die vielfältigen Beiträge von Praktikern und Theoretikern in: *F. Müller* (Hrsg.), Untersuchungen zur Rechtslinguistik, 1989; *ders./R. Wimmer* (Hrsg.), Neue Studien zur Rechtslinguistik, 2001; *ders./I. Burr* (Hrsg.), Rechtssprache Europas, 2004; *ders.* (Hrsg.), Politik, [Neue] Medien und die Sprache des Rechts, 2007.

[23] Dazu: *F. Müller*, Strukturierende Rechtslehre, 2. Aufl. 1994, S. 372 ff.; ferner die weiteren in Fn. 22 gegebenen Nachweise. – Auch: *ders.*, Syntagma (Anm. 1), S. 66 ff., 332 ff.

arbeit) und für die Wendung des *Regelbegriffs* im Sinn einer Analogie zwischen Rechtsnormerzeugung und dem Erzeugen einer sprachleitenden Regel (gegen den überkommenden Regelplatonismus, für einen modernen Regelpragmatismus). Es gilt auch für die Rolle des *handelnden Subjekts*: einerseits des Rechtsarbeiters in der Normkonkretisierung, andererseits des Sprechers im Sprachhandeln. Weder die Norm im Sinn des Gesetzespositivismus noch die Sprache als angeblich naturhaft normatives System werden hier als vorgegebene Größen anerkannt. Die Strukturierende Rechtslehre identifiziert „Norm" ebensowenig mit „Normtext" wie die neuere Linguistik „Text" mit „Textformular" und „Regel" mit „Regelformulierung". Dass diese Rechtslehre Sinn und Bedeutung seit jeher nicht als im Grund feststehende und nur noch *heraus*zufindende Größen auffasst, findet in der heutigen Sprachwissenschaft vielfältige Bestätigung. Beide Konzepte gehen ferner nicht so vor, Abstraktionen zu unterstellen, um aus ihnen anschließend etwas „abzuleiten". Ebensowenig lassen sie sich von der Allgemeinen Epistemologie oder von einer der heute (noch) vertretenen Philosophien ein ihrer Wissenschaft inhaltlich fremdes Modell vorgeben. Beide setzen bei Arbeitserfahrungen in ihrem eigenen Bereich an. Die eine rückt die Theorie der *Sprachhandlung* in den Mittelpunkt und hebt mit den *Sprechern* als deren Subjekten auf den Aktionscharakter und Handlungskontext von Sprache ab. Die Strukturierende Rechtslehre verließ schon von Anfang an die Vorstellungen von „Syllogismus", „Subsumtion" oder von Norm(in Wahrheit: von Normtext-)„anwendung" und ging stattdessen von der realistischen Beschreibung des tatsächlichen Vorgangs der *Normkonkretisierung* aus. Deren Subjekt ist der entscheidende Jurist, der verantwortliche *Rechtsarbeiter*. Im Rahmen der Strukturierenden Verfassungslehre hat sie[24] diesen Vorgang im Zusammenhang verfassungsrechtlich überformter gesellschaftlicher Strukturen und Funktionen verortet.

VII.

Aus dem bisher Gesagten geht bereits mittelbar hervor, was hier unter „nachpositivstisch" verstanden wird. Auf keinen Fall nur *rechtsethisch*[25], auch wenn ein derartiger Ansatz inzwischen ebenfalls „*nachpositivistisch*" genannt werden möchte. Ich prägte den Begriff schon 1970 als angemessene Bezeichnung für die Strukturierende Rechtslehre auf ihren verschiedenen

---

24 Seit: *F. Müller*, Recht – Sprache – Gewalt, 1975, 2. Aufl. 2009; siehe auch oben Fn. 3.

25 Vgl. gegen dieses Missverständnis die Auseinandersetzung mit *A. Somek*, Der Gegenstand der Rechtserkenntnis, 1996, in: *F. Müller/R. Christensen*, Juristische Methodik, 10. Aufl. 2009, S. 199 ff.

Arbeitsgebieten. Er hat also nicht einmal sprachlich etwas mit der dann folgenden Tendenz, zum Teil sogar Mode zu tun, neue Strömungen sei es in Philosophie und Ideologie, sei es in der Politik durch „post-“ oder „nach-“ auszuzeichnen: von Postmoderne (spätestens seit Jean-François Lyotard), Poststrukturalismus (ausgehend von Frankreich), postanalytischer Schule (in der angelsächsischen Theorie) bis zum italenischen Postfaschismus oder dem Postmarxismus von Chantal Mouffe und Ernesto Laclau. Hier geht es nur darum, so bescheiden wie präzise den strukturierenden Neuansatz zu bezeichnen[26].

Der Gesetzespositivismus war durch bewusstes und methodisches Einbeziehen sozialer Wirklichkeit zu überholen. Das durfte aber nicht dadurch geschehen, dass man hinter das Niveau der Positivisten an dogmatischer Technizität zurückfiel; dass man schon erreichte Formqualitäten wieder über Bord warf, wie es die Antipositivismen des 20. Jahrhunderts nicht selten vorgeführt haben (Freirechtslehre, Soziologismus, Interessenjurisprudenz, ökonomische Schule, Hermeneutik, Topik und andere). Während sie den Positivismus zu Recht ablehnten, teilten sie noch immer seinen Grundirrtum: „die Norm“ in den Text des Gesetzbuchs zu verlagern und sie wie einen vorgegebenen Gegenstand samt bereits innewohnender Normativität und sprachlicher Bedeutung zu verdinglichen. Es genügte jedoch nicht, den historischen Positivismus abzulehnen. An seiner Wurzel war er paradigmatisch zu überschreiten; und an der Oberfläche ist sein Eintreten für Klarheit und Bestimmtheit rechtlicher Konstrukte fortzuführen – wirklichkeitsnah relativiert und mit erneuerten Methoden.

Eine *nach*positivistische Rechtslehre und Methodik sollte beiden Varianten von Rationalität gerecht werden. Auch die Sachbestandteile der Rechtsnormen (die Normbereiche) sind in einer Form zu entwickeln, die jeweils verallgemeinert werden kann – die Rechtsnorm ist die im Fall erzeugte, die abstrakt-generell formulierte Lösung des Streitfalls. Dabei ist nicht zu der Haltung pseudo-naturwissenschaftlicher Verdinglichung zurückzukehren, die den alten Positivismus prägte. Weder Sachbereich, Normprogramm oder Normbereich, weder Rechtsnorm noch Entscheidungsnorm sind dinghaft *vorgegebene* und in diesem Sinn gegenständliche Größen. Vor allem ist die Normativität keine Eigenschaft des Normtexts im Gesetzbuch, die nur noch „herauszufinden“, „nachzuvollziehen“ wäre. All das war die Lebenslüge des positivistischen Mainstreams, besonders deutlich zur Zeit der Begriffsjurisprudenz entfaltet. Die Terme der Strukturierenden Rechtslehre und Methodik

---

[26] Dazu etwa *F. Müller*, Strukturierende Rechtslehre, 2. Aufl. 1994, z.B. S. 233, 438; *ders./R. Christensen*, Juristische Methodik, 10. Aufl. 2009, S. 199 ff., 513, 532 f., 545 ff.; *ders.*, Syntagma (Anm. 1), S. 61 ff., 65 f., 72 ff., 85 ff., 112 f., 211 ff., 285 ff., 387 ff.

sind vielmehr Arbeitsanforderungen an die Rechtsarbeiter, sie sind Arbeitshypothesen. Sie machen die neu eingeführte *praktische Verschränkung* von „Sein und Sollen" wie auch den *Status des positiven Rechts als Text* für die tägliche Praxis operational.

Der Strukturansatz, folgerichtig nach-positivistisch, borgt sich auch keine prästabilierten Harmonien mehr aus, keine vorgegeben objektiven Garantien: weder bei „dem" Willen von Gesetzgeber oder Gesetz noch bei „der" Rechtsidee, weder bei „der" Gerechtigkeit noch bei „der" sprachlichen Bedeutung, weder bei einer „Einheit der Verfassung" noch bei einer unterstellten „Einheit der Rechtsordnung", aus denen jeweils *deduziert* werden könnte.

„Nach"positivistisch heißt nicht „anti"positivistisch insofern, als die Bemühung der Tradition um klare Begriffsbildung und rationale Dogmatik nicht aufgegeben werden soll, sondern auf einer paradigmatisch umgewälzten und endlich realistisch gewordenen Basis in anderer Form fortgeführt.

Das neue Konzept steht aber „nach" dem Positivismus in dem Sinn, dass dessen Glaubenssätze nunmehr fallen gelassen werden: die Meinung, die Rechtsnorm sei bereits der Normtext; die Rechtsordnung sei ein geschlossenes oder jedenfalls konstruktiv schließbares System; der Richter wende die Norm auf den Fall im kognitiven Verfahren des Justizsyllogismus an; für jede Rechtsfrage gebe es *nur eine einzige richtige Lösung*.

Es ging im Positivismus also um drei Annahmen von Geschlossenheit bzw. logischer Schließbarkeit: der Rechtsordnung als der Gesamtheit positiver Normen, der einzelnen Norm als eines einheitlichen Kontinuums allein von Sprachaten (unter Ausschluss der zu regelnden Wirklichkeit) und der konkreten Falllösung als eines durchweg primär sprachlichen Vorgangs, durch logischen Syllogismus beherrschbar. Der den Positivismus nicht an seinen Oberflächen, wohl aber hier, an seiner Wurzel überschreitende Ansatz ist paradigmatisch neu, weil es der alte Positivismus seinerseits für lange Zeit zum Status des Paradigmas gebracht hatte.

Das Zusammenspiel von Strukturierender Rechtslehre und Juristischer Methodik hat theoretisch das Ziel und praktisch die Funktion, das tatsächlich Erreichbare an Rationalität in Sprachdaten und Realdaten (herkömmlich: in „Recht und Wirklichkeit") rechtsstaatlich zu operationalisieren. So hat die Rechtsordnung eine Chance, wenigstens zum Teil *demokratisch* gesteuert zu sein – eben so weit, wie sich die Entwicklung einer Gesellschaft auf dem Weg über Setzen und Umsetzen rechtlicher Vorschriften abspielt.

Zweiter Teil

Verfassungstheorie

Über Naturzustände

1975

I.

Kein Denker, der vom Naturzustand sprach, hat in ihm gelebt. Darum stand er ihm zur Verfügung: als Theorie, als Spiel.

Noch kein Denker, der sich auf dieses Spiel einließ, tat es ohne einen seine zeitgenössische Wirklichkeit *überschreitenden* Zweck; sonst hätte er, rechtfertigend oder gleich bloß verwaltend, nur diese traktiert.

Naturzustände sind Zweckzustände, bewusst gestaltete Folien; Fiktionen zwar, aber keine Hirngespinste.

Naturzustände werden als Theorie für zu verändernde Praxis entworfen, als Spiel zum Vorspielen einer ernsten Absicht. Sie entstehen durch Subtraktion dessen, was ihr Autor als Nicht-Naturzustand erlebt und erleidet, was er darum denunziert und bekämpft. Naturzustände sind kritisch bloßgelegte Gesellschaftszustände, auf ihren antithetischen Begriff gebrachte Staatsmaschinen. Sie sind Berichte aus dem Zeitgeschehen, so wenig natürlich wie amtlich.

II.

Hobbes schreibt von Leben und Tod, wo er über menschliche Geschichte und gesellschaftliches Handeln zu schreiben vorgibt. Argumentiert er für ein Reich der Toten? So kann man es sagen, weil Hobbes eine *Gesellschaft* der Lebenden nicht für möglich halten will; sie würde, sagt er, demnächst zum Leichenfeld. So gutachtet er, im Sold der britischen Krone, für den *Staat* der Leblosigkeit.

Der Machthaber steht für den Staat, für die Gesellschaft kann er nicht stehen. Gesellschaft darf es nicht geben, weil es sie, sagt Hobbes, nicht geben kann. Wohl darum zählt der Fürst nicht wirklich zu den Menschen. So mag es sich erklären, dass für Hobbes die Beherrschten Menschen sind, also reißende Bestien, nicht aber der Machthaber als Amtsträger.

Hobbes ist Nominalist, aber einer, der aus dem Nominalismus den Absolutismus denkt. Für Johannes Duns ist nur das Einzelne wirklich im Sinn von: sachlich. Allgemeinheiten sind keine Sachen, sind Sprache. Was eine nur sprachliche Größe zu bewirken vermag, beweist allein schon die Wirkung der Fragen und Aussagen idealistischer Philosophie seit der Antike. Dass diese aber bei ihrem Reden von, über, mit Allgemeinheiten nur sozial wirken, dass sie *Sachen* aber weder leibhaftig beschwören noch tatsächlich erzeugen kann, zeigt der Nominalist. Damit zerstört er nicht nur auf der Stelle die Illusion von Sachhaftigkeit (Realität) der Allgemeinheiten. Er schwächt auch auf lange Sicht die wirkende Kraft idealistischer Konstruktion (soziale Wirklichkeit).

Hobbes ist ein Nominalist, der nicht mehr im Gemeinwesen des Hochmittelalters lebt, sondern im sich kämpfend formierenden und gerade darum zu geschichtlichen Kompromissen noch nicht fähigen Sozialapparat der beginnenden europäischen Neuzeit, in einem Staat. Von ihm geht er aus, ihn zielt er an: in gereinigter, gehärteter Form, den zur allseitigen Organisation gewordenen Befehl. Nominalismus plus Absolutismus, Sprache plus Staat sind Hobbes' Legitimationskarten. Er legt sie nur gemeinsam auf den Tisch. Der Nominalist des Mittelalters macht beim positiven Recht halt; Hobbes erst beim absoluten Staat. Dieser ist seine *Sache,* liefert Realität. Durch den Fürsten wird Sprache wieder verdinglicht, erhält sie auf höherer Ebene reale Beschaffenheit. Durch ihn werden nomina zu kompakten Keulenschlägen. Allgemeinaussagen sind nicht länger nur als sprachlicher Akt möglich; und wirklich sind sie nicht mehr nur insoweit, als sie auf dem Weg über illusionäres Denken Wirkung entfalten können. Sie erhalten jetzt dinghafte Wucht durch die Sache Staat, durch dessen den Befehl des Fürsten, seine Sprache, fraglos exekutierende Macht. Befehl ist Sprache. Nur der Machthaber ist kein reißender Wolf, Wölfe sind die zu knutenden Menschen. Der Machthaber, er allein, spricht in realen Universalien.

All das bewerkstelligt Hobbes, auf seine Weise, mit der alten sophistischen Figur von Naturzustand und Gesellschaftszustand. Er denkt sich *den* monarchischen Staat weg, der nicht in der Lage ist, Bürgerkriege zuverlässig zu verhindern; das heißt, seinen zeitgenössischen englischen. Er denkt das hinweg, was er bekämpft: den für ihn als Einzelwesen, für seine physische Erhaltung (nach seiner persönlichen Angstvorstellung) zu schwachen Staat. Durch diesen Abzug entsteht ihm der Naturzustand als absoluter Krieg, als universale Angst, als Möglichkeit des Selbstmords der Gattung Mensch. Aus der Subtraktion leitet er *den* Staatszustand ab, den er, Thomas Hobbes, als Person braucht. Natur- und Gesellschaftszustand sind konstruktiv aufeinander bezogen, sachlich ineinander verschränkt, weil das, was Hobbes nötig hat, ein *Bestimmtes* ist; er braucht es noch, weil es ihm fehlt. Das Fehlen erscheint als Naturzustand; eben darum muss das andere verwirklicht werden, ist ihm diese Realisierung das einzig Gerechtfertigte.

III.

Auch Locke denkt den Staat seiner Zeit hinweg; den Staat, den er soeben noch, bis 1688, erlebt hatte und als dessen Grabschrift er seine Two Treatises gern sehen möchte; den Staat, der über die Glorreiche Revolution hinaus in der bis 1714 starken Stellung des Königs noch weiterwirkt. Auch Locke denkt das weg, was er bekämpft: den nach dem Ende der Bürgerkriege noch absolutistischen Staat, der individuelle Freiheit niederhält. Durch *diese* Subtraktion entsteht ihm der Naturzustand als allgemeiner Friede. Der innere Friede war im entwickelten absoluten Staat zur Regel geworden, so wie sich im Zeitalter der konfessionellen Bürgerkriege der Hobbes'sche Bürgerkrieg von selbst verstand. Da Locke aber den zeitgenössischen *Staat* wegdenkt, kann er den allgemeinen Frieden ohne freiheitsbeschränkende Staatsmacht vorstellen: als friedlichen state of perfect freedom. Aus diesem Abzugsverfahren kommt bei ihm der Staatszustand heraus, den *er* braucht.

Auch was Locke braucht, ist ein Bestimmtes: private Freiheit nicht für jedermann, sondern für den neuen, modernen *Jedermann:* den wirtschaftenden, kollektiv ausbeutenden, privat aneignenden und aus seiner Wirtschaftskraft politischen Einfluss ziehenden Eigentümer.

Was Locke *wirtschaftlich* wünscht, den sich einrichtenden bürgerlichen Kapitalismus, ist in England schon seit geraumer Zeit im Gange. Was er *politisch* braucht, ist es erst seit Jahresfrist. Es ist noch nicht auf Dauer gesichert; diese Sicherung ist es, die Locke fehlt. Sein Staatsmodell wiederholt inhaltlich das Bild seines Naturzustands, nur zusätzlich mit ausgefeilter Organisation, mit normativ gesicherten, formal gleichen Rechten. Da dies die Lage im Jahr 1690 zu werden verspricht, in dem die Two Treatises erscheinen, denkt Locke *den* Staat, der ihm (nicht mehr für die Realisierung der kapitalistischen Gesellschaft, aber für ihre Rechtfertigung sowie in einer ungewissen Zukunft immerhin als Gefahr des Rückfalls in den Absolutismus) den Naturzustand verstellt, im doppelten Sinn weg: spielerisch als Subtraktion, inhaltlich als finales Ausscheiden, als Hinwegwünschen, als aus jeder Legitimität Hinausargumentieren.

IV.

Die Beweggründe des Autors und die der Gesellschaft, in der und für die er schreibt, können sich überkreuzen. Das Motiv der – fingierten – Gruppe, die den Naturzustand zu verlassen sich entschließt, ist linear egoistisch. Die Menschen wollen sich durch den Abschluss des Gesellschafts- und/oder Unterwerfungsvertrags gegenüber dem Naturzustand „natürlich" nicht verschlechtern. Der Naturzustand wird dabei als Tatsache hingestellt; und

„natürlich“ heißt hier egoistisch im handgreiflichen Sinn des common sense aller bisherigen staatlich verfassten Gesellschaft.

Komplexer steht es mit der Motivation des jeweiligen Denkers. Die Tatsache, die gegeben ist und nicht phantasiert werden muss, ist er selbst mit seinen Bedürfnissen, Wünschen, seiner Angst. Er als diese Tatsache ist es, der einen Naturzustand *(als* Tatsache) entwirft. Aus dem, was er *faktisch* braucht, fingiert er das, was für ihn und seinesgleichen sein *soll, als Faktum,* nämlich als „Natur“zustand.

Der Autor stilisiert den Inhalt *seines* Gesellschaftszustands nicht linear, sondern antithetisch; darum aber nicht weniger eigennützig. Seine zeitgenössische Realität tritt als Thesis, der fingierte Naturzustand als ihr Gegen-Satz auf. Den neuen Gesellschaftszustand konstruiert er wiederum als Antithesis, und zwar zu beiden.

V.

Rousseau subtrahiert gleichfalls den von ihm erlebten Staat, unter dem er mindestens ebenso ächzt wie seine Mit-Untertanen. Was bei diesem Spiel des Gedankens übrig bleibt, ist die schon recht ausgereifte bürgerliche Markt- und Konkurrenzgesellschaft, die zugunsten der Menschen zu bändigen dem Staat des Ancien regime, auch wenn er es wollte, nicht mehr gelingen könnte. Unter ihr leidet Rousseau als Person und leiden, nach seiner Bewertung, auch die anderen ebenso wie unter diesem Staat, der die Freiheit niederhält. Die Antithese zu beidem soll die politische Gesellschaft sich selbst beherrschender, gleicher, solidarischer Bürger bilden. Was bei Locke als erste und zweite Phase des Naturzustands herauskam, nämlich die modern-europäische politökonomische Lage, wird bei Rousseau vor allem in den beiden Diskursen als länger auseinandergezogene *Entwicklung* dargestellt: einmal die von der angeborenen Gleichheit der Menschen, beziehungsweise ihrer nur zufälligen individuellen Ungleichheit, zur gesellschaftlichen und damit ins Systematische, Institutionelle, ins Riesenhafte gesteigerten Ungleichheit. Und dann die Dekadenz von der natürlichen Unabhängigkeit und Einheit des Menschen mit sich selbst (als mit seinen ursprünglichen, elementaren Bedürfnissen) zum Zustand des „relativen Ich“, sozialer Gebrochenheit, des Vermitteltseins durch die Maßstäbe der anderen (und zwar wegen der Konkurrenz mit ihnen als einem Hauptmerkmal der nachmittelalterlichen europäischen Welt). Rousseaus Redeweise von „Zähler“ und „Nenner“ in Verbindung mit dem Thema von Gleichheit und Ungleichheit drückt das aus, was er als gesellschaftlichen wie individuellen *Bruch* in jedem einzelnen diagnostiziert. Sie symbolisiert die Gebrochenheit (unter die Bruchzahl) und gibt auch schon das Bild für ihre Heilung, indem gleichsam eine einfache natürliche Zahl (wieder-)hergestellt wird.

Diese Heilung soll durch Totalisieren der Entfremdung zur alienation totale möglich sein. Die gegenwärtige Entfremdung ist „gemischt", bleibt im Gegebenen stecken. Sie ist nicht rücknehmbar, nicht auf einem Weg zurück zur Natur aufzuheben; nur geschichtlich nach vorne hin. Was Rousseau totalisieren möchte, ist nicht *Geschichtsschreibung,* wie es der latente Rousseauist Sartre („Das Volk muss erst erschaffen werden"; dazu Du Contrat Social, z.B. II 7 – „qui ose entreprendre d'instituer un peuple", „un peuple naissant …"), gekreuzt mit Marxschen und Freudschen Ansätzen, später versucht hat. Was Rousseau totalisieren will, ist Geschichte: die Entfremdung der für ihn gegenwärtigen Menschheit und nicht, wie bei Sartre, die nachzeichnende Analyse der Entfremdung eines vergangenen Individuums aus der Normandie (Flaubert).

Der Naturzustand bei Rousseau ist als verfremdete und zum Teil, nach dem Geschmack der Zeit, exotisch übermalte Skizze der Entwicklung der bürgerlichen Gesellschaft deutbar. Der Gesellschaftsvertrag, und zwar der falsche, der den Sündenfall der neueren europäischen Geschichte darstellt, gibt den theoretischen Teil des bürgerlichen Handelns wieder (das isolierte, ungesellige Individuum). Die Zeit nach dem Sündenfall des modernen Europa (Eigentum als Institution, ökonomische und soziale Gruppenmacht, Konkurrenzdruck, Leistungsideologie) zeigt die Praxis des bürgerlichen Denkens. Der Naturzustand ist darstellende Projektion in eine scheinbar ferne Vergangenheit. Rousseaus an die Wurzel gehende Kritik des bürgerlich liberalen Ansatzes zeigt sich nicht zuletzt daran, dass es kein „Zurück zur Natur!"[1] geben kann. Sie führt ihn dahin, die *private* Freiheit des Individuums zugunsten einer „tugendhaften", einer solidarischen *politischen* Freiheit zu verwerfen.

VI.

Freiheit, in der Zeit nach dem Naturzustand, ist gesellschaftlich bedingt. Sie ist dann *an Gleichheit gebunden.* Ein Grundzug der bürgerlichen Welt ist es, natürliche Verschiedenheiten der Einzelnen zu sozialer Ungleichheit umzufälschen, institutionell zu verhärten, sie durch diese Art der Vergesellschaftung in monströse Dimensionen zu steigern. Das Bürgertum erreicht dies übrigens auch dort, wo natürliche Unterschiede gar nicht vorliegen; und besonders gern in den Fällen, in denen solche durch den Mechanismus der Gesellschaft pervertiert sind. Auf tatsächliche Ungleichheit von Natur kommt es diesem System nicht an. Sie zahlt sich als verlogene Rechtfertigung aus, nützlich für Predigten und andere Sonntagsreden.

---

[1] Dazu: *F. Müller*, Entfremdung, 1970, S. 31 f. (ebd. in der 3. Aufl. 2012).

Natürliche Verschiedenheit, personale Qualität hat in der bürgerlichen Gesellschaft keine Macht. Macht hat in ihr das Abstrakte, das Kapital, anders als das Konkrete bestimmter Abhängigkeitsverhältnisse im Feudalismus.

So zeigt es sich, dass die bürgerliche Gesellschaft bei allem Ausmaß der gewährten, aber von der Gleichheitsfrage absehenden und daher privatabstrakten Freiheit *nicht frei genug ist,* das heißt nicht genug *an der ihr eigentümlichen,* nämlich gesellschaftlichen und daher an Gleichheit gebundenen Freiheit hat, um der mit Ungleichheit verknüpften Unfreiheit zu widerstehen.

Die vom liberalen Staat formal gleich eingeräumten Freiheitsgarantien sind nicht ehrlich gewährt. Die Grundlage der bürgerlichen Gesellschaft ist Ungleichheit. Durch den formal abstrakten, auf (Un-)Gleichheit nicht konzentrierten Rechtsschutz durch Freiheitsrechte wird sie im praktischen Ergebnis abgesichert, im ideologischen entschuldigt. Das System bürgerlicher Freiheit bedeutet im Alltag Unfreiheit für die Vielen im Gegensatz zu und aufgrund der rechtlich gesicherten Freiheit der Wenigen, bei denen sich ökonomische und soziale Macht anhäuft; neben einigen Einzelfiguren sind das vor allem Gruppen, Handelsgesellschaften, Kartelle, Oligopole, Verbände, Parteien, Kommunikationszentren.

Rousseau nennt die Abhängigkeit der Freiheit von Gleichheit beim Namen, die in der Politischen Ökonomie und der Arbeitsteilung liegenden Gründe der Ungleichheit sowie ökonomische und soziale Voraussetzungen für die von ihm geforderte, therapeutisch gemeinte Verfassunggebung. Auch sieht er, dass private und politische Freiheit voneinander nicht trennbar sind. Die „independance naturelle" ist sachlich-systematisch das fiktive Gegenstück, – fiktiv, weil a-sozial – zur „liberté civile". Diese bürgerliche ist die einzig noch mögliche, geschichtlich noch erreichbare Form von Freiheit. Sie ist bei Rousseau entprivatisiert, ist politisiert. Sie baut auf Gleichheit auf und erhält die Aufgabe, sie zu erhalten. Das unbedingte Verbot aller Gruppenbildung kommt aus dem Verdammungsurteil über alle inegalite.

Die *Richtigkeit* des Inhalts umwälzender Entscheidungen folgt für Rousseau aus jener der Organisation des Entscheidungsprozesses; jedenfalls solange, als dieser unverfälscht demokratisch die volonte generale herausgebracht hat. Unverfälscht ist der Vorgang nur dann, wenn Ancien regime und alte Kirche, wenn ökonomische Ungleichheit und alle die Demokratie zur Illusion machende Gruppenmacht daran gehindert werden, neues Unheil zu stiften. Die Verpflichtung auf volonte generale meint keine leere Freiheit, nicht reinen Voluntarismus. Sie gibt auf, im gegebenen geschichtlichen Moment mit Volkssouveränität, redlicher Demokratie, sozialer Solidarität und beständiger politischer Erziehung im Kollektiv des Volkes zu tun, was für die entfremdete, im bürgerlichen Kapitalismus gebrochene menschliche Natur noch getan werden kann. Die Republik solidarischer Citoyens ist nicht nur an der Zeit, um das Abgelebte zu stürzen. Sie ist es vor allem, um die entfremdete Menschennatur zu heilen; zumindest um die ihr zugefügten Brüche durch die Praxis einer neuen, moralischen Freiheit der Staatsbürger auszugleichen, die nicht privatisierende Abgrenzung vom Politischen, sondern unmittelbare aktive Teilhabe an ihm verwirklicht.

Noch heute ist der liberale Staat außerstande, gesellschaftliche Gleichheit als Recht mit seinen Mitteln real zu begründen. Der allgemeine Gleichheitssatz des Grundgesetzes ist auf das formale Etikett eines Willkürverbots herabgestimmt, in den besonderen einzelnen Diskriminierungsverboten dieser Verfassung fehlen ökonomische Kriterien. Diese Verbote laufen in der Praxis der Justiz vielfach leer, und ohne Aussicht bleiben Versuche, soziale Grundrechte einzuführen.

VII.

Freiheit kann nur als Gespenst privat sein, Gleichheit nicht einmal als Gespenst. Gleichheit ist sogar dort, wo sie liberal, also formal bestimmt wird, nur als gesellschaftliche zu verstehen.

Das *Chimärische privater Freiheit* liegt nicht darin, dass es dort, wo ein relativ autonomer Bereich der Lebensführung von Staat und Gesellschaft belassen wird, nicht wirkliche Bedürfnisse nach Selbst- und gegen Fremdbestimmung gäbe. Es liegt darin, dass private Freiheit gesellschaftlich in dem Maß nicht greift, in dem soziale Zustände der Ungleichheit – legal durch die formalen Garantien des Liberalismus gedeckt – die privaten Freiheiten allein nach *ihrer* Machtlogik, ihrer Willkür einschränken, manipulieren, zur Farce machen. Der Vermieter, die Gläubigerbank, der Arbeitgeber sind materiell nicht weniger „Staat“ als der Staat. Dem „Individuum“ der bürgerlichen Gesellschaftstheorie ist solches allerdings noch nicht widerfahren. Das Individuum hat nie gelebt.

Diesseits von ‚Freiheit und Gleichheit‘

1972

I.

Das Individuum hat nie gelebt. Aber Menschen leben als Individuen. Sie sind, sagt der Name, Unteilbare. Sie sollten leben als Unhintergehbare, als Personen. Dies fordert, ihnen ihre Würde zu lassen; und das heißt in der Moderne, sie ihnen von Staats wegen *zuzuschreiben.* Texte sind ihrem Rechtsstatus als Personen zu widmen. Das Individuum ist eine Rechtsfigur. Es ist aber nicht nur Fiktion, sondern auch Folgerung, und durch sie definiert sich die Moderne ein Stück weit.

Das Individuum hat seinen Status als Einzelnes, aber es muss nicht vereinzelt gedacht werden. Was hinter der Rechtsfigur lebt, lebt als Mensch, also gemeinschaftlich. Die Figur, die daraus gefolgert ist, hat das zu bewahren, zuzuschreiben.

Der Mensch lebt nicht von der Würde allein. Derselbe Umbruch der Epochen brach auch mit dem Wirtschaftsmodell. Das Individuum stellt den Protagonisten des neuen Zeitalters vor. Es tritt auf, sobald die Bürgerklasse die Führung verlangt, es ist das bürgerliche; sonst wäre es nicht gebraucht worden. So definiert sich diese Moderne noch durch den Zusatz: abstrakt. Die Abstraktionen des Herstellers vom Produkt, des Gebrauchswerts vom Tauschwert gehen weiter. Abstrahiert wird von Lebensformen des Feudalismus, vom korporativen Leben, hinein in die zweckhaft beschränkte Assoziation bürgerlicher Rechtssubjekte.

Der so individualisierte, verzweckte Mensch mag sein, was er wolle, gleich ist er nicht. Gleichheit ist aber ein menschliches Gut, weil ständig erlebtes Bedürfnis. Unter dem Keynesschen kalten Stern der Knappheit stehen alle Güter, auch die immateriellen, auch noch die des systemisch vereinsamten Individuums. Gleichheit bleibt die gesellschaftliche Grundfrage, weil Ungleichheit die – jetzt noch verschärfte – gesellschaftliche Grundtatsache bleibt. Dabei geht es nicht um Gleichheit „des“ Einzelnen, als sei sie eine seiner Eigenschaften. Er mag in dem, was ihn zum Menschen macht, allen anderen gleich sein – und er ist es tatsächlich –, er wird doch ungleich gesichert, ungleich beeinträchtigt, ungleich belohnt. Alle gesellschaftliche Organisation ist in diesem Sinn eine der Ungleichheit gewesen.

Das betrifft die wichtigen Felder ohne Ausnahme, also Ökonomie, Ideologie, Politik – Gewaltverhältnisse und Produktionsverhältnisse. Beide Großbereiche kommunizieren jedenfalls in globaler Sicht: Je egalitärer wirtschaftliche Gleichheit herbeigeführt werden soll (Babeuf, Landreform unter Stalin und Mao, Kambodscha), desto schärfere Ungleichheit herrscht in den Gewaltverhältnissen, desto heftiger ist das Regime. Umso größer die ökonomische Ungleichheit ist, die angegriffen wird und destabilisiert zu werden droht, umso härter wird Ungleichheit in den Gewaltverhältnissen praktiziert, um die bestehende Ungleichheit in der Produktion aufrechtzuerhalten. Je mehr sich die gesellschaftliche Lage entspannt, je weniger die wirtschaftliche Ungerechtigkeit angefochten wird, desto mehr an politischer Gleichheit kann „gewährt“, also vom System einer liberal rechtsstaatlichen Demokratie verkraftet werden. Und: umso geringer das ursprüngliche Ausmaß wirtschaftlicher Ungleichheit ist, – so Jean-Jacques Rousseaus Voraussetzung homogener, ökonomisch zurückgebliebener europäischer Randstaaten als des bevorzugten Terrains für einen neuen Contrat social –, umso größer kann die politische Gleichheit werden.

Der Bereich der jeweils typischsten Disparität wird ideologisch bearbeitet: Wo ökonomische Gleichheit verschärft angestrebt wird, pflegt die dadurch gesteigerte Ungleichheit in den Gewaltverhältnissen minimalisiert zu werden (Diktatur „des“ Proletariats im Rahmen von Lenins Parteitheorie, „Staat des ganzen Volkes“, „allgemeiner Volksstaat“). Wo eine bürgerlich-liberale Demokratie möglich ist, wird die sie begleitende ökonomische Ungleichheit ideologisch gerechtfertigt (Leistungsprinzip, Chancengleichheit, Freiheitsrechte für alle) und im Übrigen die tatsächlich noch verbleibende alltägliche politische Ungleichheit durch Abspaltung verleugnet, neutralisiert. Das ist deshalb wichtig, weil das System die offene Auseinandersetzung mit diesen sperrigen Eigenschaften der Realität, weil es deren Widerspruch zum offiziellen Selbstbildnis nicht aushalten zu können meint – das heißt: sie *als dieses* System auf Dauer nicht aushalten könnte. Verdrängte Widersprüche erhalten keine Chance, sei es dialektisch entwickelt, sei es pragmatisch verarbeitet zu werden; sie bleiben auf dem Stand einer mit amtlicher Angst besetzten zwanghaften Negation.

Der Feudalismus verwirklichte, rechtfertigte und versuchte zu verewigen ein System symmetrischer Ungleichheit sowohl in der Produktion als auch in der Politik. Der Übergang zur bürgerlichen Gesellschaft baute – zugunsten der Bürger – die überlieferte Ungleichheit im zweiten der beiden Bereiche ab und etablierte die neue Klasse schließlich als herrschende. Die durch denselben Vorgang gesteigerte Ungleichheit in der Ökonomie wurde – zu Lasten der Nicht-Bürger – als unvermeidliche Folge, „Preis der Freiheit“, „Lohn für den Tüchtigen“ und in feinster Form durch den nicht zuletzt die USA historisch prägenden Calvinismus als gottgewollt entschuldigt. Gegen das Bouquet ideologischer Blüten, das die Moderne mit sich brachte, stand die Erfahrung, es sei private Freiheit ohne gesellschaftliche nicht viel wert und es werde politische Gleichheit für alle ohne die wirtschaftliche nur eine Lüge bleiben; es könne im Eigentum anerkennenden, Eigentum mit öffentlicher Gewalt verfassenden Staat die von Rousseau beschworene „indépendance naturelle“ bestimmt nicht mehr geben. Dagegen, solche Preise für die Freiheit der Bürgerschicht zu zahlen, wandte sich in einem seiner Ansätze schon Rousseau, systematisch und mit scharfem Bewusstsein dann Babeuf.

Der Faschismus bewirkte, das bürgerliche System zu stabilisieren. Er ist damit ein dynamisches Element im Formenkreis bürgerlicher Gesellschaft. Strukturell ist er, der korporative statt assoziativer Verbandsformen exhumieren will, ein Rückfall ins Vor-Bürgerliche; ist mit seinem Erzwingen symmetrischer Ungleichheit in den Produktions- und den Gewaltverhältnissen ein Rezidiv.

II.

Freiheit, so hören wir noch immer, sei die Möglichkeit, zu tun, was man will. Das ist unwahr. Mein Wille unterwirft sich in dem, was er will, keiner Voraussetzung, sonst könnte ich ihn nicht frei nennen. Aber das Tun, auf das er hinausläuft, ist notwendig eingeschränkt: durch natürliche oder technische Schranken der Umwelt, durch Bedingungen (Regeln, Normen, andere Willen) der umgebenden Menschengruppe. Auch wo Robinson allein ist, unterliegt er den Beschränkungen der ersten Art; und seine Freiheit von denen der zweiten ist gleichzeitig die umfassendste, massivste Einschränkung seiner Freiheit: die Tatsache, isoliert zu sein. Sein Beispiel führt nicht weiter. Praktisch genommen, ist Freiheit immer ein Konglomerat bestimmter Möglichkeiten, zusammengesetzt und durchmischt, in Relationen begreifbar. Auch in derselben Gesellschaft ist sie nicht gleiche Freiheit, sondern eine Menge aus ungleichen Handlungschancen, ein Durcheinander aus sich selbst und ihrem Gegenteil. Der *homme libre* ist der mit einer ontologischen Eigenschaft beklebte abstrakte Mensch, dem zudiktiert wird, frei zu *sein.* Der *homme en liberté* ist dagegen der Mensch, der sich in einem als Freiheit bezeichneten Zustand befindet. Er findet sich in ihm vor, betäubt, als sei er in ihn „geworfen“; Sartre erläutert, dieses Wort gewählt zu haben, „weil die Freiheit nichts Lustiges ist“. Nicht nur, aber nicht zuletzt er hat uns darauf gestoßen, dass Freiheit nur in der Situation wirklich ist: in der Lage gegeben, von ihr begrenzt. Ohne den Widerstand, den sie uns entgegensetzt, handelten wir nicht frei.

Robinson auf seiner Insel und diverse Naturzustände seien dort belassen, wo sie siedeln, im Zweckdenken von Theoretikern. Hier muss es um gesellschaftliche Freiheit gehen. Freiheit, sofern von Gleichheit unabhängig behauptet, ist geraubte, ‚private‘. Ihr Konzept setzt Privates und Gesellschaftliches als getrennt voraus, ohne ihre Trennbarkeit zu erforschen. Geschähe das, so würde klar, dass keine private ohne gesellschaftliche Freiheit allgemein sein kann. Naturrechtliche Tradition, die das Problem nicht als Aspekt der Gleichheitslage behandelt, traktiert Freiheit als allgemeine außerhalb der Realität; oder sie lässt sie, beispielsweise Frauen, Fremde und Sklaven scharf ausgrenzend, nur für eine privilegierte Gruppe real sein. Die Sophisten und die griechischen Klassiker haben das eingestanden und ein Stück weit durchdacht.

Dagegen verlangt die Freiheit der existierenden *Menschen* die Freiheit aller. An der Oberfläche versucht Rousseau, das rationalistisch zu konstruieren: Natürliche independance ist in liberté civile umzuwandeln, die durch die Gleichheit der politischen Übereignung aller an alle, durch Totalisierung der alienation und Gleichheit von Rechten und Pflichten der Mitglieder des souveränen Volkes möglich sein soll. Das ist idealistisch, im schlechten Sinn des alten Naturrechts. Es wird aber praktisch durch die Folgerung, damit Staatsgewalt in Zukunft legitim sein könne, sei *gleichheitliches Handeln* der volonte generale nötig. Es werden Gesetze gefordert, die sich auf alle gleich auswirken. Tun sie das nicht, entsprechen sie nicht dem allgemeinen Willen. Wenn sie nur Sonderinteressen aus- und in der Gesellschaft durchdrücken, ist Rousseaus Konstruktion ins Normative zu wenden: Diese Gesetze sind dann nicht legitim, die von ihnen ausgehende Rede von Gleichheit *und von Freiheit* ist nichts als Gerede. Rousseau blieb skeptisch, denn er begriff die gegen gleiche Freiheit aller schon damals übermächtige kapitalistische Entwicklung Europas. Nur an dessen ökonomisch zurückgebliebenen Rändern, wo der fortschreitende Marsch in bürgerlich installierte Ungleichheit noch in den Kinderschuhen steckte, sah er Aussichten für die Republik, die er meinte.

Noch über die volonte generale als normativen Maßstab hinaus kann von Rousseau gelernt werden. Der Staat ist nicht entbehrlich für tatsächliche Freiheit, ist vielmehr das Mittel einer möglichen Garantie. Lenin hat das, anders als Engels und Marx, für die Freiheit von Ausbeutung auch so gesehen. Zugleich setzte die internationale Sozialdemokratie ihre Hoffnung darauf, durch politische Steuerung gesellschaftliche Freiheit so zu normieren, zu organisieren, dass sie zur Freiheit aller werden könne.

Nun ist das Politik, damit Gestrüpp. Für das Denken über sie bleibt eines wichtig: Das Individuum ist kein Ansatzpunkt für wirkliche Freiheit. Die liberale Lehre muss das allerdings behaupten, wo bliebe sie sonst. Wo der Pfeffer wächst, kann sie bleiben; denn Freiheit ist nur als situative wirklich, und zu ihrer Situation gehört, Robinson und Naturzustände beiseitegelassen, die öffentliche Gewalt.

In der neueren westlichen Tradition pflegt die Frage rechtlicher Freiheit auf zwei Wegen behandelt zu werden: im Sinn ihrer Einräumung, ihrer Garantie als frei gehaltener Raum, als von öffentlicher oder sonstiger Gewalt ausgesparter Bezirk; und ferner im Sinn der Grenzen des aus einzelnen Freiheiten zusammengesetzten individuellen Grund-Stücks. Beim Überschreiten dieser Linien (Exzess oder Missbrauch im Rechtssinn) drohen Sanktionen. Damit sind Vorder- und Rückseite der liberalen Medaille gezeichnet. Das, wovon die „Freiheiten" befreien, freistellen, sind Gewaltsanktionen des Herrschaftssystems. Herrschaft aber ist materiell eine Ungleichheit der Steuerungs- und Durchsetzungsmittel in Gewaltverhältnissen, ist als solche am plastischsten wiederum in der Situation erkennbare politische Ungleichheit.

Freiheit stellt also vom Aktualisieren der (zum Teil offenen, sonst latent stets bestehenden, weil den Staat tragenden) politischen Ungleichheit im Sinn des systemverfassenden *Gewaltgefälles* frei. Zumindest ebenso gut wie als Ausgrenzen fremder Gewalt und Abscheiden privater Sphären können diese Freistellung und ihr Ergebnis, rechtliche „Freiheit", inhaltlich als Gleichstellen, Gleichlassen beschrieben werden und das Ganze als Frage der Organisation von Gleichheit/Ungleichheit in politischen Gewaltverhältnissen, als Struktur der Zu- und Verteilung legaler Gewalt. Es wird davon freigestellt, dass der Staat in einer bestimmten Lage von der Ungleichheit der Rollenausstattung, von dem zu seinen Gunsten bestehenden Gewaltgefälle – sei es auf eigene Rechnung, sei es auf die anderer Rechtssubjekte – Gebrauch macht.

Die Französische Revolution nennt, unter der Schirmherrschaft der Solidarität, Freiheit und Gleichheit im selben Atemzug. Soziale und rechtliche Gleichheit *als Grundlage* für reale Freiheit ist das dringende Bedürfnis der jeweils noch benachteiligten, ihre Ansprüche in einer dafür reif gewordenen historischen Lage anmeldenden Klasse. Das war 1789 die bürgerliche. Sie lenkte die über sie hinaus zielenden Positionen von Autoren wie Rousseau, Mably oder Morelly auf ihre Mühlen. Dass die Mühlen weiter mahlten, die das Bürgertum nach oben wälzende Bewegung weiter wälzte, dass nunmehr der vierte Stand seine Ansprüche auf die Tagesordnung setzen werde, hat Babeuf auf eine seither nicht mehr zu verdrängende Weise klargestellt. Es versteht sich, dass demgegenüber die zur Herrschaft gelangte Bourgeoisie an der materiellen Logik ihres Interessenkalküls festhielt und die formale Logik ihres Aufstiegsarguments verriet. In der Folge war Ungleichheit als Preis der Freiheit zu entschuldigen, Gleichheit zum verderblichen Gegenprinzip der angeblich im Namen der ganzen Menschheit zu verteidigenden Liberalität abzustempeln. Das Bürgertum hatte seine repressive Ideologie gefunden. Seine Kampfdoktrin ist die einer von der Freiheit trennbaren, ihr entgegengesetzten, ihr unterzuordnenden Gleichheit und einer Freiheit als Selektionsmechanismus, als materielles Vorrecht. Die formale Allgemeinheit des Gesetzes, Haupterrungenschaft liberaler Politik, stellt Gleichheit nicht her, sie fingiert sie und rechtfertigt damit ihr faktisches Gegenteil. Daher hatte schon Rousseau auf inhaltlicher Gleichbehandlung als dem Kriterium beharrt, das einen Gesetzesbeschluss als Ausspruch der volont e generale, als legitim ausweist. Er hatte nicht die Illusion, dadurch soziale Gleichheit herbeiführen zu können, er musste sie ausdrücklich *voraussetzen.* In dem Maß, in dem Ungleichheit die gesellschaftlichen Verhältnisse prägt, wirkt formale Freiheit aller als Privileg der einen gegen die anderen, unterdrückt sie im rechtlichen Alltag. Die Starken haben die Mittel, ihre Freiheiten, *ihr* Gewaltgefälle gegenüber den Schwachen zu nutzen, und *ihr* Staat schirmt sie gegen diese mit Hilfe *seines* Machtgefälles ab. Die crème de la crème der liberalen Theoretiker seit Edmund Burke und Alexis de Tocqueville hat sich der noblen Aufgabe gewidmet, diese Tatsache hinter literarischen Fassaden zu verstecken. Das heutige akademische Styling setzt Freiheit und Gleichheit in ein artiges „Spannungsverhältnis“ – ein Term, der auch sonst noch jedem Professor zur Zierde gereichte, der sich seiner bediente[1].

III.

John Locke behandelte das Problem diskret. Auf den Knochen der Ungleichen – was heißt: der ungleich Schwächeren – erbaute er das System der Freiheit, das eindrucksvoll liberale Gebäude der bürgerlichen Demokratie; deren Rechtsstaatsgerüst wurde installiert, um die Ungleichen – was jetzt hieß: die ungleich Stärkeren – abzusichern.

Die neue Klasse nahm sich nicht nur die Freiheit, Reichtum anzuhäufen. Sie nahm sich auch die Freiheit. Für die anderen blieb davon nichts übrig: die Arbeit war zu schwer, der Arbeitstag zu lang, der Körper zu zerbrechlich, das Leben zu kurz, diese Form der Selbsterhaltung zu zerstörend.

Die Bürgerklasse schrieb öffentlich das menschenwürdige Dasein aller auf ihre Fahnen. Praktiziert hat sie es für sich; in dem Zustand, der zu Recht der private, der geraubte heißt.

---

1 Nach *Leibholz* stehen „liberale Freiheit und demokratische Gleichheit in Wirklichkeit zutiefst zueinander im Verhältnis einer letzthin unaufhebbaren Spannung. Freiheit erzeugt zwangsläufig Ungleichheit und Gleichheit notwendig Unfreiheit. Je freier die Menschen sind, umso ungleicher werden sie. Je mehr die Menschen dagegen im radikal demokratischen Sinne egalisiert werden, umso unfreier gestaltet sich ihr Leben“; in: Strukturprobleme der modernen Demokratie, 1958, S. 88 f. – Vgl. auch *dens.,* Zum Parteiengesetz von 1967, in: Festschrift für Adolf Arndt, 1969, S. 182f.: „In Wirklichkeit besteht zwischen Freiheit und Gleichheit auch im politisch-gesellschaftlichen Bereich ein inneres Spannungsverhältnis … Dieses Spannungsverhältnis findet seinen Ausdruck darin, daß, je mehr die Egalisierung des politischen Lebens fortschreitet, umso mehr die Freiheit problematisch wird …“

Nicht nur bot – anders als er vorgeben muss – der Kapitalismus bei weitem nicht jedem die Chance, sich zu bereichern; unter den Wölfen siegen die reißenderen. Nicht nur führte er systemisch zu weiterer Akkumulation, Konzentration, zu Oligopolen und Monopolen, zur Fälschung des Marktes, den er beschwört. Dazu wurden denen, die sich nicht hatten bereichern können, auch noch wichtige Bürgerrechte vorenthalten.

Mit der ursprünglichen Akkumulation hat sich die Bourgeoisie auch anderes als ökonomische Werte errafft: Freiheit, die Absolution von ihren Anschlusstaten. Steigerung der Ungleichheit und nicht zuletzt lückenlose Zwangsmaßnahmen der *visible hand* des bürgerlichen Staates akkumulierten auch noch Freiheiten für die wenigen Liberalen. Seitdem das Bürgertum Freiheit verkauft, wird die Gleichheit börslich schwach notiert.

Auf dem Weg zu diesem Typ von Gesellschaft und Staat wurde, für die Nutznießer der neuen Ordnung, die feudale Eingebundenheit der Einzelnen, die Ungleichheit in den politischen Gewaltverhältnissen stufenweise abgebaut. Dieser Vorgang hatte den Sinn, das neue Wirtschaftssystem sich selbst zu übereignen, ökonomische Ungleichheit ungehemmt, ohne feudale Schranken sich entwickeln zu lassen. Dem entsprechend wird der Rechtsstaat verharmlost: in ihm gebe es nicht eigentlich Herrschaft, nur gute Verwaltung der Grenzen wechselseitiger Freiheit, nur Oberaufsicht über Schopenhauers Stachelschweine. Der Staat des Bürgertums sei Wurmfortsatz der bürgerlichen Subjekte, neutrale Schaltstelle zwischen den Einzelnen und den Circumscriptionen der ihnen zugeeigneten Freiheitssphären. Noch Kant hat das nicht anders gesehen. Träger der Rollen im Spiel der Gesellschaft sind die geheiligten Individuen. Dem Staat kommt eine eigene Rolle, genau betrachtet, nicht zu. Es wundert nicht, dass Freiheit dann nicht als Gleichheitsfrage begreiflich werden kann.

Das Individuum ist ein der Grundrechte gewürdigter Mensch, ist Feiertag. Die „natürliche" und „juristische Person" der Rechtssubjektivität ist Werktag, Bürgerliches Recht, Wirtschaften. Der Werktag packt den Sonntag, die Abstraktion schlägt gegen das alte Wahre. Das Bürgertum ist abgehoben vom christlichen Ansatz, auch vom animal sociale et politicum. Gegenüber dem Staat, von dem es seine Rechte einfordert, angesichts der anderen, gegen die es konkurriert: das Individuum der neuen reinen Lehre steht als vereinzeltes da. Diesem erfundenen Popanz schreibt die neue Klasse Freiheit ins Stammbuch, damit Ungleichheit gleichgültig werde. Solche Freiheit ist ‚Freiheit gegen'. Der Bourgeois ist dem Bourgeois ein Wolf.

Das Bürgertum hat Sprengstoff aus Widersprüchen gelagert. Das Individuum wurde gebraucht: als würdiges, berechtigtes Subjekt, als Rammbock gegen die kollektivierenden Kräfte des alten Wirtschaftens. Unter seinesgleichen hat es die Rammbocknatur nicht mehr abgestreift: isolierter Wettbewerber, den anderen durch das System der Konkurrenz am Feiertag ideell zugerechnet, am Werktag praktisch entgegengesetzt. Soll der Sprengstoff nicht das Bürgertum sprengen, darf das, was das Individuum als Person braucht, nicht ganz durch das verraten werden, wofür die Bürgerklasse das Individuum braucht. Definiert sie schon bis auf unsere Tage Gemeinschaftlichkeit der Menschen hinweg, so gelang das nicht auf Dauer mit dem Gemeinschaftlichen von Freiheit. Freiheit ist nicht bis heute als die des Individuums durchzuhalten gewesen. Sie ist, wenn schon, dann Freiheit der Individuen, also aller. Damit sind Freiheit und Gleichheit aber nicht miteinander harmonisch gemacht. Denn alle, das sind die Ungleichen.

IV.

Menschliche Verbände erzeugen kollektive, aufgespeicherte, dadurch vervielfältigte Gewalt. Fragen der Herrschaftsgewalt als „Freiheits“fragen zu besprechen, ist möglich, wird ständig getan. Es ist aber idealistisch und nicht der einzige Weg, sie zu begreifen. Die täglichen Vorgänge zeigen, dass Herrschaft konkret-situativ auf der Ungleichheit der Gewaltpotentiale, auf einem Gewaltgefälle beruht. Herrschaft ist, so gesehen, kein Zwangs(das heißt: Unfreiheits-)phänomen, sondern eines von Ungleichheit im Rahmen der Gewaltverhältnisse. Statt von Freiheit und Zwang als Attributen idealtypischer Subjekte sollte von Gleichheit und Ungleichheit in den Rollenausstattungen tatsächlicher Rechtsträger ausgegangen werden. Wie auch sollte Freiheit gegenüber Gleichheit sachlich selbständig sein, wenn sie doch der Disposition der Staatsgewalt unterliegt und deren Dasein gerade in der Differenz der Gewalt, in Ungleichheit par excellence besteht? *Konstitution* eines Staates bedeutet, eine Gesamtgewalt zu errichten, welche die einzelnen Gewaltverhältnisse ökonomischer, familiärer, ideologischer, politischer – kurz: privater und öffentlicher Art umgreift und sie, sei es affirmativ, sei es durch Aussparen und Gewähren lassen und ferner auch dadurch legitimiert, dass sie die Gewaltbeziehungen einander zuordnet, sie dabei gegenseitig und gegenüber der öffentlichen Gewalt begrenzt. Das betrifft nicht zuletzt die Freiheitsrechte. Sie werden gewährleistet, erweitert, verengt, relativiert und was auch immer zu den Normierungstechniken der jeweiligen Verfassung gehören mag; sie hängen vom übergreifenden Gewaltverhältnis ab, stehen zu seiner Verfügung. „Konstitution“ ist das Ergebnis des Verfassens, Errichtens; als tatsächlicher Zustand wie auch als dessen Urkunde: als *Versprachlichen* aller wichtigen Bedingungen der selbstbegründeten, selbstzugesprochenen Legitimität dieses Gesamtzustands. Damit ist auch die geschriebene Verfassung ein zwar sekundärer, aber erheblicher Gewaltfaktor.

Freiheit oder ihr Mangel bedeutet einen gleichen beziehungsweise ungleichen Status in den Handlungs-, Kommunikations- und Durchsetzungsmitteln ihres Trägers, bezüglich der Rechtsqualität seines Tuns oder Unterlassens. „Rechtsqualität" heißt dabei: Berechtigung im Rahmen und nach den Maßstäben des durch Normtexte versprachlichten allgemeinen Gewaltverhältnisses. Rechtliche Freiheit ist nach ihren Voraussetzungen und Schranken dem Zugriff dieser Gewalt ausgeliefert, besteht in der gewaltbestimmten Organisation der Ungleichheit legitimer Handlungspotentiale. Menschenrechte erscheinen als Breschen, als gegenständlich begrenzte und gestuft relative Einebnungen des Gewaltunterschieds zwischen Trägern und Objekten von Herrschaft. Darum brauchen Organe und Funktionäre der Staatsgewalt „im Dienst" keine Grundrechte; sie realisieren nicht sich, sondern das öffentliche Gewaltverhältnis. Der Staatsunterworfene dagegen entfaltet sich im Gefüge verschiedener grundrechtlicher Tatbestände nur insoweit, als er es in einer anerkannten Bresche tut; deren Labilität wird durch Rechtsfiguren wie Gesetzesvorbehalte, Normenkollisionen, Güterabwägungen, Missbrauchstatbestände unterstrichen und durch zusätzliche Eingriffe kraft öffentlichem Interesse oder Staatsraison unvergesslich.

Berechtigungsnormen für nicht-staatliches Handeln sind oder münden in Freiheitsgarantien. Die Einheitlichkeit der Funktion dieser Normen erlaubt es, sie nach Kriterien von gleich und ungleich zu gruppieren. Der deutsche Obrigkeitsstaat traf mit seiner Rede vom „Allgemeinen" und von den „Besonderen Gewaltverhältnissen" den Kern der Sache, und auch die liberale Demokratie entkommt nicht diesem Befund, wenn sie sich auch rechtspolitisch aus guten Gründen gegen diese Begriffswelt abgrenzen will. Das Richtige an der Statuslehre ist ihre Sicht, alle Relationen zwischen Staat und Bürger als sei es relativ entspanntere („allgemeine"), sei es spezifisch verstärkte („besondere") Gewaltbeziehungen zu betrachten. Der jetzt[2] vom Bundesverfassungsgericht eingeleitete Abschied vom Besonderen Gewaltverhältnis leugnet nicht die strukturelle Richtigkeit dieser Lehre, sondern zieht positivrechtliche Folgerungen aus dem Grundgesetz von 1949. Auch in dessen Rahmen bestehen die hergebrachten Sonderzustände vervielfältigter und verhärteter Zugriffe der öffentlichen Gewalt gegenüber den ihnen Unterworfenen fort. Die Verfassungsjustiz ändert nicht die Strukturen. Mit ihrem Geltenlassen von Rechtsstaatsgeboten und Grundrechten auch „im" Besonderen Gewaltverhältnis mildert sie nur, zu Recht, die in diesen herrschende vergrößerte Gleichheits*differenz* der Rollenausstattungen, die nochmals gesteigerte Ungleichheit der Handlungspotentiale ab.

Es könnte befreiend wirken, traditionelle Freiheitsthemen als Fragen einer auch quantitativ erfassbaren Gleichheit/Ungleichheit im gegebenen Gewalt-

---

[2] BVerfGE 33, S. 1 ff.

gefüge zu beschreiben. Dadurch kann die alte Ideologie entkräftet werden, die jede Kritik am Leerlauf abstrakter Freiheitspostulate unter Hinweis auf deren Allgemeinheit zu ersticken pflegt. Eine vom Herkömmlichen realistisch abweichende Fassung der Frage sollte für praktische Gleichheit (und damit für realisierbare Freiheit) nützlich sein.

Gemeint ist nicht nur, dass Freiheit und Gleichheit einander stützen; dass *alle* Menschen frei sein sollen; dass Gleichheit in der Dosierung von Freiheit erwünscht ist. All das ist mit Rousseau[3] und mit dem Rechtsbegriff des Rousseauisten Kant aus der „Metaphysik der Sitten" schon unterstellt. Vorausgesetzt ist Freiheit nicht als die *des* Individuums, als Vorrecht einiger, sondern als die *der* Individuen, als gleiche Freiheit aller. Dort setzt an, was hier darüber hinaus vorgeschlagen wird: eine inhaltlich und situativ verfahrende Formulierung von Freiheitsproblemen *als* Gleichheitsfragen; von ‚Freiheit und Zwang‘ als ungleichen Stufen in vorhandenen Gewaltbeziehungen. Das zu tun legt sich nahe, wenn man den Staat mit bedenkt; und ihn einzubeziehen, ist unter entwickelten Bedingungen unvermeidlich, wenn Freiheit als rechtliche, nicht als nur naturrechtliche aufgefasst wird. Freiheiten eines Einzelnen sind seine Möglichkeiten in Relation zu denen des Staates; sei es unmittelbar zwischen dem Staat und ihm, sei es mittelbar zwischen ihm und anderen, vermittelt durch das normierte und sanktionierte Verhältnis zur öffentlichen Gewalt. Unterschiede im Freiheitsstatus erscheinen dann als solche der Gleichheit, als Disparität von Möglichkeiten, können als Stufen im umgreifenden Gewaltgefälle verstanden werden.

Der Ausdruck „Freiheit" ließ sich für tatsächliche Unabhängigkeit gebrauchen, für die natürliche im Denkspiel „Naturzustand". In diesem Sinn ist die Freiheitsfrage in modern verfassten Gemeinwesen fiktiv. Entwickelte Gesellschaft, Staat und Recht bedeuten Organisation, relationale Abhängigkeit, begründet durch formalisierte Normierung und öffentliche Gewalt. Strukturell sind die Probleme, die sich hier stellen, als solche von gleich/ungleich im ökonomischen, sozialen, kulturellen und politischen System begreifbar: Wer darf in welchen Fällen welche Mittel der Selbstentfaltung, Durchsetzung, der Steuerung und Bestimmung anderer mittelbar oder unmittelbar einsetzen? Gewöhnlich werden die von Fall zu Fall wie von Subjekt zu Subjekt ungleichen Chancen als Freiheit zu eigenem Tun oder als eine solche vom Tun anderer wie auch des Staates gefasst. Freiheitsrechte grenzen aber keinen reservierten Raum aus dem gesellschaftlichen Kontinuum aus, sie sind Teil von dessen Raum. Was sie, immer nur partiell und relativ, verringern, sind die Distanzen im je ungleichen Gewaltstatus der Unterlegenen gegenüber dem der Überlegenen (Funktionäre,

[3] Zum Beispiel: *J.-J. Rousseau*, Du Contrat Social I 6.

Richter, Politiker, freiheitsrechtlich stärker Geschützte). Die noch immer mit „Freiheit" bezeichnete Frage kann auch darum wirklichkeitsnäher als eine der weniger oder mehr zugelassenen Gleichheitlichkeit in Gewaltzuständen aufgeschlüsselt werden, weil die Kriterien von gleich und ungleich handfest komplementär sind. Ferner deshalb, weil sie die beteiligten Kontrahenten offen bezeichnen; nicht nur in der Gesellschaft (Arbeitgeber – Arbeitnehmer, Eltern – Kinder, Verband – Mitglieder, allgemein: Privater – Privater), sondern vor allem im Verhältnis zwischen Staat und Einzelnem: Was darf die Bürokratie, was die Justiz, was der Bürger in der konkreten Lage? Dagegen wird das Problem unter dem Titel der Freiheit nicht zulänglich als komplementär und situativ erfasst, denn es geht dabei zu eng allein um die „Freiheit des Bürgers". Das Komplementäre der *gegen sie* gerichteten verfassten Gewalt ist in der Tat nicht eine „Freiheit" des Staatsapparats; es wird nicht ehrlich beschrieben, sondern durch Ideologie zugedeckt: Freiheit sei eben durch die Freiheit *der Anderen* begrenzt. Dabei wird verschwiegen, dass doch der Staat deren Freiheit gewaltsam durchsetzt, was die strikte Abhängigkeit der anderen in ihrer sogenannten Freiheit vom zentralen Gewaltpotential klarstellt. Der Staat als inhaltlich unbeteiligte Clearing-Stelle, als altruistisch uninteressierter Grenzposten meiner Freiheit angesichts jener der anderen – so pflegt das soziale Gewebe angepriesen zu werden, statt als changierende Menge von gleichen, ungleichen, ausgleichenden Potentialen legalen Handelns, statt als Gewalttransfer und Vergrößerung oder Verminderung eines gegebenen und umkämpften Machtgefälles. Das Bild trifft die Verhältnisse auch in den neueren Verfassungsgesellschaften, deren Texte ausdrücklich von der Gleichwertigkeit der Menschen, ihrem Recht auf Gleichheit sprechen. Vor allem zwei Mittel der Sozialtechnik dienen dazu, den – neben dem ökonomischen – fortbestehenden politischen Grundwiderspruch zwischen legitimierendem Gleichheitspostulat und entlegitimierender Ungleichheit aufzulösen, sei es in Bewusstlosigkeit, sei es in Wohlgefallen: einmal bis zum Beginn der Arbeiterbewegung und seitdem während ihrer Schwächeperioden die schon angedeuteten Strategien der *Ideologie,* also sprachliches Vernebeln, Abdrängen, Abspalten der weithin Ungleichheit anzeigenden alltäglichen Erfahrung durch offiziöse und offizielle Texte amtlicher, klerikaler, publizistischer Herkunft. Zum andern, in Zeiten relativer Kampfstärke der Arbeiterbewegung, das *Recht* als Arbeitszeit-, Arbeitsschutz-, Koalitions- oder Sozialgesetzgebung, also in Gestalt von die Schwäche der Schwächeren, Ungleichheit mildernden staatlichen Normtexten und ihrer (mehr oder oft weniger zuverlässigen) Durchsetzung. Der Staat ist es, der „Freiheit" auswählt, normiert, zuteilt, der sie einschränkt und in sie eingreift. In keinem Fall ist er bloß der vernünftige Sachwalter der beteiligten Privaten, neutraler Durchgangspunkt, rechtstechnischer Umschlageplatz je individueller subjektiver Gewalt. Nie fungiert er allein als Bote auf gleiche Weise freier, nur untereinander in Beziehung stehender „anderer“. Er ist Partei, ist energischer Mitspieler in einem Kontinuum von Ungleichheit/Gleichheit in den Produktions- und Gewaltverhältnissen seiner Gesellschaft. Was er tut, mag von denen, die das vorziehen, weiterhin als Zufügen von „Freiheit“ oder „Zwang“ an als solche, an begrifflich gleiche Individuen beschrieben werden. Es lohnt sich aber, das zu ändern.

Über Verfassungen

1974

I.

Eine Verfassung ist nicht „Organisation der Freiheit". Das sagt die Ideologie[1] des Staatstypus, zu dem die Bundesrepublik Deutschland gehört. In der Sicht Hegels soll ein verfasster Staat die Organisation des *Begriffs* der Freiheit sein, also die Synthese aus Freiheit und Zwang. Er organisiert dann *den* Zustand, in dem es für das absolute Wissen unzureichend, für das korrekte Bewusstsein falsch und – gegenüber dem Tun der Gewaltanwender – für die geforderte richtige Einstellung verboten ist, noch nach Freiheit und Unfreiheit als bloßen Antithesen, als handgreiflichen Widersprüchen zu fragen. Noch verbotener ist es, sie gegenüber dem Staat als Konfliktpositionen zu praktizieren.

II.

In einer Verfassung und ihrem Staat sind Zwang und Freiheit nicht gleichgeordnete Größen, als solche zur Synthese gebracht. Eine Verfassung begründet das Zwangspotential des Apparats als legitimes, organisiertes Verfahren und als Werkzeug seiner Gewalt.

Freiheit als *gleichwertige* Antithese ist eine Täuschung. Die liberale Ideologie seit der Aufklärung geht noch weiter, indem sie die Freiheit der Individuen gar als Thesis setzt. Damit die Potentiale an Freiheit so vieler Individuen verträglich koexistieren, ist ihnen – so sah es nicht nur Kant – organisierter Zwang als notwendiges Gegengewicht, als wohltätige Antithese entgegenzusetzen. Diese vorbeugende Beruhigung vermischt Regel und Ausnahme. Sie geht vom behaglich konformen Spießbürger aus, der sein Gärtchen pflegt und mit der Obrigkeit keinen Streit hat. Sie verweist, als auf das eigentlich Ganze, auf dessen Lücken: die Breschen im System der

---

[1] Ihr folgte ich mit dieser Wendung, die liberale gegen eine autoritäre Ausgabe des bürgerlichen Verfassungsstaats verteidigend, noch bei der Kritik an *H. Krügers* Buch „Allgemeine Staatslehre", in: Vierteljahrsschrift für Sozial- und Wirtschaftsgeschichte 1967, S. 541 ff., 543 f.; dass. auch in: *F. Müller*, Rechtsstaatliche Form – Demokratische Politik, 1977, S. 221 ff., 223 f.

Gewalt. Dabei sind die sogenannten Freiräume im Recht durchaus keine rechtsfreien Räume. Sie sind durch staatliches Recht gewährt als von Staatsgewalt jedenfalls zur Zeit relativ freie Bezirke, unter dem Vorbehalt eines „Missbrauchs“ der Freiheit und mit sonstigen Grenzen, deren Definitionsmonopol ohnehin beim Staatsapparat liegt.

III.

Wie kann es dazu kommen? Was bringt einen monarchischen Machthaber dazu oder was die machthabenden gesellschaftlichen Gruppen (constituent groups), einzelne Flecken ihrer flächendeckenden Gewalt zugunsten Privater „frei“zuräumen?

Verfassungsrecht ist Recht. Recht ist allzu oft die Hure der Machtverhältnisse (so wie die Huren zu deren menschlichen Opfern zählen). Die jeweiligen Normen drücken die jeweiligen Möglichkeiten von Herrschaft, ihrer direkten und mittelbaren, ihrer formalisierten und informellen Gestalten aus: der Herrschaft in jeder Sphäre, der wirtschaftlichen, sozialen, politischen und persönlichen. Damit sie als Herrschaft in der Zeit *andauern* kann, gehören zu ihr auch Arrangement und Zurückweichen, Kompromiss und Zusammenwirken; sie kleben an ihr so hartnäckig wie der Leibhaftige am lieben Gott.

Wo die Schwachen vom Recht ein Stück weit geschützt werden, waren sie nicht ganz schwach. Dort haben sie die Starken dazu genötigt, damit diese ihr *Recht des Stärkeren*[2] ohne allzu lästige Störungen fortführen konnten. Wo Macht durch Recht auf solche Art beschränkt, wo durch Vorschriften die Lage der Ausgebeuteten etwas verbessert wird, dort west nicht eine *dem Recht* innewohnende Kraft gerechten Ausgleichs. Dort wird, einmal mehr, die unbegrenzte Verwendbarkeit des Rechts, sogar im Dienst der (nicht zu schwachen) Schwächeren, augenfällig.

Die Geschichte der Menschen- und Bürgerrechte seit ihren altständischen Vorformen, wie der Magna Charta von 1215, und ihren ziemlich seltsamen Garantien von Religionsfreiheit und -gleichheit im alten Deutschen Reich (wie in der Pax Augustana oder im Westfälischen Frieden) bis zu den nordamerikanischen Erklärungen ab 1776 und zur Menschen- und Bürgerrechtsdeklaration der Französischen Nationalversammlung vom 26. August 1789 ist eine Geschichte widerwilliger Verbürgungen, der Abstriche und Rückfälle, der Unehrlichkeit und Schikanen. Sie ist ein nicht erstaunendes Beispiel

---

[2] „Nun, was ist das für ein Recht, das vergeht, wenn die Macht aufhört? … Man sieht also, daß dies Wort Recht nichts zu dem Wort Gewalt hinzufügt; es bedeutet hier überhaupt nichts.“ (*J.-J. Rousseau*, Du Contrat Social I 3).

für die Unfreiwilligkeit, mit der von verschieden geformten Staatsapparaten Freiräume abgegeben werden: nicht als Gaben aus Güte oder Einsicht, sondern als Reparationsleistungen nach verlorenen Schlachten. Das in gewissem Sinn am Anfang reformatorischer Religionsfreiheit stehende Recht konfessioneller Minderheiten, ins Exil zu gehen (ius emigrationis), ist von den Staatsgewalten zynisch als das exekutiert worden, was der Transfer kleiner Portionen von Freiheit auf die Entscheidungsbefugnis Privater der Sache nach, allen liberalen Erklärungen zum Trotz, war und ist.

Andere Exempel bieten die von ständischen, dann von konstitutionellen Parlamenten gegen die Monarchie stückweise durchgesetzten Mitwirkungsrechte, zunächst nur im Budget; oder die Vorkehrungen zum Schutz von Minderheiten innerhalb und außerhalb der Parlamente; oder die historisch erst spät abgetrotzten Möglichkeiten, sich gegen Hoheitsakte gerichtlich zu schützen. All diese von Staatsgewalt relativ freien Bereiche mussten erkämpft und nochmals erkämpft werden, nie gegen Rückfälle und Rücknahmen gesichert.

Es ist unnötig hinzuzufügen, dass sich das nicht geändert hat. Der 26. August 1789 ist ein Endpunkt nur der Vorgeschichte, nicht einer Geschichte der Bedrohung der Menschen- und Bürgerrechte. Auch unter dem Grundgesetz sind für Vertreter und Akteure der Staatsgewalt, besonders der vollziehenden, die Grundrechte nicht positiv verstandene, von den Berechtigten in eigener Verantwortung auszufüllende Freiheiten der Mitwirkung am Leben der Verfassung. Sie sind Restposten, weiße Flecken, an den Rändern staatlicher Hoheitsgewalt zugestanden (weil nun einmal in der Verfassungsurkunde vertextet).

Eine herrschende Rechtspraxis kennzeichnet den gesellschaftlichen Zustand, in dem sie sich als herrschende halten kann, in dem sie gebraucht wird. Praktisch sind die Grundrechte definiert durch Subtraktion dessen, was der damit zum Bourgeois degradierte Bürger *nicht* darf. Die reale Geltungsqualität der Garantien, ihre normative Fähigkeit, menschliche Praxis in der Gesellschaft anzuregen, durchzusetzen, hängt von Methodik, Dogmatik und Rechtspolitik der Grundrechte ab. Und diese stützen sich auf die *sozialen Garantien* des Systems, an denen jede, auch die grundrechtsfreundliche Haltung, ihre Grenze findet: auf die öffentlich verfassten und die lieber verschwiegenen Machtzentren, auf den Grad der Mediatisierung des Volkes, der Verhärtung des oligarchischen Parteien- und Verbändestaats, auf Manipulation der öffentlichen durch die veröffentlichte Meinung, auf notorische Ungleichheit vor Gesetz und Justiz, in der allzu oft die eine Klasse über die andere zu Gericht sitzt. Sie gründen nicht zuletzt auf der sozialökonomischen Ungleichheit in den Sach- und Normbereichen der Grundrechte selbst, die eine gleiche Chance der formal Berechtigten, ihre Grundrechte wirksam auszuüben, oft Illusion sein und zur Ideologie verkommen lässt. Am schamlosesten ist die durch Staatsgewalt getätigte Ungleichbehandlung formal gleicher Grundrechtsträger auf gut abgeschirmten, nur in Ausnahmefällen indiskret beleuchteten Gebieten wie dem Steuerrecht, der Strafverfolgung oder den korruptionsgeneigten Bereichen der Inneren Verwaltung. Das Formalisieren und Entleeren des allgemeinen Gleichheitssatzes (Art. 3 Abs. 1 des Grundgesetzes) zum Willkürverbot ohne Konturen, ohne viel normative Kraft, ist ein zusammenfassendes Symptom.

Denn auf die Frage, wie es zum Einräumen partieller Gegenrechte gegen die Gewalt des Staates überhaupt kommen kann, muss die Gegenfrage gestellt werden, auf die Verfassungspraxis noch immer hinausgelaufen ist: *Wer* soll diese Rechte zugeschrieben bekommen, wer von ihnen profitieren dürfen? Die altständischen Freiheitspositionen und Mitwirkungschancen kamen den Ständen, nicht dem Volk zugute. Die Funktion des späteren Verfassungsstaats der Moderne war es, die technische Übersichtlichkeit, die Betriebsförmigkeit zu bieten, die für die bürgerliche Geld- und Verkehrsgesellschaft nötig war. Politisch befreiende Wirkung kam, soweit der absolutistische Staatsapparat schrittweise zurückgedrängt wurde, *sozial garantiert* nur dem Bürgertum und also der „*richtigen*" Klasse zu, weil sie es war, die sie erkämpfte. Dass die Grund- und Menschenrechte in der Folge auch auf solche Schichten der Bevölkerung ausgedehnt wurden, denen sie nicht zugedacht waren, gehört in eine Dialektik des Verfassungsstaats, die den Wert der hier notierten Beobachtung nicht in Frage stellt.

Ein Gesetzeswerk ist festgeschriebener Interessenkampf, eine Verfassung eingefrorener Bürgerkrieg. Freiheits- und Mitwirkungsgarantien konnten und können im Text der Urkunde formal abgestuft, nach selektiven Merkmalen (wie Rasse, Konfession, Steueraufkommen) verteilt werden. Oder sie werden zwar formal gleichheitlich gewährt, aber in der beruhigenden Erwartung, vor dem Hintergrund grober sozialer Ungleichheit von sehr verschiedenem Wert zu sein: für die einen besonders profitabel, für den Rest ohne große praktische Bedeutung. So meinen die nicht zufällig vom Eigentum abgeleiteten bürgerlichen Freiheitsrechte in den Texten John Lockes für die Gesellschaft seiner (und späterer) Zeit den etablierten Besitzenden, den unbeschwerten Käufer fremder Arbeitskraft mit wirtschaftlichem und politischem Einfluss – und nicht die Massen verelendeter Opfer einer gewaltsamen Landvertreibung durch die adligen Komplizen der Besitzbürger. Bei solchen Vorteilen für den Schein der Legitimität des neuen Verfassungssystems, bei so starken sozialen Garantien für seinen Bestand im Dienst der Wenigen erschien es den führenden Gruppen lange Zeit für ihre nachfeudalen Vorrechte wenig riskant, liberale Institutionen und individuelle Freiheitsrechte zu proklamieren.

IV.

Eine Verfassung ist Organisation der Gewalt. Wie kann sie Gewalt verfassen? Die *Normbereiche* ihrer Regeln betreffen wesentliche Ausschnitte der Gesellschaft. Und die Norm*texte* (die amtlichen Wortlaute) ihrer Vorschriften umschreiben durch Aussprechen oder Aussparen, in bewusster Thematisierung oder vielsagendem Schweigen die Demarkation eines Waffenstillstands, den Umriss einer Auffanglinie. Diese Linie besteht aus dem denkbar fragilsten Material, aus Sprache. Sie setzt in der Verfassungsurkunde durch beschwörende und legitimierende, durch organisierende, freistellende und anordnende Textgruppen jene riesige Umwälzanlage aus befehlenden und rechtfertigenden Texten in Gang, die wir Rechtsordnung nennen. Genau betrachtet, *ist* diese Apparatur schon jeweils in Gang; eine neue Verfassung kann nur versuchen, ihren knirschenden Lauf zu beeinflussen.

Verfassungen sind oft hochherzige Dokumente; in der Erdenschwere des Tatsächlichen bewegen sie wenig vom historischen Fleck. Ob die Normtexte der Verfassung zu Verfassungsrecht werden, hängt von der spezifischen Dichte der realen gesellschaftlichen Verfasstheit ab.

Recht ist *Mittel* von Herrschaft. Da spezifisch geformt, ist es zugleich Instrument einer (formalen) *Begrenzung* der Ziele und Verfahren von Herrschaft. Insoweit diese inhaltlich und prozedural *als Recht,* also in dessen besonderen Formen auftritt, aufzutreten politisch genötigt worden ist, sieht sie sich auch schon spezifischen Bedingungen, Brechungen, Kontrollen unterworfen (geschriebenes Recht, systematische Kodifikation, ältere und jüngere Regeln, Rolle des Prozessrechts für das materielle, verfassungspolitische Revision geltender Normen, erschwerte Änderbarkeit von Verfassungsurkunden, Erfahrung unabschließbarer Differenzen über Bedeutung, Interpretation von Normtexten).

Formalisierung des Rechts spielt sich *in Sprache* ab. Damit setzt sie Herrschaft einer verstärkten Kommunikation aus; öffnet sie in Richtung auf die Sprechenden, auf die Notwendigkeit sprachlicher Rechtfertigung und die Chance einer (sprachlichen) Kritik dieser Rechtfertigung.

In der faktischen Verfasstheit der Gesellschaft können Widersprüche aufbrechen, gelegentlich als feine Haarrisse auf die Wirkung von Verfassungstexten zurückgehend, die ein Stück weit die Möglichkeit für *verändernde* Verfassungsgeltung freisetzen. Aber die Verfassungen schicken sich auch darein, sich bei der Manipulation von Widersprüchen selbst zu manipulieren. Das steht auf einem anderen Blatt als auf dem ihrer Urkunde.

V.

Bis zu deren sprachlicher Auffanglinie ist offene Gewaltpraxis *des Staates,* ist erst recht die ständig im etablierten Untergrund wirkende, in den Institutionen steckende und arbeitende Gewalt berechtigt. Das heißt, sie gibt sich mit Erfolg so aus. Als unrecht erscheint sie nur dann, wenn die Verfassung im Ganzen nicht mehr *gilt;* beziehungsweise, bei noch *geltender* Verfassung, nur jenseits bestimmter Punkte der Linie (etwa „Machtmissbrauch", „Kompetenzüberschreitung", „Staatsstreich", „Recht zum Widerstand").

Die durch Normtexte formulierte Grenze ist, *für* den Staatsapparat und *gegen* die ihm oder einander entgegengesetzten Gruppen der Gesellschaft, die Auffanglinie für die *Legitimität* von Gewalt. Solche Gewalt kann latent bleiben oder aktuell werden. Der Staatsapparat ist in jedem Fall Subjekt; gesellschaftliche Gruppen und Einzelne sind sowohl untergeordnete Objekte staatlicher als auch vorgeblich gleichgeordneter Adressaten gesellschaftlicher Gewaltpraxis.

Die Verfassung verteilt Legitimität *in doppelter Richtung.* Gesellschaftliche Gewalt gegen den Staatsapparat wird, abgesehen von dem kaum redlich verfassbaren Recht auf Widerstand, nicht anerkannt. In anderen Bereichen – Wirtschaft, Arbeit, Erziehung, Medizin und sonstiges – wird Gewalt in ungeheurem Ausmaß für Rechtens erklärt; beziehungsweise wird sie von der Verfassung und, solange die Betroffenen nichts anderes erzwingen, auch von der Gesetzgebung nicht zum Thema gemacht, in ihrem status quo belassen. Bestehende gesellschaftliche Gewaltzustände werden somit durch eine bürgerliche Verfassung sei es offen bestätigt, sei es durch Aussparen verfestigt, sei es bei entsprechend großem Gegendruck eingeschränkt. Die Gewalt der Privateigentümer, der Unternehmer gegen die Arbeitsabhängigen, der Erwachsenen gegen die Kinder, des leitenden Medizinpersonals gegen Anstaltsinsassen und andere Felder sozialer Macht bieten reichlich Beispiele. Andere Gewalt, wie die der Konzerne, Kirchen, Banken und Verbände, wird allenfalls am Rand begrenzt, soweit sie das System nicht belastet, sonst aber bestätigt. Nicht nur der Text einer Verfassung, auch ihr Schweigen verrät sich in der Nuance.

Was sagt es über Art und Grad des Funktionierens einer Verfassung, wenn sie zunehmend als politische Waffe verwendet wird, wenn es für die Konfliktgruppen – außer jeweils ihnen selbst – im Ergebnis nur noch „Verfassungsfeinde" gibt? So war die Lage nicht erst gegen Ende der Republik von Weimar, so ist die Tendenz nach einem Vierteljahrhundert Bonner Grundgesetz. Werden die Begriffe einer Konstitution oder aus ihnen abgeleitete Floskeln (von der „freiheitlichen demokratischen Grundordnung“ zur „fdGO“) Kampfbegriffe, beginnt eine Verfassung allseits vor allem als Schlaginstrument geschätzt zu werden, dann ist ihre Geltungskraft im Sinken.

Gelten in diesem Sinn gründet auf Anerkennung: auf jener der ganzen Verfassung, nicht auf der ihrer Instrumentalisierbarkeit durch die Situationsjurisprudenz der interessierten Kreise. Geltung beruht auf der Respektierung durch die Entscheidenden selbst und, genau darum, in der Folge auch durch die von Entscheidungen Betroffenen. Verwenden die Entscheidenden, und vor allem sie haben diese Wahl, die Verfassung nicht länger als den Rechtsfrieden *gleichheitlich* stützende Norm, sondern als von Fall zu Fall so oder auch anders handhabbares Arsenal an Angriffs- und Verteidigungsformeln, dann wurde ihre Verbindlichkeit schon verraten. Den Betroffenen ist das auf längere Sicht noch nie verborgen geblieben. In demselben Maß wird die im Normalfall als anerkannt geltende Norm zur bloß noch zu erzwingenden, wird eine Ordnung prinzipiell legitimer Gewalt zur Gewaltordnung.

Das Schweigen der Verfassung

1975

I.

Das Schweigen der Verfassung ist nicht weniger vieldeutig als das der Sirenen.

II.

Eine Reihe von Fragen ist zu stellen. Verschweigt sich die Verfassung gewollt oder ungewollt? In welchen Formen drückt sich, um es so zu sagen, das Schweigen aus? Welches Thema, welche Typen von Gegenständen bleiben ausgespart? Über welche Interessen geht die oberste Rechtsurkunde sprachlos hinweg und wessen Interessen beschützt sie davor, genannt zu werden?

Falls das Schweigen zur Verfassung gehört, lässt es sich, wie diese, strukturieren. Wie bei dieser auch, mag man ohne Schwierigkeit bei den *Formen* beginnen.

Die Verfassung kann sich eine Aussage ersparen[1], indem sie ausspart; indem sie nur scheinbar etwas sagt; indem sie Entscheidungen ausdrücklich delegiert. Im ersten Fall hält das Grundgesetz durch *Weglassen* Fragen offen und sich selbst vor einer normativen Antwort zurück; es begrenzt – oft aufgrund politischer Entscheidung – gegenständlich seine Fähigkeit, zu normieren. Es handelt sich, in den gewollten Fällen, sozusagen um ein positives, ein gesetztes Schweigen. Das ist der Fall, wenn etwa über Interessenverbände, pressure groups, wenn im engeren Sinn über die Verfahren des parlamentarischen Lobbyismus kein Wort verloren wird; oder wenn dasselbe mit (nur einfachgesetzlich geregelten) staatlichen Repressionen geschieht; wenn (faktische, rechtlich geduldete) Sondervollmachten der geheimen Dienste, eine

[1] Die Redeweise von „der Verfassung“, die etwas tue oder unterlasse, wird hier konventionell beibehalten. Nicht soll damit ein fiktives Subjekt unterstellt werden. Offenkundig *agieren* nur diejenigen Menschen und Gruppen, die den Text der Verfassung gesetzt haben, die ihn in den vorgesehenen Verfahren aufheben, ändern, ergänzen und ihn während seiner Geltungszeit „anwenden“, besser gesagt: ihn methodisch konkretisieren.

Art verschwiegener Vorbehalt der Verfassungsgeltung, in der Urkunde nicht auftauchen. Diese von unschönen Zusätzen, von entlegitimierenden Einschränkungen textlich (wenn schon nicht die von ihr normierte Wirklichkeit tatsächlich) freizuhalten, kann einer der Zwecke des Schweigens sein.

Eine andere Form, so gut wie nichts zu sagen, zeigt sich als Generalklausel, ja als bloße Angabe eines *Stichworts* („ sozial“, gekoppelt mit „Rechtsstaat“ beziehungsweise „Bundesstaat“); noch eine andere im Setzen – sei es nichtssagender, sei es widersprüchlicher – *Formelkompromisse* (das vom Grundgesetz in Art. 140 GG bezeichnenderweise weitgehend übernommene Konglomerat der Weimarer Kirchenartikel). In beiden Fällen wird, der Sache nach, Normierungsmacht an untergeordnete Stellen, wenn auch ohne ausdrücklichen Auftrag, abgegeben: an den Gesetzgeber, der sich damit plagen oder sich daran die Finger verbrennen soll, sowie an Justiz und Vollziehung. Ehrlicher ist dieser Zusammenhang bezeichnet, wo das Schweigen der Verfassung mit einem ausdrücklichen Verschieben der Normierungsmacht verknüpft ist, so bei den Gesetzgebungsaufträgen zur Regelung des Rechts der politischen Parteien (Art. 21 Abs. 3 GG), des Rechts der nichtehelich geborenen Kinder (Art. 6 Abs. 5), beim Wahlrecht zum Bundestag (Art. 38 Abs. 3). Immerhin schweigt die Verfassung in solchen Fällen nur über die Details, in denen der liebe Gott steckt, während sie für die ins einzelne gehende Gesetzgebung grundlegende Anweisungen gibt, sich also ein gutes Stück weit nicht verschweigt.

Wo anerkanntes *Verfassungsgewohnheitsrecht* besteht – beispielsweise zum Vorbehalt des Gesetzes –, kann ein ausdrückliches Reden der Urkunde nicht verlangt werden; es würde zwar klären, ist aber dogmatisch nicht unbedingt nötig. Umgekehrt kann sich dort, wo die Urkunde einen weißen Fleck lässt, jedenfalls im Grundsatz neues Verfassungsgewohnheitsrecht bilden. An dieses sind allerdings die überlieferten Anforderungen zu stellen. So haben die mit guten Gründen bestrittenen Figuren der „Bundestreue“, des „bundesfreundlichen Verhaltens“, gerade wegen ihrer Umstrittenheit, (noch) nicht die Eigenschaft von Gewohnheitsrecht erlangen können, obwohl die Verfassungsurkunde zu den Fragen, auf die sie eine Antwort suchen, nicht ausdrücklich redet.

Es gibt noch andere Falltypen als die normativ fundierten Gesetzgebungsaufträge, in denen ein Schweigen besser nicht behauptet werden sollte. Das gilt etwa für die Frage, ob Religionslehre an den staatlichen weiterführenden Schulen als ein für die Versetzung erhebliches wissenschaftliches Fach zu führen und zu bewerten sei oder nicht. Das Bundesverwaltungsgericht[2]

[2] So das Bundesverwaltungsgericht in: BVerwGE 42, S. 346 ff.; im Anschluss an *F. Müller/B. Pieroth,* Religionsunterricht als ordentliches Lehrfach, 1974.

hat dazu entschieden, weder gebiete das Grundgesetz noch verbiete es, den Religionsunterricht bei der Versetzung zu berücksichtigen. Den Trägern der Schulhoheit, den Ländern, bleibe Spielraum zu eigener Entscheidung. Rationale Konkretisierung kann nämlich zeigen, dass für diese Frage dem Grundgesetz, da sich Unterstellungen rechtsstaatlich wie immer verbieten, keine Direktive zu entnehmen ist. Trotzdem ist das kein irgendwie aufschlussreicher Fall von „Schweigen". Die verfassungsrechtlichen Maßstäbe für das Ergebnis bilden hier, außer Art. 7 Abs. 3 S. 1 GG, auch Art. 4, Art. 3 Abs. 1, darüber hinaus alle als das staatskirchenrechtliche „System" des Grundgesetzes bezeichneten Vorschriften. Die Verfassung äußert sich durchaus, hat aber eine nach Umfang und Bedeutung eher kleinkarierte Rechtsfrage nicht vorentschieden. Das ist kein bedeutsames Schweigen, sondern ein für die normale Arbeitsteilung zwischen Verfassungs- und Unterverfassungsrecht typisches Bild. Der Fall zeigt auch, dass die Feststellung eines *Schweigens,* wie die seines Gegenteils, oft erst am Ende eines vollständigen Konkretisierungsvorgangs stehen kann. Zumindest in diesen Fällen, in denen der Text der Urkunde auf den ersten und auch noch auf den zweiten Blick, dann allerdings nicht mehr auf den letzten, durchaus das Problem regeln *könnte,* hat sich die Verfassung, eingedenk ihrer Funktion, nicht verschwiegen. Aus demselben Grund wäre es hier sinnlos, von einem Gesetzgebungsauftrag oder einer Delegation von Normierungsmacht im vorher genannten Sinn zu sprechen. Noch stärker als für Fragen, die durch den meist gröberen Raster der Konstitution (sinnvollerweise) hindurch fallen, gilt das für die Stellen des Grundgesetzes, an denen ein angebliches Schweigen in Wahrheit ein energisches Normieren bedeutet. Die wichtigsten dieser Fälle sind die ohne Gesetzesvorbehalt gewährten Grundrechte. An der Wende seiner Grundrechtspraxis, im Mephisto-Beschluss[3], hat das Bundesverfassungsgericht erläutert, aus der „Vorbehaltlosigkeit des Grundrechts" sei dogmatisch zu schließen, „daß die Grenzen der Kunstfreiheitsgarantie nur von der Verfassung selbst zu bestimmen sind", dass dieses Grundrecht – wie andere Garantien ohne Vorbehalt – „weder durch die allgemeine Rechtsordnung noch durch eine unbestimmte Klausel relativiert werden" dürfe. Dabei ist vorausgesetzt, dass mangels eines Gesetzesvorbehalts gesetzliche Beschränkungen ohnehin nicht erlaubt sind und dass wegen der systematisch zuverlässigen Fassung der Grundrechte die Schranken der einen (zum Beispiel von Art. 2 Abs. 1, 5 Abs. 2 GG) nicht auf die anderen übertragen werden dürfen. Das Grundgesetz normiert in solchen Fällen nicht etwa fragmentarische Tatbestände, denen die Schranken kraft Schwei-

---

3 BVerfGE 30, S. 173 ff., 188 ff., 191 ff.; im Anschluss an: *F. Müller*, Freiheit der Kunst als Problem der Grundrechtsdogmatik, 1969 und an: *dens.*, Die Positivität der Grundrechte, 1969.

gens abgingen. Es gibt vielmehr vorbehaltlose Garantien, trifft damit eine verfassungspolitische Entscheidung und legitimiert durch relativ weitgehendes Freistellen bestimmter sozialer Bereiche seine Ordnung als eine freiheitliche[4]. Solches grundrechtliche Freihalten verfasst Gemeinwesen, in deren Rahmen der politische Prozess nur ein Teilprozess sein soll; jedenfalls gilt das für Konstitutionen des liberalen Typs. Wenn nun ein solches Verfassen ganz allgemein auch durch Schweigen möglich scheint, so liegt es hier doch anders: Die *Grenzen* der fraglichen Grundrechte ergeben sich aus Rechts- und Entscheidungsnormen, die sich auf sonstige (kollidierende) Normtexte stützen; hier auf die anderer Grundrechte oder Verfassungsbestimmungen, weil diese denselben Rang haben wie das vorbehaltlose Grundrecht. Die früheren Versuche, diesen Garantien die Schranken anderer in einem interpretatorischen Handstreich aufzuzwingen, waren von einem hier falschen Axiom des Schweigens ausgegangen.

III.

Eine Verfassung, die einen historisch abgelebten Gegenstand nicht mehr regelt, braucht nicht mehr zu reagieren; eine, die einen noch nicht relevant gewordenen auslässt, kann es noch gar nicht. Das versteht sich von selbst. Aufschlussreich ist aber der Unterschied dieses zweiten Falls zu einem dritten, in dem sie eine aktuelle und erhebliche Frage auf die eine oder andere Art, vielleicht auch zur Gänze übergeht. Im zweiten Fall handelt es sich um Probleme, die normalerweise als regelungsbedürftig gelten, deren Regelung nach Inkrafttreten der Verfassung inzwischen auch politisch als erwünscht bewertet wird. Sie sind aber beim Formulieren der Urkunde nicht vorhergesehen oder, da noch wenig entwickelt, noch nicht wie später eingeschätzt worden. Welche Fragen das sind, lässt sich an den Verfassungsnovellen ablesen. So ist die Kompetenz für Kernkraft, 1959 als Nr. 11 a. in den Art. 74 GG eingeführt, ein gutes Beispiel für nicht antizipierte technische Wandlungsprozesse, die auf der Ebene der Verfassung anzusprechen sind. Der Mangel eines Grundrechts auf saubere und gesunde Umwelt bietet ein anderes Beispiel. In der Redeweise der Lücken-Doktrin der Diskussion um Richterrecht handelt es sich um „planwidrige Lücken“. Die Verfassung schweigt hier tatsächlich, aber ihr Schweigen ist ziemlich banal. Es erklärt sich aus der Chronologie der gesellschaftlichen, nicht selten technischen Vorgänge sowie aus jener ihrer Bewertung durch politische Mehrheiten.

---

[4] Dazu: *F. Müller*, Normstruktur und Normativität, 1966, besonders S. 220 ff., 222; siehe auch BVerfGE 12, S. 1 ff., 3, wo das Gericht von der Freistellung – hier im Bereich des Art. 4 GG – als von einer „im Grundgesetz getroffenen Entscheidung“ spricht. – Dazu *F. Müller*, Strukturierende Rechtslehre, 1984, S. 220 ff. (ebd. in der 2. Aufl. 1994).

Interessanter ist die „planmäßige Lücke“, das echte Schweigen der Urkunde. Es drückt die Absicht zumindest der Mehrheit in der verfassunggebenden Versammlung aus, lieber nichts zu sagen. Für die überstimmte Minderheit ist es ein unabsichtliches Schweigen, sie hat sich mit ihrem Wunsch auf Formulierung eines Verfassungstextes nicht durchgesetzt.

Wenn die Weimarer Reichsverfassung (außer negativ in Art. 130 Abs. 1) sowohl über politische Parteien als auch über Interessenverbände schweigt, das Grundgesetz angesichts seines Artikels 21 nur noch über die Verbände, dann ist das für die Mehrheit im Parlamentarischen Rat ein absichtliches Weglassen. Weggelassen wird nicht aus der Realität, sondern aus dem Text, und gerade darauf kann es ankommen. Von einem eloquenten Schweigen ist auch in Bezug auf die Wiederbewaffnung der Bundesrepublik auszugehen. Die Verfassungsnovelle von 1954, die den Art. 73 Nr. 1 GG erweiterte und damit auf die damalige und spätere Höhe der Zeit brachte, antwortete nicht auf eine 1949 noch nicht erkennbare, vom Parlamentarischen Rat daher nicht vorhergesehene Frage. Diese war, vier Jahre nach dem Ende des Zweiten Weltkriegs, als Frage nur zu gut erkennbar gewesen, sollte gerade deshalb im Rahmen dieser Verfassung nicht positiv beantwortet werden. Für die Wiederbewaffnung hat das Grundgesetz 1954 sein voriges beredtes Schweigen gebrochen und wurde beredt. Wie sehr übrigens ein Schweigen interpretationsfähig ist, oder zumindest dafür ausgegeben wird, hat der erbitterte, mehrere Bände juristischer Diskussionstexte hervorbringende „Kampf um den Wehrbeitrag“ gezeigt.

Ungewolltes und gewolltes, also echtes Weglassen verschränken sich mit der formalen Eigenschaft der Konstitution, durch parlamentarische und sonstige Hürden (Art. 144 Abs. 1,79 GG) in ihrer Entstehung und Änderung an qualifizierte Mehrheiten gebunden zu sein. Ein bewusstes Nicht-Normieren behindert besonders wirkungsvoll eine etwaige spätere Vertextung des noch ausgesparten Problems; nicht zuletzt auf *den* Feldern, die für solches Schweigen anfällig sind, und gerade das ist beabsichtigt. Dabei finden sich bei nur technischem Nichtvorhersehen, bei zunächst noch nicht erfassten Entwicklungen, in der späteren Lage die für Zusätze zum Verfassungstext nötigen Mehrheiten meist leichter. Anders ist es bei Vorgängen wie der genannten Wehrnovelle von1954 oder der Notstandsverfassung von 1968, bei denen massiver parteipolitischer Druck, zusammen mit verwandten, wenig erbaulichen Erscheinungen, die Mehrheiten zusammentrommelt.

IV.

Ein planmäßiger weißer Fleck im Text der Konstitution kann sich im Einzugsgebiet des Staates, er kann sich auch in dem der Gesellschaft breit machen. Schon im Bereich des *Staatsapparats* ist die Lage uneinheitlich. Das Bundesverfassungsgericht verbreitet Ideologie, nicht analytisches Wissen, wenn es die „Einheit der Verfassung" als eines „logisch-teleologischen Sinngebildes" deswegen zum wichtigsten Interpretationsprinzip erklärt, „weil das Wesen der Verfassung darin besteht, eine einheitliche Ordnung des politischen und gesellschaftlichen Lebens der staatlichen Gemeinschaft zu sein"[5]. Das Grundgesetz arbeitet teils mit mehr oder weniger ausgeführten Modellen, teils ohne ein solches. *Bundesstaat* und *Parlamentarismus* sind weitgehend elaboriert; der *Rechtsstaat* bietet das Bild eines modellähnlichen Komplexes überwiegend geschriebener, teils aber auch ungeschriebener, unsystematisch zerstreuter Normen. Im Ganzen sind Bundesstaat und Rechtsstaat weitgehend, auch bis in Einzelheiten hinein ausgeformt. Zum *demokratischen* Prinzip findet sich dagegen, außerhalb des Parlamentsrechts, nur eine Reihe von Direktiven, nicht dagegen ein normiertes Modell. Für dieses fehlt etwa nicht nur das Wahlrecht zum Deutschen Bundestag, sondern sogar die Festlegung des Wahlsystems. Dass das Grundgesetz dazu schweigt, ist ein bewusstes Kalkül aus unguter Weimarer Erfahrung. Ein auf Verfassungsebene festgeschriebenes Wahlsystem – in Weimar: die reine Verhältniswahl – lässt sich, sobald es unerwünschte Ergebnisse bringt, kaum mehr korrigieren; die politischen Kräfte, die von seiner Änderung Nachteile zu erwarten hätten, werden die nötigen qualifizierten Mehrheiten blockieren. Solches Schweigen im Rahmen des demokratischen Prinzips ist also gezielt verfassungspolitisch.

Beim *Sozialstaat* begnügt sich das Grundgesetz mit zwei Generalklauseln und mit spärlichen Einzelvorschriften. Dabei ist die Sozialstaatsidee den übrigen Grundlagen der Verfassung rechtlich gleichrangig; sie ist auch, seit Hegels „Grundlinien der Philosophie des Rechts" von 1821, ein schon alter, über Autoren wie Lorenz von Stein im späteren 19. und Hermann Heller im 20. Jahrhundert fortentwickelter und gereifter Gedanke. Dass die Stellungnahme des Grundgesetzes zum Sozialstaat fast nur aus Schweigen besteht, dürfte vielsagend sein. Die gleichrangige Verfassungsqualität des Prinzips aus diesem Grund zu bestreiten, wie es die staatsrechtliche Rechte unter Führung Forsthoffs lange versucht hat, scheiterte trotzdem, und zwar an der – wie immer extrem wichtigen – unmittelbaren Vertextung in der Verfassungsurkunde. Die Rechte musste sich andere Strategien einfallen lassen, die Sozialstaatlichkeit dann wenigstens *im Rahmen* des Verfassungsrechts möglichst zu minimalisieren.

Das Sozialstaatsprinzip ist auch insofern etwas besonderes, als es nicht die Organisation des Staatsapparats, sondern dessen ihm von der Verfassung aufgetragene Tätigkeit im Bereich der *Gesellschaft* betrifft. Das liberale

---

[5] BVerfGE 19, S. 206 ff., 220.

Grundgesetz weist hier nicht naturgemäß, wohl aber politikabhängig eine noch erheblich geringere Regelungsdichte auf. „Liberal" kommt von „liber"; *wer* aber ist es, der frei sein soll? In der Logik des europäisch-amerikanischen Liberalismus ist es nicht „die" Gesellschaft, sondern sind es ihre dominanten Kreise; ist es nicht schlicht jedermann, sondern der von John Locke, dem bürgerlichen Denkmeister, auf den Plan gerufene Jedermann des herrschenden Wirtschaftsbürgertums.

Es ist kein Zufall, dass eine so liberale Verfassung wie das Grundgesetz hier bewusst ausspart, offen lässt, oft nur normative Grenzpunkte markiert. Eine bürgerliche Ordnung als freiheitliche muss nicht zuletzt den *gesellschaftlichen Widersprüchen* Freiheit lassen, soweit sie, nach aller Voraussicht, die Herrschaft des Bürgertums nicht in Frage stellen werden. Das oben genannte Beispiel zur allgemeinen Vereinigungsfreiheit im Vergleich der Urkunden von 1919 und 1949 macht Sinn. Die Weimarer Verfassung ließ sowohl politischen Parteien als auch Wirtschafts- wie sonstigen Interessenverbänden und Kapitalgesellschaften undifferenziert ihren Lauf. Das Grundgesetz hat, ähnlich wie beim Sozialstaatsprinzip, wegen ihrer Zwischenstellung zwischen Staat und Gesellschaft die politischen Parteien aus dem weißen Fleck herausgenommen und im Grundsatz geregelt. Wirtschafts- und Interessenverbände außerhalb der Koalitionen sowie Kapitalgesellschaften bleiben aber weiterhin in der allgemeinen Vereinigungsfreiheit des Art. 9 Abs. 1 GG versteckt, so als seien ihre Struktur und Funktion analog denen von Tennisclubs und Kaninchenzüchtervereinen.

Ein Schweigen der Verfassung auf solchen Gebieten, angesichts stets aktueller, wichtiger gesellschaftlicher Fragen, zentral für die Konflikte um Verteilung, Machtpositionen und strukturelle Gewalt, ist ein Schweigen über eben diese Gewalt, die in Institutionen steckt. Nur ist sie hier, da außerhalb des Staatsapparats, weniger sichtbar, auch nicht politisch verantwortlich. Im Ausmaß des Schweigens der Verfassung wird davon abgesehen, auf der ranghöchsten Normebene des Rechtssystems gesellschaftliche Gewalt durch normierte konstitutionelle zu vermitteln. Im Gegensatz zu längst altehrwürdig gewordenen Konzepten wie *Verbändegesetzgebung* oder *Wirtschaftsdemokratie* wird so auf ein Stück nötiger zusätzlicher Legitimität von Anfang an auf eine Weise verzichtet, die eine Verfassungsordnung nicht weniger, manchmal stärker kennzeichnet als viele ihrer ausdrücklichen Normtexte.

Bei solcher Bedeutung des Schweigens der konstitutionellen Urkunde ist die Frage angebracht, in welchen Fällen es vermeidbar ist, in welchen unvermeidlich. Begründende, aber auch begrenzende, Öffentlichkeit und Rechenschaftspflichten herstellende Normen bezüglich der wirtschaftlichen Interessenverbände, der pressure groups dieser und anderer Art, würden die Leistungsfähigkeit des Grundgesetzes nicht überfordern. Dabei ist vom juristischen Auflösungsvermögen der Rechtsverfassung die Rede, nicht vom Schwergewicht der Interessen in der Gesamtverfassung der Republik. Nach diesem beurteilt, wäre eine Normierung der Wirtschaftsverbände im Grundgesetz offenbar schon zuviel des Guten. Daher empfiehlt es sich, um das Kriterium sinnvoll sein zu lassen, die Frage auf die Rechtsverfassung einzuschränken. Das Schweigen in Bezug auf die Verbände ist juridisch vermeidbar, aber verfassungspolitisch bedingt, durch Interessendruck hervorgerufen. Zentrale Verfassungsgrundsätze wie Rechtsstaat und Demokratie, die nach ihrer Logik ein Regeln der Verbändefrage auf der obersten Stufe der Normenhierarchie rechtfertigen, wenn nicht fordern, werden wegen der Massivität dadurch berührter Interessen sang- und klanglos zu den Akten gelegt. Dagegen ist das Schweigen des Grundgesetzes bezüglich sozialer Grundrechte (im Sinn von subjektiven Leistungsansprüchen durch Grundrechtsgarantie), etwa eines einklagbaren Grundrechts auf Arbeit, systemisch bedingt, unvermeidlich. Der Rechtstypus der liberalen Verfassung, den die Urkunde von 1949 so klar wiedergibt, schließt einen Katalog von Leistungsgrundrechten aus; ein solcher würde den normativen Grundansatz in Frage stellen.

Als Gegenstück nicht dazu, wohl aber zum vermeidbaren, verfassungsrechtlich nicht gerechtfertigten Schweigen kann, wo die Verfassung ihre Möglichkeiten illusionär überspannt, eine überschießende Redseligkeit festgehalten werden; und zwar in Fällen, die einer sozusagen vor die Klammer gezogenen Legitimität an der Basis der Rechtsordnung dienen sollen. Das zeigt sich dort, wo sich das Grundgesetz auf die „verfassunggebende Gewalt“ des Volkes stützt oder wo es „alle Staatsgewalt“ als „vom Volke“ ausgehend formuliert (Präambel, Art. 20 Abs. 2 GG). Hier spricht die Verfassung, aber zu viel. Sie schweigt gleichzeitig darüber, dass ihre Aussage die Wirklichkeit nicht erreicht oder sie, im Fall der Verfassunggebung des Grundgesetzes im Jahr 1949, auch nie mehr erreicht hat. Die so behauptete Verfassunggebung hat in der Wirklichkeit keine Stütze; das Grundgesetz ist historisch nicht vom Volk beschlossen worden, weder 1949 noch nach der Vereinigung beider deutscher Staaten. Eine indirekte Möglichkeit läge noch darin, mit den einer bürgerlichen Konstitution eigenen Mitteln die Kluft zwischen Recht und ‚Verfassungswirklichkeit‘, Legitimitätsanspruch und Realität auf die eine oder andere Art zu überbrücken: durch konkret normiertes maßgebliches Beteiligen des Volkes in Parteien und Verbänden, durch bestimmte Formen der Volksgesetzgebung auf Bundesebene als Ausdruck unmittelbarer Demokratie, durch Wählbarkeit von Beamten und Richtern und ähnliche Vorkehrungen, wie sie sich in anderen Staaten der Verfassungsfamilie finden. Solche Vermittlungen werden aber vom Grundgesetz nicht geleistet und sind bisher politisch auch nicht durch Verfassungsänderung eingeführt worden.

V.

Das Verhältnis des Staates zu den großen Religionsgesellschaften bietet diverse Beispiele dieses Typus, in dem die Verfassung sprechen könnte, es aber nicht will, um kostbare Interessen zu schonen. Hier schweigt das Grundgesetz (abgesehen von der Ausnahmenorm des Art. 123 Abs. 2 zum Reichskonkordat von 1933) ganz zum Kirchenvertragsrecht, in dessen Rahmen sich doch, und folgerichtig diskret, ein Großteil der ungleichen Begünstigungen bestimmter Kirchen durch den Staat abspielt. Dieses Schweigen hat es einem Teil der kirchlichen Rechtsvertreter (scheinbar) erlaubt, eine Überordnung solchen vertraglichen Rechts über Gesetz und Verfassung zu behaupten. Schon weil zu einem Vertrag zwei Seiten gehören und weil der staatliche Partner dabei an das geltende Recht, vor allem an die Konstitution gebunden ist, hat sich unter Führung des Bundesverfassungsgerichts mühsam die einzige dazu vertretbare Auffassung, die sogenannte Legaltheorie, durchsetzen können. Das Schweigen des Grundgesetzes über Zulässigkeit und Grenzen von Verträgen zwischen Staat und Kirchen wird aber von denen, die noch mehr wollen, als offene Flanke missbraucht. Wenn schon nicht in ehrlicher wissenschaftlicher Debatte, so doch in der Praxis, auf die es bekanntlich ankommt, wird das Instrument des Vertragskirchenrechts bis hin zu vielfach verfassungswidrigen Monstrositäten nach Art der neuen bayerischen Konkordatslehrstühle nutzbar gemacht (Vertrag zur Änderung und Ergänzung des Bayerischen Konkordats vom 4. September 1974).

Ähnliches gilt für all die herkömmlichen kirchlichen Vorrechte, die als „Folge", „Konsequenz" der Stellung der wichtigen Religionsgesellschaften als Körperschaften des öffentlichen Rechts (Art. 137 Abs. 5 WRV/140 GG) ausgegeben werden, soweit sie nicht durch Spezialvorschrift in der Verfassung abgesichert sind. Sie reichen von der Befreiung von Steuern, Gebühren und Abgaben bis in Baurecht und Wehrpflichtrecht. Auch hier wird das Schweigen der Verfassung ohne Umschweife in eine positive Bestätigung althergebrachter Ungleichheit umgedeutet.

Anders liegt der Fall bei der in staatlicher Regie geführten Anstalts- und Militärseelsorge. Hier schweigt das Grundgesetz nicht (Art. 141 WRV/140 GG), sondern normiert eine „Zulassung", bei der „jeder Zwang fernzuhalten" ist; also ein subjektivrechtliches Freistellen, das mit staatlicher *Leistung* und Organisation nichts zu tun hat. Die Praxis auf diesen Gebieten, einmal mehr vertragsrechtlich abgemacht und durchgeführt, verstößt gegen den Text einer hier ausnahmsweise sprechenden Verfassung.

Im Sinn des oben behandelten Typus der für einen Verfassungstext zu kleinkarierten Rechtsfrage kann ferner nicht gesagt werden, die Konstitution lasse das umstrittene Problem der Kruzifixe oder anderer religiöser Symbole in Behördenräumen ungelöst. Hier redet das Grundgesetz in Art. 137 Abs. 1/140 GG mit dem Verbot der Staatskirche, zusätzlich auch mit den Gleichheitssätzen, die eine Bevorzugung (hier: christlicher Symbolik) unter religiösen Gesichtspunkten verbieten.

Dagegen schweigt der Text des Grundgesetzes tatsächlich, und mit durchschlagendem Erfolg, zur Frage der staatlich organisierten und getragenen Theologischen Fakultäten an öffentlichen Hochschulen. Auch hier[6] handelt es sich aber im Ergebnis nur scheinbar um ein Nicht-Normieren, nämlich um ein solches in der (nicht vorhandenen) lex specialis, nicht dagegen in der lex generalis. Diese ist wieder das Verbot der Staatskirche durch den übernommenen Art. 137 Abs. 1 WRV. Da staatlich betriebene theologische Fakultäten historisch und systematisch zum Staatskirchentum gehören, fehlt es also auch hier nicht an einem Normtext. Die Weimarer Verfassung hatte aber auf beiden Ebenen gesprochen: einmal allgemein in Art. 137 Abs. 1, zum andern speziell in der „Erhaltungs"garantie ihres Art. 149 Abs. 3. Für ein solches Absichern des Instituts staatlich-theologischer Fakultäten durch die Verfassung hätte sich im Parlamentarischen Rat offenbar keine Mehrheit mehr gefunden, und so erklärt sich das Schweigen (nur) auf dem rechtstechnischen Niveau des *Spezial*gesetzes[7]. Sowohl das grammatische und systematische Element der Konkretisierung, die ein Fehlen jeglicher Garantie feststellen lassen, als auch das historische und genetische, die den Wegfall einer früheren Garantie bezeugen, verneinen eine Legitimation theologischer Staatsfakultäten durch die Verfassungsurkunde. Dabei ist noch nicht Art. 137 Abs. 1 WRV/140 GG ins Spiel gebracht, der staatskirchliche Rechtsfiguren, auch in *einzelnen* Gestaltungen[8], ausschließt.

---

[6] Der Fall religiöser Symbole in Räumen staatlicher Behörden läge genauso (Schweigen auf der Ebene der lex specialis), wenn er einen Umfang und eine Wichtigkeit hätte, dass – was eben nicht der Fall ist – eine Regelung in der Verfassungsurkunde zu erwarten wäre. – Analyse des oben im Text genannten Bayernkonkordats von 1974 bei: *F. Müller*, Jenseits der Verfassung, in: ders., Rechtsstaatliche Form – Demokratische Politik, 1977, S. 110 ff.

[7] Art. 149 Abs. 3 WRV war, wie es den Anschein hat, nie zur Übernahme in das Grundgesetz vorgesehen; jedenfalls sind dahingehende Anträge oder Debatten nicht nachweisbar, und zwar weder zu Art. 140 GG noch zu Art. 7 GG (der in Teilen dem Art. 149 Abs. 1 und 2 WRV nachgebildet ist). Vgl. zu Art. 140: Schriftlicher Bericht zum Entwurf des Grundgesetzes für die Bundesrepublik Deutschland (Drucks. Nr. 850, 854)/Anlage zum stenographischen Bericht der 9. Sitzung des Parlamentarischen Rates am 6. Mai 1949, S. 72 ff.; Parlamentarischer Rat, Verhandlungen des Hauptausschusses, Bonn 1948/49, S. 255 ff., 489 ff., 599 ff., 682, 763; zu Art. 7: Schriftlicher Bericht ..., S. 10 f.; Verhandlungen des Hauptausschusses, S. 245 ff. Dasselbe Bild ergibt sich aus JöR NF 1, 1951, S. 101 ff. (zu Art. 7 GG) sowie ebd., S. 899 ff. (zu Art. 140 GG).

[8] So das Bundesverfassungsgericht in E 19, S. 216; 24, S. 246; 33, S. 28.

Das Verbot der Staatskirche ist in der Folge dieser Judikatur hier ausreichend, genügt den Konkretisierungsanforderungen im Recht des Grundgesetzes. Einen eigenen Normtext, der die theologischen Fakultäten ausdrücklich abgeschafft hätte, kann keiner von denen guten Gewissens verlangen, die dem Grundgesetz eine „Garantie" solcher Fakultäten unterschieben wollen. Es geht nicht darum, dass die Verfassung „theologische Fakultäten nicht ausdrücklich verboten" habe; sondern um die Frage, ob nach ihren normativen Aussagen, solche Rechtsgestaltungen überhaupt *zulässig* sind. Eine Urkunde kann vom Verbot der Staatskirche positiv-rechtlich unbedenkliche spezielle Ausnahmen machen. Das ist im Grundgesetz für den Religionsunterricht in Art. 7 Abs. 3 S. 1 geschehen, für die Körperschaftsqualität und die Kirchensteuer (Art. 140/137 Abs. 5, 6 WRV) und in der Weimarer Reichsverfassung eben auch für die Bestandsgarantie staatlicher theologischer Fakultäten (Art. 149 Abs. 3). Wenn das Grundgesetz in dieser Sache eine solche Ausnahme nicht mehr macht, ist hier damit auch das Problem der Maßstäbe rechtsstaatlich korrekter Konkretisierung gelöst. Für eine Rechts- und Wissenschaftspraxis, die sich im Zweifel nicht an Korrektheit, sondern an Interessen ausrichtet, ist das Ergebnis entgegengesetzt: Angesichts eines sprechenden Verfassungstextes wird behauptet, das Grundgesetz *schweige;* und dieser angebliche Sachverhalt wird in eine „stillschweigende *Anerkennung* traditioneller Rechtsgestaltungen" umgebogen. Das Argument ist auch gewohnheitsrechtlich gewendet nicht haltbar. In der Weimarer Verfassung wurden die Theologie-Fachbereiche durch einen Normtext garantiert; dessen Wegfall beim Übergang zum Bonner Grundgesetz ist alles andere denn als Startschuss für die Entwicklung eines Gewohnheitsrechts geeignet. Es verhält sich umgekehrt: mangels einer vertexteten Ausnahme vom geschriebenen Grundsatz des Art. 137 Abs. 1 WRV könnte sich nun ein etwaiges Verfassungsgewohnheitsrecht – da gegen den korrekt konkretisierten Text der Urkunde – ohnehin nicht mehr bilden.

Dass in Sachen staatlicher Theologie-Fakultäten das Grundgesetz billigend schweige, können nur seine (den Großkirchen in die Tasche interpretierenden) Verächter[9] behaupten. Ihr Geschäft wird ihnen durch das Aufspalten der Frage auf den Ebenen von (vorhandenem) generellem und (fehlendem) speziellem Verfassungsgesetz zwar nicht normativ und dogmatisch möglich, wohl aber rhetorisch leichter gemacht. Die Vertreter dieser Praxis beschleicht immerhin angesichts der methodischen Unhaltbarkeit ihres Vorgehens ein ungutes Gefühl, berufen sie sich doch für den Kreis solcher staatskirchenrechtlicher Probleme auf „historische" Sondermethodik. Diese

[9] Es geht hier nicht um die Frage, ob man staatlich getragene theologische Fakultäten kulturpolitisch für wünschenswert hält oder nicht; sondern darum, wie man es mit dem Ernst und der Verbindlichkeit der geschriebenen Verfassung halten will.

besteht, auf ihren inhaltlichen Kern gebracht, in einer Frage des Abzählens: wie viele Sondermethodiker lassen sich rekrutieren, um eine numerisch herrschende Meinung zu erzielen? Das (normativ hier unbeachtliche) Fehlen eines speziellen Normtextes gibt wissenschaftspolitisch immerhin größeren Spielraum, gegen die generelle (und hier für die Interessen negative) Vertextung anzugehen.

VI.

Ein eigen Ding im Schweigen ist die *Lücke.* Mit dieser Figur wird unbeschwert, um nicht zu sagen beliebig umgegangen. So ist ein Wechsel der herrschenden Auffassung in der höchstrichterlichen Rechtsprechung zunächst als Norm hypostasiert und sodann diese zusätzliche „Norm" (in Gestalt der Erstreckung des § 80 Abs. 1 der Verwaltungsgerichtsordnung auch auf Verkehrszeichen) elegant in ihr Gegenteil, eine „Gesetzeslücke" umgedeutet worden, die „im Wege der richterlichen Rechtsfindung" geschlossen werden müsse[10].

Nicht immer ist die Art, mit Lücken umzugehen, so spaßig, rechtsstaatlich zum Lachen ist sie kaum je. Dazu ist diese leicht bewegliche Figur zu verführerisch. Lücken, man weiß es, sind da, um geschlossen zu werden: sei es durch die ehrwürdige Methode der Analogie (die, soweit legal, ein Sonderfall systematischer Interpretation ist), sei es durch extensive (also in Wahrheit: gerade nicht mehr „auslegende") Auslegung; sei es schließlich durch krönenden richterrechtlichen Akt.

Wollen Richter eine Klage abweisen, weil sie sich auf keinen Normtext des geltenden Rechts stützen kann, dann tun sie es. Wollen sie dagegen, warum auch immer, der Klage trotzdem stattgeben, dann setzen sie selbst einen neuen Normtext. Den darin liegenden mehrfachen Rechtsverstoß bemänteln sie, wenn man das so ausdrücken darf, mit einer zur rechten Zeit entdeckten Lücke. In der missbrauchten *Form* einer rechtstreuen Entscheidung üben sie unvermittelte, aktuelle Gewalt aus, setzen sie noch eine Dezision mehr in die Welt.

Lückentheoreme verführen zwar vor allem Richter, und am liebsten die der obersten Instanzen, aber nicht nur sie. Zu Zeiten erliegt auch die hohe und höchste Exekutive der Versuchung. In dem 1862 einsetzenden Verfassungskonflikt um das Budget ermittelte Bismarck eine klaffende Lücke zum

---

[10] OVG Münster, Beschluß vom 19. 11. 1968, in: Juristenzeitung 1969, S. 261 f.; Diskussion in: *F. Müller*, Juristische Methodik, 1971, S. 191 f.; in der 10. Aufl. (Bd. I, mit *R. Christensen*) 2007: S. 136 ff., 168 ff., 388 ff., 495 f. – Grundsätzlich zum Problem des Richterrechts *ders.*, ‚Richterrecht', 1986.

Art. 99 der Preußischen Verfassung. Diese Vorschrift normierte klar genug, der Etat müsse jährlich durch ein Haushaltsgesetz festgestellt werden. Nach Bismarcks schöpferischer Einsicht besagte er jedoch nichts darüber, was geschehen solle, wenn ein solches Gesetz *nicht* zustande kam. Laut Bismarck und den ihn stützenden Kreisen, die er durch sein Vorgehen seinerseits stützte, *schwieg* die Verfassung in der strittigen Frage. Bismarck handelte dementsprechend, regierte weiter ohne gesetzlichen Etat und hielt die neue Heeresorganisation, um deren Finanzierung es im Verfassungskonflikt ging[11], uneingeschränkt aufrecht. In Wahrheit *sprach* die Verfassung, und sie tat es gegen Bismarck und die Seinen nur zu deutlich. Anders wäre die sogenannte Lückentheorie nicht nötig gewesen. Gemäß Art. 99 musste der jährliche Haushaltsplan durch ein Haushaltsgesetz festgestellt werden. Nach Art. 62 war ein Gesetz nur beschlossen, wenn der König und beide Kammern übereinstimmten. Kam ein solches Gesetz nicht zustande, wurde insoweit nicht verfassungsmäßig regiert. Es durften also hier keine zusätzlichen Ausgaben für die Neuorganisation des Heeres gemacht werden. Die juristische Blockade musste zu politischen Kompromissen führen, und eben darin bestand der Sinn des verfassungsrechtlich begründeten Budgetrechts gegenüber der monarchischen Exekutive. Die Verfassungswidrigkeit seines Vorgehens hat Bismarck aber nicht gekümmert. Ihn interessierte nicht die Rechtsfrage, sondern die Machtfrage. Der Staatsapparat mit Regierung, Heer und Bürokratie bestimmte in seiner Sicht, was konstitutionell zu sein habe, nicht der Text der geschriebenen Konstitution. Der Gesetzespositivismus mit seinen prominenten Vertretern („Das Staatsrecht hört hier auf") gab wissenschaftlich stilisierten Flankenschutz.

Die Figur der „Lücke" bezeichnet ein im günstigen Fall echtes, sonst ein nur behauptetes, usurpiertes Schweigen der Verfassung (entsprechend auch der niederrangigen Normen) dort, wo die Kodifikation in Wahrheit anordnet; wo sie also ausreichend Normtexte bereithält, um die Rechtsfrage mit den Mitteln einer ehrlichen Methodik entscheiden zu lassen. Auch wo einschlägige Normtexte wirklich fehlen, wird dieser Sachverhalt zusätzlich dramatisiert, da von einer Lücke nicht analytisch gesprochen wird, sondern um etwas zu erreichen: eine Legitimation für das Vorhaben, die (gegebenenfalls sogar echte) Lücke, koste es was es wolle, zu überwinden. „Lücke" ist kein beschreibender Begriff; und oft eine nur scheinbar normativ gestützte, bestenfalls moralische Entschuldigung für normwidriges Entscheidungshandeln.

Ohne den Trost durch richterliche Rhetorik und die Beschwichtigungsversuche herrschender Meinungen beurteilt, manövriert sich diese etablierte

---

11 Die Fortschrittspartei hatte am 23. September 1862 im Abgeordnetenhaus alle Ausgaben aus dem Etat gestrichen, die erforderlich waren, um das Heer neu zu organisieren.

Praxis in ein Dilemma. Entweder entscheidet sie nach *ihrem* Verständnis von (Einzelfall-)Gerechtigkeit *ungerecht.* Oder sie erzeugt Richterrecht ohne beziehungsweise sogar gegen geschriebenes Recht; formuliert also Rechts- und Entscheidungsnormen, ohne sie auf Normtexte zurückführen zu können beziehungsweise sogar gegen vorhandene Normtexte. Sie setzt sich damit dem Vorwurf aus, illegal zu handeln, contra constitutionem. Hier könnte ein zweifelhafter rechtstheoretischer Ansatz – positivistisches Normverständnis und einäugiges Bild von Gerechtigkeit – an einem überflüssigen Dilemma schuld sein. Denn nirgends ist überliefert, dass es nur zwei Sirenen gebe; und dass die eine sich Charybdis nenne, Scylla die andere.

VII.

Anders, als die Rechtsprechung glauben machen möchte, ist die Verfassung keine geschlossene Einheit. Sie enthält normative Widersprüche, und ihr Regelungsbestand ist nicht vollständig. Sie ist weder Grundbuch noch Kataster von Staat und Gesellschaft. Vor allem bietet sie als Urkunde nur Normtexte; zum Verfassungsrecht als der Gesamtheit verbindlich regelnder Normen gehören aber die – an ihnen orientiert – im jeweiligen Einzelfall entwickelten Rechts- und Entscheidungsnormen. Diese Fragen sind hier nicht zu besprechen. Ferner sind oben solche Konstellationen ausgeschieden worden, in denen das Nicht-Normieren sich weder auf den ersten noch auf den zweiten Blick zeigt, sondern erst Ergebnis einer vollständigen Konkretisierung ist. Dann ist in aller Regel die Fallfrage von zu kleinem Zuschnitt, als dass ein Verfassungstext sie typischerweise aufgreifen müsste.

Wo die Verfassung tatsächlich und nicht nur angeblich schweigt, fehlt ein Normtext. Von Gründen dafür war die Rede, auch von verschiedenen Formen des Schweigens. Kann ein solcher Fall festgestellt werden, so hat die Verfassung deshalb noch nicht abgedankt. Alle dahin zielenden Schlüsse – Bismarck liefert ein ungutes Beispiel – sind zumindest voreilig.

Die Probleme, angesichts deren die Frage nach einer Regelung überhaupt gestellt werden kann, thematisiert als zu lösende zunächst die gesellschaftliche Realität. Sie werden, genauer gesagt, unter Berufung auf diese, manchmal auch unter deren Verdrehung, von juristischen oder nichtjuristischen Betroffenen, Interessenten, von Teilnehmern am Rechtsverkehr und an dessen Konflikten aufgeworfen. Auch wenn ein passender Normtext fehlt, die Verfassung das Problem insofern nicht thematisch beantwortet – wie etwa die Frage einer Finanzierung der politischen Parteien aus *öffentlichen* Mitteln nicht durch Art. 21 GG geklärt ist –, sind andere Normtexte in anderem Zusammenhang auffindbar, die nicht selten jedenfalls einen Rahmen abstecken. Zu diesem *dogmatischen* Argument, ermittelt in *systemati-*

scher Interpretation, kommt noch ein *rechtstheoretisches:* Während die Verfassungsurkunde ohnehin nur Normtexte, nicht aber schon Rechts- und Entscheidungsnormen liefern kann, spielen die nicht vertexteten Problemfelder trotzdem, als *Sachbereiche,* in die Konkretisierung jener Verfassungsnormen hinein, für die Normtexte zur Verfügung stehen.

Diese Hinweise sind notwendig, um das Bild nicht verarmen zu lassen; sie relativieren die Fälle eines Schweigens der Verfassung, nehmen ihnen aber nicht ihr Interesse: In all diesen Fällen ist eine mögliche und wegen der Wichtigkeit der Frage erwünschte Direktive des Grundgesetzes nicht formuliert, rechtsstaatlich insoweit nicht existent. Dadurch entgeht all das, was in der streitigen Praxis an dem Problem hängt, den Bedingungen einer Vertextung auf höchster Rangebene. Die Folgen sind erheblich, denn gehandelt wird von den Beteiligten natürlich trotzdem. Es wird sogar durch Juristen entschieden: Rechts- und Entscheidungsnormen werden, soweit prozessual erforderlich, gebildet, ohne dass am Anfang der Konkretisierungsarbeit Normtexthypothesen aus der Verfassungsurkunde hätten stehen können. Bequemer kann die Lage, was die Verfassung als Bindungsnorm angeht, für die Akteure kaum sein; vorausgesetzt, sie gehören der Staatsgewalt genehmen Kreisen an, üben von dieser respektierte (private) Gewalt aus. Um diese zu rechtfertigen, wird die amtliche, auf höchster Stufe der Normenhierarchie gegebene Vertextung ersetzt durch freie, der Formpostulate und Bindungswirkungen der Konstitution ledige Texte der *Interpretation des Schweigens,* durch Formeln der Interessenten und ihrer juristischen Fachkräfte. Leichter als sonst setzen sich hier die *Texte des Stärkeren* durch.

Wo korrekt gearbeitet wird, darf dabei weder der Einfluss der nicht vertexteten Sachbereiche auf das Konkretisieren positivierter Vorschriften noch die Rolle sonstiger, zwar nicht direkt einschlägiger, aber Grenzmarkierungen setzender oder andere Aspekte des Falles regierender Verfassungssätze unterschlagen werden. Das Schweigen der Verfassung kann übrigens im Umkreis aller Konkretisierungselemente zählen; für den grammatischen, systematischen, den historischen und genetischen Faktor ist das oben am Beispiel der Theologie-Fakultäten gestreift worden. Die grammatische Aussage ist im Fall tatsächlichen Schweigens negativ, aber umso deutlicher. Die systematische kann etwa einen Gegenschluss rechtfertigen oder vom (fehlenden) Spezialtext auf den (vorhandenen) Rechtssatz einer lex generalis zurücklenken. Die Verfassung bleibt, einschließlich ihres Schweigens für die eigentliche Fallfrage, zu konkretisieren wie sonst; das heißt nicht zuletzt auch: vollständig und in einem offenen Vorgehen. Das Schweigen der Normtexte darf ihren ‚Anwender' nicht zum Zuvielreden animieren, zum Überreden; nicht dazu, den Verfassunggeber als legitimen Schöpfer konstitutioneller Normtexte funktionell ersetzen zu wollen. Dazu besteht weder Recht noch Kompetenz. Auch das Fehlen einer Auskunft der Verfassung wirkt verbindlich. Da die Konstitution nicht vom Weltgeist ersonnen wurde, ist ein (für bestimmte Interessen, bestimmte Erwartungen) negatives Ergebnis rechtlich kein Grund zur Panik. Den Befund in den Bahnen des Rechts zu ändern, ist dann eine Aufgabe für Verfassungspolitik. Nur so wird das Grundgesetz respektiert; denn wenn es sich der Antwort auf eine bestimmte Frage verweigert, dankt es deswegen noch nicht im Ganzen ab. Die Verfassung überlässt es auch nicht im Umfang ihres Schweigens den Beteiligten, nur noch nach Macht zu handeln, den Texten des Stärkeren oder gar seinem (dezidierten) Schweigen das Feld zu überlassen.

VIII.

Funktionen des Schweigens der Verfassung sind deutlich geworden, je nach seinen verschiedenen Inhalten und formalen Stufen. Was kommt aus welchen Gründen in den Text, was bleibt aus welchen Gründen außerhalb? Wenn eine Verfassung nur *instrument of government* sein soll, eine Satzung für den Regierungsapparat, ist das Nicht-Normieren wesentlicher gesellschaftlicher Aspekte politisch gleichgültig. Dann macht die Verfassung, nach ihrer selbstbeschränkten Funktion, eben keine Aussagen über Zustand und Richtung der Gesellschaft, ist insoweit selbst politisch gleichgültig. Die Geschichte der Vereinigten Staaten, die mit einem instrument of government begann, ist die der Verfassungszusätze geworden und beantwortet auf ihre Art die gestellte Frage.

Soll eine Verfassung etwas über den Zustand der Gesellschaft aussagen, sollte sie allerdings alles Relevante vertexten. Sonst verkommt sie zur Papierfassade für ganz andere reale Zustände. Die Beschränkung auf das, was für das Ganze wichtig ist, bewahrt sie davor, zum Warenhauskatalog der Beliebigkeiten zu werden. Sie ist aber seit langem über die Rolle einer Regierungssatzung, einer qualifizierten Geschäftsordnung für den Staatsapparat, hinausgewachsen. Sie fixiert teils entstehungszeitlich, teils vorausschauend das für diese verfasste Gesellschaft Fundamentale. Der Formenreichtum ihrer Möglichkeiten, von autoritärem Festlegen über das Markieren von Rahmendaten bis zur bewussten Freistellung, wird dadurch erst angeregt. Als Freistellen in diesem Sinn hat sich die Garantie eines Grundrechts oder eines ‚institutionellen' grundrechtlichen Sachgebiets ohne Gesetzesvorbehalt erwiesen; ein Verschweigen der Verfassung ist dagegen ein anderer, ist der hier verfolgte Fall.

Bei all dem darf eine realistische Verfassungslehre nicht übersehen, dass eine Vertextung zunächst nur zu weiterem Text führen kann. Die Verfassung, die über das Wichtige nicht schweigt, wird den Gesamtzustand der Gesellschaft weithin nicht als realen beschreiben, sondern als ‚gesollten' formulieren. Aber das ist nun einmal die Ausgangsfunktion einer Urkunde auch vom bürgerlichen Verfassungstyp.

Des Schweigens trächtige *Sachgebiete* sind besonders wichtige, deren Ansprechen als nicht opportun angesehen wird: Leben und Treiben der geheimen Dienste, Schaffen und Raffen der Großwirtschaft und die Privilegierung traditioneller Volkskirchen, zumal wenn ihnen (wie nach 1945 und gerade noch 1949) die Legende vom durchgängigen Widerstand gegen den Nationalsozialismus hilfreich zur Seite steht. Es erscheint ferner als in solchem Kontext folgerichtig, dass die Verfassung, die *als solche* Souveränität voraussetzte, über die Gebrechlichkeit der Souveränität der Bundesrepublik Deutschland kein Wort verlor. Noch nach dem Überleitungsvertrag (1954/1955) blieben die vorbehaltenen Rechte der Westalliierten auch insoweit in Kraft, als sie dem Grundgesetz widersprachen; und zwar ohne die Möglichkeit, durch Verfassungsänderung modifiziert oder aufgehoben zu werden. Das Bundesverfassungsgericht verstand sehr gut, worüber das Grundgesetz hier nach wie vor schwieg. Nach seinem Diktum[12] durfte der Bundesgesetzgeber dem Überleitungsvertrag zustimmen, weil „eine verfassungsrechtlich befriedigendere Vereinbarung politisch nicht erreichbar war". Dabei zeigte sich das Gericht darüber erfreut, dass der vorherige Grad an Verfassungswidrigkeit geringer geworden sei und der Zustand nun schon „erheblich näher am Grundgesetz" liege als das frühere Besatzungsstatut.

Was hier festzuhalten bleibt, ist, dass der Verfassungstext davon kein Aufhebens gemacht hatte. Das Nicht-Normieren hat die Wirkung, Widersprüche als nicht vorhanden auszugeben, normative Lebenslügen aufzubauen. Das *Schweigen der Verfassung* erscheint in solcher Funktion als Null-Position der konstitutionellen Urkunde. Die in höchstrichterlicher Rechtsprechung aus vergleichbaren Gründen geschätzte Interpretation aus der *„Einheit der Verfassung"* wirkt dann ihrerseits als Total-Position dort, wo bei nicht zu verdrängenden realen Widersprüchen wenigstens das Grundgesetz als frei von solchen erscheinen soll. Die Beispiele zur Null-Position zeigen jedenfalls, dass man die Gruppe der unterlassenen Normtexte zum harten Kern der Verfassung rechnen kann.

Ist planmäßiges Verschweigen im Grundgesetz *legitim oder nicht*? Absichtliches Weglassen, Aussparen als Strategie widersprechen dem grundlegenden Mechanismus liberaler Legitimität, auf die gleichsam naturhafte ‚ak-

---

12 BVerfGE 15, S. 373 ff., 348 f. – Die Vorbehaltsrechte wurden dann durch den am 12. 9. 1990 unterzeichneten „Vertrag über die abschließende Regelung in bezug auf Deutschland" beendet. (Art. 7 Abs. 1: [Die Siegermächte] „… beenden hiermit ihre Rechte und Verantwortlichkeiten in bezug auf Berlin und Deutschland als Ganzes. …"; Abs. 2: „Das vereinte Deutschland hat demgemäß volle Souveränität über seine inneren und äußeren Angelegenheiten.")

tuelle' Gewalt so weit wie möglich zugunsten von konstitutioneller zu verzichten; und ferner diese im Ausgang von Normtexten, auf dem Weg über anordnende und begründende Texte, wirken zu lassen, deren Produktion normativ geregelt ist. Sie widersprechen den Grundsätzen der Rechtssicherheit und Rationalität, dem Ansatz ausdrücklicher Schriftlichkeit, den Klarheitszielen, kurz: der anspruchsvollen rechtsstaatlichen Textstruktur des Grundgesetzes und seinen Eigenschaften als einer rigiden Verfassung. Für die Rechtsverfassung ist ein Schweigen über Wichtiges weder funktional noch legitim.

Anders verhält es sich für die ‚Verfassung', in der sich die Gesellschaft befindet. Das Schweigen über eine „Wirtschaftsverfassung des Grundgesetzes" lässt im Stil liberaler Tradition die bekannte Eigengesetzlichkeit des Marktes ihren Gang gehen. Ein anderes Wirtschaftsmodell ist nicht positiv festgelegt; und dieses „eigentlich" auch nicht. Wohl aber ist es durch Grundrechtsgarantien (z.B. Art. 14 i.V.m. Art. 15 – Sozialisierung nur gegen Entschädigung nach Enteignungsgrundsätzen –; Art. 2 Abs. 1 und 12 Abs. 1 i.V.m. 19 Abs. 3 – „Handlungs"freiheit und „Berufs"freiheit auch für Kapitalgesellschaften –; 9 Abs. 1 – unterschiedslose „Vereinigungs"freiheit ohne Differenzierung nach Inhalt, Tätigkeit, Machtposition) zwar nur punktuell und mittelbar, aber wirkungsvoll genug abgesichert. Dieses Eigentliche, das Absichern, prägt – dank diskreter Hilfe durch das Grundgesetz – die Verfassung der Gesellschaft, nicht aber den Text der Verfassung. Das ist politisch folgerichtig, seit der sich formierende Verfassungsstaat der Moderne die Institutionen bereitgestellt hatte, durch die sich das Bürgertum und seine kapitalistische Wirtschaftsordnung zunehmend ungestört entfalten konnten[13]. Funktional ist das Schweigen über das doch allein gemeinte Wirtschaftsmodell insoweit, als es sich hier um das Warum, um den materiellen Grund dieser neuzeitlichen Staatsmaschine handelt, ihre raison d'etre. Die Mechanik des Verfassungsstaats stabilisiert, fördert und schützt die kapitalistische Wirtschaftsform im Allgemeinen, das tatsächliche Wirtschaften ihrer Träger im Besonderen. Eine zusätzliche Vertextung dieses Zusammenhangs in den Urkunden war nicht nötig. Der bürgerliche Vordenker, John Locke, ebnet mit seiner Rhetorik nicht nur die mächtigsten der überlieferten Gruppen, die Kirchen, sondern auch die interessantesten der neuen Art, die Handels- und Kolonialgesellschaften ein: sie werden unter dem Etikett des Verbandstypus ‚freier' Assoziation mühelos nachbarschaftlichen Freundeskreisen oder Stammtischen für Rotwein gleichgestellt[14].

---

[13] Siehe *M. Weber,* Wirtschaftsgeschichte, 1958, S. 238ff., 259ff., 262ff.

[14] „Some enter into company for trade and profit: others for want of business, have their clubs for claret. Neighbourhood joins some, and religion others; Locke, A letter concerning toleration, hrsg. von *J. Ebbinghaus,* 1957, S. 100. – Zur idealtypisch-liberalen Verbandsform der Assoziation siehe: *F. Müller*, Korporation und Assoziation, 1965, S. 15ff., 21ff., 220ff., 314ff., 340ff.

Ein offenes Aussprechen wäre aber auch abträglich gewesen: Noch nicht zur Ruhe gekommene Feudalaristokraten durften nicht am Einschlafen gehindert, schlafende Proleten nicht geweckt werden. Das dauerhafte Provisorium vom 23. Mai 1949 hält sich in seiner vertexteten Typik im Rahmen des Lockeschen Modells, und auch im Schweigen erfüllt die Bonner Verfassung das Gesetz, nach dem sie angetreten.

Gleichheit und Gleichheitssätze*

1978

A. Über Wege, sich unbeliebt zu machen

I.

Auf der Suche nach Wegen, sich unbeliebt zu machen, gibt es wenig Auswahl. Die Möglichkeit, Umstürzler zu werden, scheidet aus. Umstürzler machen sich nicht unbeliebt, nur gefürchtet. Das liegt an der verzweifelten Familienähnlichkeit mit denen, die sie umstürzen wollen. Sie wollen herrschen: anstelle der Herrschenden.

II.

Unbeliebt macht sich, es gibt einen Weg, wer nur aus Realismus vom Bestehenden ausgeht. Also nicht, denn sonst machte er sich beliebt, indem er sich einreiht, den Betrieb zu betreiben. Wer also zurücktritt, um das Bestehende klar zu fassen.

Wer auf die herrschende Ordnung eingeht, indem er sie beim Wort nimmt, anstatt die Worte der sie Beherrschenden zu nehmen, macht sich unbeliebt. Was ihm bleibt, sind Arbeit und Bewusstsein.

III.

Vieles von dem, was ‚gerecht und billig denkende' Juristen tun, ist als ‚Wissenschaft' abenteuerlich: Das Verlautbaren von Ansichten, die Bekanntgabe windschlüpfiger Stellungnahmen, gestützt auf wählerisch geknüpfte Traditionsketten, auf Autoritätssprüche und gruppeninterne Querverweise zum Einschüchtern noch nicht gerecht und billig denkender Individuen. Diese Wissenschaft ist auf ihrer Höhe. Wenn etwas zu verfeinern bleibt, dann die Strategien geräuschloser Ausgrenzung sowie die Stilistik der Wörterpartituren mit Fußnotenarmada, die vorweggenommene Ergebnisse zu

---

* Vgl. in: E. Stein/H. Faber (Hrsg.), Auf einem Dritten Weg. Festschrift für Helmut Ridder, 1989, S. 159 ff.

rechtfertigen haben. Wer ohnehin weiß, was er will, weiß auch, wer dasselbe will, was die anderen zu wollen haben, und nicht zuletzt: wofür, allzeit bereit, solche Wissenschaft gut ist.

IV.

Sie ist dem nicht gut, der sich ihr verweigert; der ehrliche Regularität als Grundlage gleichmäßig verwirklichten Rechts zu erarbeiten sich müht; der aus einer Praxis ausschert, die ihre Methoden von Fall zu Fall anbringt und weglässt: je nachdem, worum es geht, um wen und gegen wen und zu welchem zweckdefinierten Ende. Erfolg verheißt dieser Weg, sich unbeliebt zu machen: bei der Methodik des Meinens, der Jurisprudenz der Interessenten.

Der Macht und ihren Zuträgern nicht auf den Leim zu gehen, von einer Wissenschaft genannten ehrenwerten Gesellschaft dafür bestraft zu werden – nicht viele unter uns haben in beidem so viel Erfahrung gesammelt wie der Mann, dem diese Zeilen gelten.

V.

Totschweigen ist die geistige Form des Totschlags. „Le combat spirituel est aussi brutal que la bataille d'hommes", schreibt Carl Schmitt[1] 1937, ohne Autor und Quelle zu nennen. Gegenüber einem der Literatur kundigeren Publikum hat er dann 1955 immerhin den Urheber genannt[2]. In beiden Fällen verschweigt der Gelehrte, wie derselbe Satz bei Arthur Rimbaud fortgeht: „mais la vision de la justice est le plaisir de Dieu seul"[3]. Mögen die Menschen sich nicht nur abschlachten, sondern auch einander geistig abzutöten versuchen, der Gerechtigkeit werden sie dadurch nicht ansichtig. Dagegen wirkt der abgeschnittene Vordersatz in Schmitts Zusammenhang so, wie er dort wirken soll, applaudierend[4]. Die moralische

---

1 Totaler Feind, totaler Krieg, totaler Staat, in: *C. Schmitt,* Positionen und Begriffe im Kampf mit Weimar – Genf – Versailles 1923–1939 (1940), S. 235 ff., 239.

2 *C. Schmitt,* Die geschichtliche Struktur des heutigen Welt-Gegensatzes von Ost und West, in: Freundschaftliche Begegnungen, Festschrift für Ernst Jünger zum 60. Geburtstag (1955), S. 135 ff., 150: zu einer „Feindschaft zwischen den Menschen", die „das Natürliche bei weitem transzendiert".

3 *A. Rimbaud,* Une saison en enfer (1873), in Œuvres Complètes (Pléiade 1963), S. 219 ff., 244.

4 Diese ‚überschießende Innentendenz' wird dort auf die Spitze getrieben, wo es Schmitt offenbar eine Verfälschung wert war, den Satz weiter zu verschärfen. In: *C. Schmitt,* Clausewitz als politischer Denker, DER STAAT 6 (1967), S. 479 ff., 502, lautet das Zitat: „Le combat spirituel est plus brutal que la bataille des hommes."

Luzidität des minderjährigen Communarden aus Charleville bleibt dem Preußischen Staatsrat verschlossen.

VI.

Gute Aussicht, totgeschwiegen zu werden, hat jeder, der sich der rechtlich abgefederten Ungleichheit unter den Menschen annimmt, der „Sozialen Ordnung des Grundgesetzes" (so der Buchtitel), der „Verfälschung" des nur noch symbolisch zitierten allgemeinen Gleichheitssatzes zum Willkürverbot und damit „zum platten Passepartout"[5].

Gesellschaft war und ist Klassengesellschaft. Das heißt, ihre tragenden Elemente sind durch die Ungleichheit der Stellung von Klassen geprägt. Die Rechtsordnung ist ein wesentlicher Bestandteil jedes heutigen gesellschaftlichen Zusammenhangs. „Geprägt" heißt: durch Ungleichheit geformt und diese aufrechterhaltend.

VII.

Der Jurist, der Gerechtigkeit nicht mit Gegebenheit gleichsetzt, wird ungleiches Recht als ungerecht bewerten. Wenn er durch seine Arbeit Gerechtigkeit anstrebt, muss er anstreben: denen, die Hilfe nicht nötig haben, zu geben, was Rechtens ist und denen, die sie nötig haben, zu verschaffen, was ihnen fehlt.

Auf seinem Arbeitsfeld, der Rechtsordnung, erweist sich diese Haltung als idealistisch. Gibt er jenen das, was Rechtens ist, so gibt er mehr, als die Adressaten brauchen können. Will er Hilfe geben, die gebraucht wird, geht er über das gegebene Recht hinaus.

Begreift er das, so kann er aufhören, Jurist zu sein; oder aufhören, sich als Jurist an das Recht zu halten; oder aufhören, nach Gerechtigkeit zu streben; oder aufhören, Gerechtigkeit anders zu fassen denn als Gegebenheit; oder eine Gesellschaftsordnung suchen, in der die Rechtsordnung nicht wesentlicher Bestandteil ist.

Oder die Feldzeichen zurückstecken. Cultiver son jardin juridique. Neu zu bestimmen ist der Begriff „Eskapismus".

---

5 *H. Ridder*, ebd., 1975, S. 151 ff.

B. Die Gleichheit der Bürger und die der andern

I.

Schon der erste seiner Theoretiker lässt nichts im Unklaren. John Locke beschreibt das beginnende bürgerliche Zeitalter als Universalisierung von Handel und Markt, freien Ankauf von Arbeitskraft, unverhältnismäßiges Anhäufen von Reichtümern bei wenigen. An der Legitimität dieser Vorgänge darf kein Zweifel aufkommen. So schiebt Locke Entstehen und Anwachsen des Kapitalismus, feinsinnig „Erfindung des Geldes" genannt, in den Naturzustand zurück. Nicht die sozialen Verhältnisse irgendeines Naturzustands der Tradition, sondern *diese* sollen schon vor dem modernen Staat gegeben sein. Der Gesellschaftszustand darf sie nicht mehr antasten. Die öffentliche Gewalt und das Recht der bürgerlichen Staatsanstalt haben sie durch rationales Planen des Wirtschaftslebens, durch Stabilität der Eigentumsverhältnisse,

Allgemeinheit der Gesetze, Gewaltenteilung, rechtsstaatliche Verfahren und die weiteren Errungenschaften dieses Modells auf Dauer abzusichern. Der schon in seinem Gründungsjahrhundert vom Staat gestützte, rechtlich umhegte, gerade nicht natürliche Kapitalismus wird durch das Lockesche Kunststück einer „zweiten Phase" des Naturzustands überhöht. Das ungleiche Wahlrecht der Zeit, die sonstigen auf Ungleichheit bedachten Institutionen und die korrekt beschriebene krasse Disparität der ökonomischen Zustände werden in der liberalen Theorie als für verfassungsrechtliche Gleichheit und Freiheit unwesentlich verkauft. Der Lockesche Jedermann als Wähler, als Eigentümer, Käufer fremder Arbeitskraft, als Grundrechtsträger ist der aufgestiegene Besitzbürger mit wirtschaftlicher Macht und politischem Einfluss. Die scheinbar egalitäre Formalität der Theorietexte entspricht dem Formalismus des von Locke auf den Begriff gebrachten Staatsmodells. Die verelendeten Massen besitz- und eigentumsloser Landvertriebener im England der Epoche werden zu Rechtssubjekten geadelt: in das soziale Nichts der ihnen neu zugeschriebenen Freiheit gestoßen, um nach Bedarf geschunden, um aus feudaler Hörigkeit in Lohnsklaverei überführt werden zu können. Aufgabe des liberalen Verfassungsstaats war es schon im Anfang, durch formale *Rechtsgleichheit* auf der kalkulierten Grundlage ihres tatsächlichen Gegenteils eine rechtlich gesicherte *inhaltliche Ungleichheit* zu stabilisieren. Die in solchen Systemen gesetzlich formulierte Gleichheit ist „nur scheinbar und vorgespiegelt" („n'est qu'apparente et illusoire"): „elle ne sert qu'à maintenir le pauvre dans sa misère, et le riche dans son usurpation" (Du Contrat Social I 9).

II.

Rousseaus das Naturrecht vollendende und beendende Lehre vom souveränen Volk beruht auf freier Gleichheit aller. Durch Verzicht auf die natürliche Freiheit wird nicht antithetisch staatliche Herrschaft, sondern synthetisch eine Freiheit der Citoyens geschaffen, die Ungleichheit überwinden muss. Das Gesamt-Ich (Moi-commun) bestimmt sich als homogen, so wie seine volonte generale und ihr Gemeinwohlkonzept alle inhaltlich gleich behandeln. Darum ist der Gemeinwille nicht statistisch, sondern normativ. Freiheit ist nicht die elitäre des wirtschaftenden Bürgertums, sondern gleiche Freiheit aller. Der Blick geht nicht mehr auf den alten Widerstreit von Freiheit und Herrschaft, er richtet sich auf natürliche und republikanische als auf verschiedene Qualitäten von Freiheit. Kant hat Rousseau hier sogleich wieder verharmlost, mag er ihn auch, mit liberal halbierter Freiheit, als den „Newton der moralischen Welt" gefeiert haben. Kant will den allgemeinen Willen, im Sinn der Konstitutionalisten, als durch Repräsentation und Gewaltenteilung gebrochen fassen; dagegen ist er bei Rousseau radikal demokratisch, daher unbeschränkt gefasst. Es kommt nicht darauf an, dass sich die Gesetzgebung letztlich und irgendwie auf das Volk beruft; sondern darauf, dass das Volk die Gesetze gemacht hat. Freiheit ist nicht eine liberale ‚gegenüber' dem oder ‚vom' Staat, nicht eine der Privattätigkeit, die der Staat nicht zu berühren habe. Rousseau verwirft die liberale Trennung von privat und politisch. Die Freiheit aller ist das Recht eines jeden, sich unmittelbar am Ausüben der Staatsgewalt zu beteiligen. Dazu passen keine repräsentativen, gewaltenteilenden oder subjektiv-rechtlichen Schranken, nur die eine: inhaltliche Allgemeinheit und damit inhaltliche Gleichheit. Das souveräne Volk muss alle gleich behandeln, sonst ist sein Gesetzgebungsakt kein allgemeiner mehr, also kein Gesetz.

III.

Damit das nicht Postulat und guter Wille bleibe, verdammt Rousseau die Vereinigungsfreiheit; die Loi Le Chapelier von 1791 hat diese Konsequenz dann normiert. Notwendige Bedingung nicht für Gleichheitssätze als Alibi, sondern für gleiche Freiheit aller ist das Verschwinden des organisierten Egoismus, nicht zuletzt der dem Bürgertum so teuren, die anderen so teuer zu stehen kommenden Handels- und Wirtschaftsverbände. Rousseau lässt als Gruppenform weder die Korporation (so etwa Hegel) noch die Assoziation (so Locke) gelten; diese ist die liberale Organisationsform der modernen Klassengesellschaft. Er sieht, dass Feudalismus wie Markt ihre Vermittlungsinstitutionen brauchen: jener korporative und ständische, dieser zweckhaft assoziative; die bürgerliche Gesellschaft daneben repräsentativ-formaldemokratische und, wie auch der Absolutismus, bürokratische. Sie alle werden aus Rousseaus Entwurf folgerichtig ausgeschieden.

Sonst nämlich bliebe auf der Seite der stärksten Gruppe ein Rest unaufhebbarer volonte particuliere zurück, das Hervortreten der volonte generale verhindernd. Er gäbe dem Einzelinteresse des mächtigsten Wirtschaftsverbands, wie auch der einflussreichsten Partei oder einer zu lange amtierenden Regierung, den Schein der volonte generale. Unter der Maske eines dem Gemeinwillen entsprechenden gleichen Gesetzes verbirgt sich dann eine ungleiche, Ungleichheit fortsetzende, neu erzeugende Gewaltmaßnahme: das Diktat der volonte particuliere der von Fall zu Fall stärksten Gruppenmacht.

IV.

Rousseaus radikale Wendung gegen frei gebildete und damit auf Ungleichheit aufbauende, sie verstärkende gesellschaftliche Zwischengruppen (corps intermediaires) kommt aus Einsicht in die entfremdende Wirkung organisierter Einzelinteressen. Deren *Organisation* auf der einen, die *Institution* Eigentum auf der anderen Seite sind die Stützpfeiler der bei ihm formulierten Entfremdungsgeschichte.

Ein vereinzeltes Interesse entfremdet die jeweils anderen, es ist nur auf die eigene Gruppe bezogen. Es entfremdet auch allseitig, weil, die zur Gruppe gehören, durch kollektiven Egoismus von den anderen Teilen der Gesellschaft, vom *gemeinsamen* Wohl abgetrennt werden. Ein allgemeines Interesse entfremdet aus zwei Gründen nicht: Nach der rationalistischen Formel, weil sich in ihm die Einzelheiten verallgemeinern, einander durch Totalisieren der Entäußerung aufheben. Und inhaltlich, weil sich jeder mit seinem Gemeinsinn im allgemeinen Interesse wiederfinden kann. Darum darf der Staat nicht Instrument von Einzelverbänden werden, darf er auch nicht von den Menschen abgehobener Apparat sein. Trotz aller pragmatischen Einschränkung – kleines überschaubares Terrain, gleichheitlich homogene Gesellschaft – setzt Rousseau auf die mögliche progressive Rolle von Herrschaft in der Geschichte: zugunsten eines demokratisch revolutionierten Staats, der nicht Herr über eine, sondern die Gestalt einer Gesellschaft von Gleichen ist.

V.

Denn vorausgesetzt ist die (pragmatische, nicht absolute) Gleichheit aller, ist „que nul citoyen ne soit assez opulent pour en pouvoir acheter un autre, et nul assez pauvre pour être contraint de se vendre“ (DCS II 11; ebd.: „C’est précisément parce que la force des choses tend toujours à détruire l’égalité, que la force de la législation doit toujours tendre à la maintenir.“

– Siehe auch DCS I 9). Bedingung ist ferner, dass sich Ungleichheit nicht wieder auf dem Umweg über Gruppenmacht einschleichen kann.

Locke verlegt, unverhüllt manipulierend, die Umwälzung zum modernen Kapitalismus in den Naturzustand, gibt so eine naturrechtliche Legitimation der ins Überdimensionale, weil Systematische entwickelten Ungleichheit unter den Menschen. Dagegen hält Rousseau fest, natürliche Ungleichheit der Fähigkeiten reiche nie aus, um politische Herrschaft und ökonomische Abhängigkeit sei es zu erzeugen, sei es zu rechtfertigen. Keiner hat eine natürliche Autorität über andere. Ungleichheit wird von Gewalt geschaffen, aber Gewalt schafft kein Recht. Individuelle Unterschiede sind überholt im Gesellschaftspakt; dieser bringt „une égalité morale et légitime" hervor, macht alle „égaux par convention et de droit" (DCS 1 9, 1 4).

Ökonomische und politische Herrschaft entstehen erst durch das *System* der falschen Vergesellschaftung, durch den bürgerlichen Markt mit institutionalisiertem Eigentum und allseitiger Konkurrenz. Das dieser Gesellschaft eingeborene Strukturprinzip, mit dem sie Ungleichheit auf Dauer wirksam organisiert, ist die freie Verbandsbildung. Keiner hat das, wie Rousseau, so früh und so scharf gesehen[6].

VI.

Wo bleibt bei alledem die den Bürgern, die zu ihrem Glück schon gleicher sind als die andern, so liebe Freiheit? Sie ist dort, wo sich die Gleichheit (ihre Schwester, nicht ihre Herrin) findet.

Rousseaus Naturmensch kennt independance, ist von keinem persönlich abhängig. Das hat sich durch die falsche Vergesellschaftung des bürgerlichen Europa in körperliche, geistige Unfreiheit, in soziale Abhängigkeit, politische Unterwerfung verkehrt. Dieser etat mixte, der von Ungleichheit verzerrte Zwischenzustand ist es, der dem modernen Menschen ein relatives Ich (moi relatif) aufprägt, ihn in Widerspruch zu sich selbst (en contradiction avec luimeme) gesetzt hat. Der neue Gesellschaftsvertrag hat solche Entfremdung durch Verschmelzen des Einzelnen mit dem Souverän zu heilen. Die solidarische Einheit der Gemeinschaft ist durch politisches Gleichgewicht zwischen dem souveränen Volk und seiner jederzeit verantwortlichen Regierung zu sichern. Bedingung ist, die allen Menschen eigene Gleichheit und Freiheit wieder in ihre Rechte einzusetzen: durch Verknüpfen von Gemeinwohl und volonte generale, durch formale Gleichheit (Allgemeinheit) der Gesetze und

6 Zur verfassungsgeschichtlichen Rolle der Vereinigungsfreiheit: *F. Müller,* Korporation und Assoziation, 1965; zu Locke und Rousseau: *ders.,* Entfremdung, 3. Aufl. 2012.

dadurch, dass diese ihre Adressaten inhaltlich gleich behandeln. Rousseaus Kritik am Liberalismus gilt dessen Formalität im Verständnis von Gleichheit und Freiheit; gilt der Tatsache, dass dort beide gegeneinander ausgespielt zu werden pflegen. Denn Erfahrung zeigt das Gegenteil: Die Ungleichheit der Güter setzt den Handel mit menschlichem Leben in Gang. Die Reichen kaufen die Armen, und diesen bleibt keine Wahl. Die Folge ist nicht nur verschärfte Ungleichheit, sondern auch Tyrannei, das Ende der „liberté publique". Die einen kaufen, die andern verkaufen öffentliche Freiheit (DCS 11 11).

In der Sache gehen Freiheit und Gleichheit ineinander über. Beide – genauer gesagt: die Arten ihrer ungleichmäßigen gesellschaftlichen Verteilung – sind vernetzte Ausdrucksweisen derselben Klassenverhältnisse. Ungleichheit kann als ungleiches Maß an Freiheiten formuliert werden.

VII.

Rousseau, demzufolge „la nature ne retrograde pas", behandelt die bisherige Vorgeschichte als Naturgeschichte der Gattung Mensch und den Umsturz nicht als gewaltsam revolutionierende Tat. Er sieht ihn als überlegtes Setzen veränderter experimenteller Bedingungen für einen Ablauf, der dadurch in menschlich hervorgebrachte Geschichte überführt werden soll.

Doch resigniert er gegenüber der Erwartung, diese Umwälzung führe notwendig zu einer Gesellschaft, in der die Gleichheit der Menschen mehr sein wird als ein Postulat. Die homogene Gemeinschaft auf der Grundlage eines wirtschaftlichen Gleichstands ist ja vorausgesetzte Bedingung einer verfassungspolitisch erfolgreichen Revolution. Rousseau sieht, dass dies schon zu seiner Zeit erfordert: eine wirtschaftlich unentwickelte Agrargesellschaft in einem der kleinen europäischen Randländer. In den entwickelten Flächenstaaten wie Frankreich und England würde Gruppenmacht, die ausgeschlossen bleiben muss, aber auf Dauer nicht mehr wird ausgeschlossen werden können, das Gelingen des Umsturzes vereiteln. Es ist hier eine revolutionäre Theorie entfaltet, der die Revolutionstheorie fehlt.

VIII.

Das Gelingen des revolutionären Versuchs verbürgt keine übergeschichtliche Macht. Wird Entfremdung nicht auf solche Art aufgelöst, dann besteht sie fort. Das heißt eine Tatsache feststellen. Rousseaus Konzept von Richtigkeit ist darin existentialistisch, dass jede Menschengruppe mit der Verantwortlichkeit für sich, für die Organisation ihres Richtigen, allein ist. Den Beschluss darüber, was für sie zu diesem Zeitpunkt *richtig* sein und darum *sein* soll, kann ihr kein Hinweis auf Theologie, Tradition oder altes Naturrecht abnehmen. Die Richtigkeit des entschiedenen Inhalts folgt aus jener der Organisation des zu ihm führenden Vorgangs dann, nur dann, wenn dieser als unverfälscht demokratischer die volonte generale herausgebracht hat. „Unverfälscht" setzt voraus, dass nicht nur aus den Köpfen, sondern aus der staatspraktischen „vertu" der Einzelnen das Abgelebte, ökonomische Ungleichheit, Ancien régime und alte Kirche, verbannt bleibt. Es muss klar sein, dass durch Gruppenmacht erlittene Entfremdung, die Entscheidungsvorgänge ins Ungleiche fälscht, sonst wieder auferstehen kann. Die volonté générale bedeutet nicht politischen Nihilismus. Die Gesellschaft ist nicht in eine leere Freiheit geworfen, sondern in ihre Verantwortung auf der mit Rousseau denkbar gewordenen geschichtlichen Stufe. Im Sinn des nichtamtlichen Naturrechts seit der Sophistik war die Grundentscheidung über das für die nachfeudale und nachabsolutistische Zeit Richtige gefallen: Volkssouveränität, unmittelbare Demokratie, Solidarität der Gleichen. Das voluntaristische Gegenbild, das die Naturrechtsschulen einer idealistischen ratio begleitete, zielte schon immer, weil auf Entscheidungen abstellend, auf strukturierende geschichtliche Brüche. Bei Rousseau, der mehr leistet, als voluntaristisches Denken zu verlängern, wird dieser Ansatz in eine historisch typisierende Lehre vom Menschen übersetzt.

Geschichte läuft nur nach vorn. Theorie hat Entscheidungen, die für die neue Epoche gefallen sind, bewusst zu machen. Sie hat fällige Maßnahmen voranzutreiben, um die der Menschennatur entfremdend zugefügten Schäden so weit wie möglich zu beheben. So weit wie möglich: denn die Ungewissheit des Richtigen schließt ein, dass kein Weltgeist die Geschichte zu ihrem Heil vorantreibt. Der richtige Zeitpunkt für überfällige Brüche kann verpasst werden, Geschichte wieder auf Abwege geraten. Die industrielle Entwicklung der mittel- und westeuropäischen Flächenstaaten, das systematische Herausbilden riesiger gesellschaftlicher Ungleichheit, das Formieren politikresistenter Macht- und Interessenblöcke innerhalb der und zwischen den Gesellschaften machten nach Rousseaus Eindruck schon in den 50er und 60er Jahren des 18. Jahrhunderts eine dauerhafte Umwälzung aussichtslos. Er meinte damit nicht nur das Hinwegfegen des alten Alptraums, sondern einen Umbau, der in der Republik gleicher Citoyens die den Menschen gesellschaftlich zugefügten Deformationen auszuheilen vermöchte.

IX.

Nach Rousseaus Lehre ist Gleichheit zu fordern und herzustellen. Er denkt sie nicht als polierten Verfassungsartikel, sondern als praktisches Ergebnis im Rahmen eines Ensembles von notwendigen (und, versuchsweise, auch von zureichenden) Bedingungen: vom Ausschalten aller Vereine, Kirchen, politischen Parteien, Parlamente, Handelsgesellschaften und Wirtschaftsgruppen bis zur Daueraufgabe, am politischen Bewusstsein, an einer kollektiven Moral zu arbeiten. Diese, vor dem Hintergrund mörderisch selektiver Bürgerfreiheit à la Locke, illiberalen Maßnahmen brandmarken die Herolde der Ungleichheit als „totalitär", weil sie ihnen (und auch dieser) ans Mark (und an den Pfennig) zu gehen drohen. Auch sei, Todsünden für kontinentale Professoren, Rousseau ein Emporkömmling und nicht systematisch gewesen, schon deshalb nicht ernst zu nehmen.

Es ist wahr, er war kein Systematiker („Toutes mes idées se tiennent, mais je ne saurois les exposer toutes à la fois", DCS II 5). Dafür war er zu arm. Dafür schrieb er zu gut. Dafür musste er die Manuskripte zu oft zusammenraffen, vor den Handlangern Voltaires und der Erzbischöfe, vor Augen und Armen des Gesetzes. Die, deren Schreibtisch eine feste Burg ist, dürfen ihm seither gegen Honorar und Gehalt Widersprüche vorzählen.

X.

Nach der Lehre des Bürgers Locke macht die in Blüte stehende Ungleichheit unter den Menschen normative Gegenpostulate nicht überflüssig. Man soll keine schlafenden Hunde wecken. Wohl aber wird ihre Legitimation durch Gesetz und Verfassung die reale Ungleichheit weglügen. Abstrakte Gleichheitstexte werden wichtig, ihr tatsächliches Gegenteil wird unwichtig sein. Der Staat des Bürgertums hat sein Motto gefunden, statt Gleichheit sind uns Gleichheitssätze gegeben.

C. Artikel Drei
ODER Im Westen nichts Neues

I.

Alle Menschen sind vor dem Gesetz gleich. Dafür, dass dieser Satz nicht in Gleichheit ausartet, sorgen die Gesetze.

II.

Vor dem Gesetz sind alle Menschen gleich. Unter dem Gesetz ändert sich das schnell.

III.

Alle Menschen sind vor dem Gesetz gleich. Dieser Satz ist selber Gesetz. Die Gesetze sind Texte und daher willenlos gegen den Menschen. Die Gesetze können nicht selbst zu Gerichte gehen. Daher ist es notwendig, dass es Menschen gibt, die sich die Gesetze aneignen. Sie treten den anderen Menschen als Gesetzeshüter gegenüber.

IV.

Die Gesetzeshüter müssen nicht des Staates sein. Das sieht man daran, dass sie es nicht immer waren. Das Bemerkenswerte an Salomo war nicht, dass er der Königliche Richter, sondern dass er Salomo war.

V.

Die Gerichte der Menschen urteilen gerecht. Sie behandeln die Ungleichen ungleich, das ist eine der ältesten Geschichten. Ein Gericht über Gleiche ist kein Gericht über Menschen mehr. Es ist schon das Jüngste.

VI.

Der Citoyen zerreißt sich werktags für die Gleichheit der andern. Der Bourgeois wartet den Sonntag ab, zwei Buchsbäume und Vivaldi. Dann lässt er die Gleichheit heraus, er ist da unter seinesgleichen.

VII.

Der Citoyen arbeitet für die Gleichheit der Ungleichen. Dafür hat er den Namen Moralist verdient. Moralisten leiden viel. Das Bedürfnis nach Gerechtigkeit ist die Passion mit den geringsten Heilungsaussichten. Auch machen sie sich lächerlich; die Bourgeois haben das herausgefunden. In der Tat bringt es niedrigere Rendite, Moral ernst zu nehmen, als über sie zu lachen.

VIII.

Mehr noch bringt es, Moral zu fabrizieren. Man hat dann eine doppelte. Die von uns bezahlten Mörderbanden sind Helden der Freiheit. Die Dissidenten der andern sind gute Dissidenten. Man erledigt sie durch Ankauf.

IX.

Der Moralist mag sagen: Eine doppelte Moral ist weniger als eine halbe. Was versteht Don Quijote schon von den Gesetzen der Buchhaltung.

X.

Die Gerechtigkeit gibt es nicht, denn es gibt nur die Menschen. Aber es gibt auch Gerechtigkeit, denn es gibt auch Menschen.

XI.

Wir lernen (bei Jacques Lacan): Tod und Liebe, Tod und Sprache, Tod und Gesetz.

Nicht alle Gesetze sind vor dem Menschen gleich.

Dritter Teil

Fragen von Methodik und Sprachlichkeit

Fragen zu Methode und Methodik*

1. Sie bezeichnen sich als Autor nach-Rousseau, nach-Marx, nach-Freud und nach-Wittgenstein. Verlangt das Denken „von unten nach oben“, ausgehend vom Konkreten, dass der Denker ein Herkules sei? Und in welchem Umfang stärkt das vernünftige Akzeptieren der Grenzen der Rechtsarbeit wirklich die Rationalität des Argumentierens und Entscheidens?

Herkules war ein Halbgott; oder gar ein Gott, Aufsteiger in den Olymp. Wir sind nur Menschen. Also, nicht ist schon ein Herkules, wer das möchte …

Doch haben uns die vier genannten Autoren gezeigt, *wie* von unten nach oben zu denken und zu entdecken, indem man dabei ein menschliches Wesen bleibt: Rousseau, der seine Vergangenheit als armer Vagabund und gedemütigter Lakai nie vergessen oder verachtet hat, so wenig wie die wirkliche Misere des Volks; Marx, der nach seinem philosophischen Linkshegelianismus in diese Misere der Proletarier erst durch Engels eingeweiht wurde und der von da an seine Energie einer künftigen Verbesserung der sozialen Lage der Armen gewidmet hat; Freud, der keineswegs bei Theorie anfing, sondern bei seiner alltäglichen Behandlungspraxis von Kranken, der – diesseits der Theorien von Psychoanalyse und Kultur – im tiefsten Grund Arzt blieb; und Wittgenstein, der seine Suche nach einer Idealsprache („Logisch-philosophische Abhandlung“) fallen ließ und nicht mehr aufhörte, als „Wittgenstein II“ (im Sinn der „Philosophischen Untersuchungen“) über das Funktionieren der nicht-idealen, sondern wirklichen Sprache nachzudenken, der alltäglichen Umgangssprache aller Sprecher. Kurz: ganz verschiedene Ebenen, aber alle beispielhaft für ein Vorangehen *von unten nach oben*. Das Bewusstsein von den gleichwohl vorhandenen Begrenzungen ihrer paradigmatischen Arbeit hat tendenziell deren Rationalität vergrößert.

Ähnlich ist es im Recht. Die Tatsache, die Grenzen der Rechtsarbeit anzuerkennen, wie beispielsweise ich sie in meinen Schriften entwickle, schützt diese Arbeit besser vor Illusionen, vor (Selbst-)Täuschung und vor den Mystifikationen, die den dem geltenden Recht Unterworfenen leider gut bekannt sind.

* Die Fragen stellte Sérgio Valladão Ferraz (2010).

2. Sie bekräftigen, die Strukturierende Rechtslehre sei „entschieden eine Politische Rechtstheorie"[1]*. Doch hat die Theorie der Praxis, die Sie zu schaffen unternehmen, einen beschreibenden Charakter dahingehend, wie die wirkliche Rechtsarbeit operiert – im Rahmen der allgemeinen Praxis in Bereichen, die von verschiedenen und sogar widersprüchlichen politischen Bestrebungen beherrscht werden. In welchem Sinn beeinflusst die bewusste und reflektierte Aufnahme der Strukturierenden Rechtslehre rechtliche Entscheidungen? Trägt das Verstärken der Rationalität der Rechtsarbeit zu einer emanzipatorischen und fortschrittlichen Funktion des Rechts bei?*

Die Frage verbindet zwei verschiedene Ebenen der Gesellschaft: die Welt des Rechts mit seiner Wissenschaft und die politische Welt des demokratischen und institutionellen Kampfs. Das erfordert eine doppelte Antwort.

Die Beschreibung, auf welche Art wirkliche Rechtsarbeit operiert, ist bei mir stets schon mit kritischer Beobachtung und mit Vorschlägen zum Verbessern versehen. Darüber hinaus werden Theorie und Methodik auf veränderten Grundlagen entwickelt, innerhalb eines neuen Paradigmas. Das heißt, dass die Strukturierende Rechtslehre auf ihren fünf Feldern wissenschaftlichen Handelns *als Wissenschaft* selbstverständlich weder normativ noch präskriptiv ist. Aber soweit sie exemplarisch und paradigmatisch sein kann, beeinflusst sie zunächst einmal Entscheidungen im Rechtssystem. Doch ist das zugleich ein politischer Anstoß – sicherlich nicht im parteiischen Sinn der Positions- und Machtkämpfe zwischen politischen Programmen, nicht auf die Art verschworener Parteigänger.

Aber „politisch" im ursprünglichen Sinn von *Polis*: ausgerichtet auf das Gemeinwohl und auf ein besseres Zusammenleben in der Gesellschaft, gegründet auf wirkliche Bedürfnisse statt auf Propaganda und Manipulation durch Medien. Und dies, indem Entscheidungen weniger willkürlich gemacht werden, weniger hinter dem Rauchvorhang einer ungenauen und in den Einzelfall verfilzten Methodenlehre versteckt. Indem sie also klarer, ausdrücklicher den Betroffenen verständlich gemacht werden; und damit auch besser kritisierbar, kontrollierbar durch Jene, deren Beruf es ist (die höheren Instanzen im Rechtszug, Juristen in Praxis und Wissenschaft).

Was den zweiten Teil der Frage betrifft, muss ich sagen: es kommt darauf an.

---

[1] *F. Müller*, O novo Paradigma do Direito. Introdução à Teoria e Metódica estruturantes, 3. Aufl., São Paulo 2012, S. 291 ff. [keine deutsche Ausgabe vorhanden]. – Siehe auch: *dens.*, Syntagma. Verfasstes Recht, verfasste Gesellschaft, verfasste Sprache im Horizont von Zeit, 2012: im Allgemeinen z. B. S. 387 ff., 413 ff.; im Besonderen etwa S. 422 ff.

Rechtsarbeit kann die Politik nicht ersetzen, nicht den Kampf der Pläne und Positionen, nicht die demokratisch durchgesetzten Entscheidungen. Immer braucht Rechtsarbeit geltende Normtexte und geregelte Verfahren, um sich überhaupt in Gang zu setzen. Ist, anders gesagt, das positive Recht nicht emanzipatorisch, sozial nicht gerecht genug, darf die Strukturierende Rechtslehre demokratisch erzeugte Direktiven nicht verfälschen, selbst wenn bessere Regelungen zu wünschen wären. Auch diese Rechtslehre steht nicht nur gegenüber der Demokratie in der Pflicht, sondern ebenso gegenüber dem Rechtsstaat. Es ist das Volk, das die repräsentierenden Mehrheiten zu ändern hat und so, durch die Aktion neuer Mehrheiten, auch die geltenden Normtexte. Sind jedoch die gegebenen legislativen Texte tendenziell befreiend, fortschrittlich, sozial gerechter, so wird die Strukturierende Rechtslehre sie in einem *due process* klar zur Geltung bringen, sie sorgfältig konkretisieren: anders als eine Tradition, die sie oft und in entlarvender Weise (wie etwa auch in Deutschland, in Frankreich) verfälscht, kleingeredet, sogar fallen gelassen, als unwirksam behandelt hat – gegen Gesetz und Verfassung, aus unannehmbar parteiischen, ideologischen Gründen. So hat ein hoch angesehener Jurist Ihres Landes öffentlich gesagt: „Ich werde das Mandado de injunção (verfassungsrechtliche Erzwingungsklage) abtöten", obwohl es in der Brasilianischen Verfassung von 1988 geschrieben steht. Und er tat das, bedenklich genug, während seiner Amtszeit als brasilianischer Bundesverfassungsrichter. Oder es haben, im Deutschland der Weimarer Republik, Parteigänger der politischen Rechten die in der Reichsverfassung von 1919 positivierten Grundgarantien zu so genannten „unverbindlichen Programmsätzen" deformiert. All das ist mit der Haltung der Strukturierenden Rechtslehre unvereinbar, sei es in Deutschland oder Brasilien, sei es juristisch oder politisch[2].

3. Am Ende der Entscheidung eines konkreten Falls wird eine Rechtsnorm für „alle Fälle wie diesen" gebildet. „Wie dieser" soll heißen: alle feststellbaren und relevanten Elemente des Normprogramms und des Normbereichs fallen strukturell in eins. Wenn es nun vor der Lösung des betreffenden Falls noch ein anderes plausibles Ergebnis gäbe, hätte der Rechtsarbeiter dann die Wahl? Und kann man, nach dem Fällen der Entscheidung, irgendwie festmachen, dass es für Wiederholungsfälle nur eine einzige korrekte Lösung geben wird, nämlich die soeben formulierte? Falls nicht, wie wären die dann ja verschiedenen Antworten mit dem Recht auf Gleichheit vereinbar? (Wobei natürlich beim Vorliegen eines später abweichenden

---

2 Siehe auch: *F. Müller*, Syntagma (Fn. 1), etwa S. 413 ff., 422 ff. zur rechtspolitischen Haltung der Strukturierenden Rechtslehre. – Vgl. z. B. auch schon: *dens.*, Juristische Methodik und Politisches System. Elemente einer Verfassungstheorie II, 1976.

Elements eine ebenfalls abweichende Antwort möglich sein wird.) Heißt das, dass in einem komplexen und entwickelten Rechtssystem der Spielraum der Entscheidung vermindert ist?

Der entscheidende Jurist wählt *vor der endgültigen Lösung* des Falls – aus den, wie so oft, mehreren Optionen – diejenige aus, die den Normtexten, die seinen Fall regieren, am besten zuschreibbar ist. Er wählt mit anderen Worten jene, die mit den im fraglichen Fall zu konkretisierenden Normtexten vergleichsweise am besten zusammenpasst.

Und weil wir hier weder in der Mathematik sind (Algorithmus) noch in der Logik (formaler Syllogismus), sondern mit dem Recht innerhalb der *natürlichen Sprache* (linguistischer Ausdruck für die Landessprache, hier allerdings mit juristischen Begriffen angereichert), so geschieht das durch *Argumente.* Also wählt er schließlich die Option, für die er die besten Argumente entwickelt, die beste Plausibilität angesichts der zu konkretisierenden Normtexte – allgemein formuliert „für einen Fall wie diesen". Nichts anderes ist der *Text der Rechtsnorm*, methodisch im Fall erarbeitet.

Nach dem Fällen der Entscheidung kann man diese Wahl dann kommentieren, kritisieren und man muss dazu auch die Mittel haben. Daher sind Transparenz und Ehrlichkeit der angegebenen Gründe so wichtig, gemäß den Ansprüchen des Rechtsstaats. So werden auch Treue oder Untreue gegenüber der Gleichheit, von der Sie gesprochen haben, nachprüfbar. Wer sich in seinem Recht auf Gleichheit durch eine Entscheidung der Justiz verletzt fühlt, kann sich an eine höhere gerichtliche Instanz wenden – letztlich, wo eine solche Beschwerdeform existiert, an den Verfassungsgerichtshof. So ist der Typus von Rechtssystem konstruiert, in dem wir leben.

Sehen Sie, all das bedeutet nicht, dass der Spielraum für künftige Fälle vermindert sei – weil nämlich die vorhergehenden Entscheidungen über „ihre" Fälle hinaus für die Folgenden nicht bindend sind.

Sie geben Stoff zum Nachdenken, sie liefern zumindest manchmal neue Argumente für die Konkretisierung, in aller Regel dogmatische, ohne deshalb über ihren Ursprungsfall und die von ihm Betroffenen hinaus verpflichtend zu sein. Der banalste und deutlichste Beleg dafür ist die Tatsache, dass die übergeordneten Instanzen der Gerichtshierarchie häufig, auf Rechtsmittel hin, die Vorentscheidung verändern oder ihr widersprechen. Man könnte einwenden, das sei ausschließlich der gerichtlichen Hierarchie geschuldet, was zum Teil richtig ist. Aber das Ganze folgt – einmal abgesehen von den Problemen der Sprachlichkeit – schon aus einer grundsätzlicheren Struktur. Denn unter Gerichten gleicher Ranghöhe spielt sich dasselbe ab, beispielweise zwischen einer strafrechtlichen Instanz und einem anderen Gericht von gleichem Rang, etwa einem zivil- oder verwaltungsrechtlichen. Der allgemeine Grund dafür liegt darin, dass weder Brasilien noch fast alle Länder Europas das *case law*-System bevorzugen.

Die einzigen Ausnahmen in dem unseren sind für alle verbindliche Entscheidungen Oberster Gerichtshöfe, die manchmal sogar Gesetzeskraft haben. Doch muss das ausdrücklich vorgeschrieben sein, sei es durch die Verfassung, sei es durch Verfahrensgesetze. Nur in diesen besonderen Fällen ist der Spielraum für künftige Entscheidungen vermindert. Im Übrigen leben wir nicht in einem System mit Vorrang des *precedent* wie die Angelsachsen und ihre früheren Kolonien; sondern in einem des *statute law* mit Vorrang des geschriebenen Gesetzes (Normtexts).

4. Zwischen grammatischen und systematischen Elementen gibt es im positiven Sinn keine Rangfolge, und die grammatischen haben im negativen Sinn Vorrang. Steckt in dieser methodischen Aussage ein Element von Politik oder von Verfassungstheorie? Bedeutet das auch die Unmöglichkeit für Vorschriften der ursprünglichen Verfassung, verfassungswidrig zu sein – da die Verfassung nur in ihrer Beziehung zur Wirklichkeit besteht und da es unter den Verfassungsnormen keine diskriminierenden Hierarchien gibt?

Die grammatischen Elemente regieren den Fall unmittelbar, weil sie sich direkt auf die für ihn einschlägigen Normtexte beziehen. Die systematischen bestimmen ihn mittelbar – weil sie auf vorzügliche Art dabei helfen können, die betreffenden Normtexte zum Sprechen zu bringen. Davon abgesehen, kennen grammatische und systematische Argumente innerhalb desselben Codex keine positive Rangfolge unter einander; beide beziehen sich auf geltende Normtexte. Aber im negativen Sinn, als Begrenzung, gehen die grammatischen Argumente genau deshalb vor, weil ihre Beziehung zum Streitfall unmittelbar ist[3].

Zwischen diesen beiden Klassen von Elementen genügt folglich die methodologische Sicht, sei es um sie zu unterscheiden, sei es um sie mit einander zu verknüpfen. Aber *zwischen ihnen und den anderen* (historischen, dogmatischen, genetischen usw.) gibt es tatsächlich ein entscheidendes Merkmal sowohl der Politik als auch der Verfassungstheorie – nämlich den praktizierten Respekt angesichts demokratisch erzeugter Normtexte (geltende Verfassung >> Legalität der Rechtsarbeit) wie auch ihren methodologischen Vorrang aus demselben Grund (Theorie der Verfassung >> normative Strukturierung der Rechtsarbeit).

In der Tat sind ursprüngliche Normtexte der Verfassung, ausgenommen offensichtliche Redaktionsfehler, niemals verfassungswidrig. Die Konstitu-

[3] Eingehend zur Rangfolge der Konkretisierungselemente in Fällen methodologischen Konflikts: *F. Müller/R. Christensen*, Juristische Methodik, Bd. I: Grundlegung für die Arbeitsmethoden der Rechtspraxis, 10. Aufl. 2009, S. 482 ff.

tion kann Ausnahmen von ihren eigenen Vorschriften vorsehen. In der Folge treten dann die bekannten methodologischen Regeln in Aktion: systematische Konkretisierung, Vorrang der *lex specialis*, und so weiter[4].

Wenn zum Beispiel im Kapitel über die Spitze der Exekutive die Verfassung sagen würde: Die Amtszeit des Präsidenten der Republik beträgt 4 Jahre; und in einem anderen Kapitel, etwa über die Gewaltenteilung: eben dieses Amt dauert 5 Jahre – was hätten wir da vor uns? Eine Verfassungswidrigkeit? Ersichtlich einen Redaktionsfehler. Nur das eine oder das andere kann hier zutreffen. In diesem Fall sollte man, bevor man einen der beiden Artikel durch Amendment angleichen würde, zunächst im Rahmen des genetischen Elements weiterforschen; aufgrund der Dokumentierung der Debatten in der Verfassunggebenden Verfassung hätte man vielleicht schon die Lösung – etwa: „4" erscheint als korrekt, „5" als irrtümlich. Wenn das klar wäre, bräuchte man nicht einmal eine Korrektur durch Amendment, sonst allerdings.

Aber wenn dagegen eine Verfassung Grundrechte einschließlich der Menschenwürde enthält und diese Garantien in anderen Artikeln für bestimmte Fallgruppen beschränken würde, so bliebe all das dennoch geltendes Recht. Diese Verfassung könnte sich damit, wären es stark eingreifende Ausnahmen, gesellschaftlich und politisch und vor dem Forum der Verfassungsgeschichte delegitimieren. Aber trotzdem verblieben die Ausnahmen innerhalb der Verfassungsmäßigkeit positiven Rechts. Das sind einfache Beispiele, doch zeigen schon sie die Struktur des Gedankengangs für diese Art der Fragestellung.

Natürlich gibt es auch immer wieder Ausnahmen von den Regeln der Verfassung, die durchaus vernünftig erscheinen – so etwa, dass bewusste Lügen oder Verleumdungen von der Freiheit der Meinungsäußerung ausgeschlossen bleiben; oder dass eine Enteignung von Grund und Boden mit angemessener Entschädigung, etwa für eine Landreform, als Ausnahme vom Recht auf Eigentum zulässig sein soll. Nichts davon ist in sich verfassungswidrig. Es gehört zur ursprünglichen Normativität des Großen Texts. Die Verfassung setzt souverän ihre Normtexte wie auch die Abweichungen von ihnen.

5. Gemäß der Strukturierenden Rechtslehre ist angesichts so genannter normativer Lücken „die ehrliche Vorgehensweise die, dass methodische Arbeit hier vor der Versuchung innehält, die Unterscheidung und das Verhältnis der verfassungsrechtlichen Funktionen beim Konkretisieren des Rechts zu überspielen"[5]*. Dennoch gibt es Autoren, die großes Vertrauen*

---

[4] Nicht aber eine irrational harmonisierende „Einheit der Verfassung" als finales Argument. Zu dessen umfassender *Dekonstruktion avant la lettre* siehe: *F. Müller*, Die Einheit der Verfassung – Kritik des juristischen Holismus. Elemente einer Verfassungstheorie III, 1979 (2. Aufl. 2007).

darein setzen, das Heranziehen der Strukturierenden Rechtslehre sei ein Allheilmittel, um Defizite beim Konkretisieren der Verfassung zu überwinden, vor allem bei sozialen und wirtschaftlichen Rechten. Wenn aber die Verfassung gelegentlich nicht mehr gibt als nur „Anhaltspunkte für mögliche Konkretisierungen"[6]*, mehr als nur eine vertretbare Lösung akzeptierend, wie kann dann gerichtlicher Aktivismus mit der Tatsache des „Willens der Verfassung" in Einklang gebracht werden?*

Das Schlüsselwort in Ihrer Frage scheint mir „Konkretisierung" zu sein. Solange diese *vertretbar* ist, das heißt deutlich im Bereich der den Fall ausmachenden Tatsachen und der einschlägigen Normtexte, solange sie in ihren Operationen genau und hierdurch nachprüfbar bleibt und ohne innere Widersprüche folgerichtig in ihren Resultaten[7] – so lange dementiert sie nicht den „Willen der Verfassung", sei es bei den sozialen und wirtschaftlichen Rechten, sei es anderswo. Das Ergebnis widerspricht dann nicht den geltenden konstitutionellen Normtexten. Anders gesagt, ist das *allgemeine* Problem der Konkretisierung, die „eine und einzige richtige Lösung" *nicht* garantieren zu können, nicht eines von Verfassungsmäßigkeit/Verfassungswidrigkeit. Das grundlegende Dilemma kommt nämlich aus den *Bedingungen der natürlichen (nicht-algorithmischen) Rechtssprache.* Es kommt aus der prekären und niemals absolut stabilen Beziehung zwischen *Signifikanten* und *Signifikaten* (in der Wortwahl seit der Mitbegründung der modernen Linguistik durch Ferdinand de Saussure).

Die „Defizite beim Konkretisierung der Verfassung", von denen Sie sprechen, sind keine solchen der Verfassung selbst. Doch unter anderen Umständen, wenn das doch einmal der Fall sein sollte, muss man tatsächlich anhalten, in die (rechts)politische Auseinandersetzung eintreten und auf eine Korrektur der Verfassung hinwirken, die das fragliche Defizit beseitigen könnte. Doch ist das, wovon Sie sprechen, nach meinem Eindruck bloß der Bereich gewisser Illusionen und Mystifikationen der herkömmlichen positivistischen Ansätze. Es ist besser, sie nunmehr zu überwinden.

6. Passt die Verwendung des systematischen Elements auch für den Normbereich?

Persönlich neige ich nicht dazu, um das Begriffsgefüge nicht zu komplizieren. Doch ist die Frage interessant. Man sollte bei ihr drei Ebenen unterscheiden.

---

[5] *F. Müller*, Metodologia do Direito Constitucional, 4. Aufl., São Paulo 2011, S. 102 [keine deutsche Buchausgabe vorhanden].

[6] *F. Müller*, O novo Paradigma do Direito (Fn. 1), S. 41 ff.

[7] Zu den Anforderungen an die *Vertretbarkeit* einer Entscheigung vgl. etwa: *F. Müller/R. Christensen*, Juristische Methodik, Bd. I (Fn. 3), z. B. S. 12, 187 f., 504 ff., 546 ff. u. ö.; *F. Müller*, Syntagma (Fn. 1), z. B. S. 34 ff., 50 ff., 332 ff. u. ö.

- Zunächst: *Normbereich* heißt die Gesamtheit (Sachbereich) der Tatsachen (Realdaten), die für den Streitfall wichtig erscheinen – *insofern* sie im Augenblick des Formulierens der Rechtsnorm gegen Ende der Entscheidungsarbeit noch wichtig sind *und vor allem soweit* sie mit dem *Normprogramm* vereinbart werden können, das heißt: ihm nicht widersprechen.

  Nun braucht man, um all dies zu entwickeln, zusammen mit den anderen Elementen der Konkretisierung gewiss auch systematische. Auf diesem Weg beeinflussen systematische Argumente mittelbar die Parameter und den „Inhalt" (die Signifikate) des Normbereichs.

- Zweitens: Um den Normbereich aus dem Sachbereich herauszulösen, untersucht man jede Tatsache (de facto natürlich: jede Tatsache in ihrer sprachlichen Gestalt) angesichts des normprogrammatischen Texts. Das ist ein Akt des Messens; und insofern ist er auch „systematisch", als er im Vergleichen und im vergleichenden Beurteilen besteht. „Systematisch" also in einem weiten Sinn, der über das Recht hinausgeht. Hier in der Rechtsarbeit genügt es, von „vergleichen" und „messen" zu sprechen.

- Drittens: Der Rechtsarbeiter bildet am Anfang des Lösungsvorgangs, aufgrund von professionellem Wissen und Erfahrung, in aller Regel spontane Hypothesen – nicht nur über die einschlägigen Normtexte, sondern auch über individuelle wie allgemeine Fakten, die möglicher- oder wahrscheinlicherweise eine nicht unwichtige Rolle in dieser Arbeit spielen könnten. Er verbindet sie gedanklich mit einander, vergleicht sie unter einander und wählt aus, um sie ein- oder auszuschließen; anders gesagt, um den *Sachbereich* zu bilden sowie, falls dieser ihm zu weit gespannt erscheint, daraus den *Fallbereich.* Im Rahmen humanwissenschaftlicher Methodenlehren könnte das gleichfalls als „systematisch" bezeichnet werden. Doch bevor dieser Ausdruck im Recht hierfür verwendet würde, sollte geprüft worden sein, ob darin überhaupt ein theoretischer oder praktischer Fortschritt läge.

7. In Brasilien haben Verfassungsreformen, einfache Gesetze und die Spruchpraxis des Bundesverfassungsgerichts die abstrakte Normenkontrolle schrittweise immer mehr in den Vordergrund geschoben. Kann man im Rahmen der Strukturierenden Rechtslehre dennoch vom „Tod der abstrakten Kontrolle" sprechen? Wie die Besonderheit des Einzelfalls (die Historizität der Norm) mit der Operationalität des Gerichtssystems vereinbaren? Die Inhalte verfassungsgerichtlicher Entscheidungen innerhalb einer objektiven Kontrolle, einschließlich der „bindenden Urteile" und selbst der Entscheide der Inzidentkontrolle in letzter Instanz, könnten oder sollten sie sogar durch die Richter sei es verbessert, sei es beseitigt werden, wenn diese methodologisch strukturierbare Gründe für die Ansicht haben, dass die Vorentscheidung des Verfassungsgerichts im konkreten Fall nichts erbringt?

Jede der normierten Formen von Verfassungskontrolle hat ihre eigene Funktion. Alle können wertvoll und wichtig sein, keine sollte fallen gelassen werden. Was die abstrakte Kontrolle betrifft: nein, die Strukturierende Rechtslehre führt nicht zu ihrem „Tod". Im Gegenteil, ihr Ansatz macht diese Form der Verfassungsentscheidung konkreter, bringt sie der *Praxis* der Konkretisierung näher, dem Umsetzen von Normtexten im Rahmen eines bereits entschiedenen Einzelfalls und gegenüber einem *neuen Gesetz.*

Die Strukturierende Rechtslehre verursacht nicht den „Tod", sie arbeitet für ein vitaleres und aufrichtigeres Recht. Sie empfiehlt jedoch, die abstrakte Kontrolle dort einzuschränken, wo es angesichts eines neuen Gesetzes noch nicht einen durch die Justiz vorgängig entschiedenen Fall oder auch deren mehrere gibt. Und das deutsche Bundesverfassungsgericht hat begonnen, dieser Denklinie zu folgen. Anders gesagt, spricht sich der strukturierende Ansatz gegen die *methodologische Abstraktion* im Rahmen des Verfahrens abstrakter Normenkontrolle aus. Er wendet sich gegen die Praktik, einen (Verfassungs-)Normtext *ausschließlich* mit einem anderen Normtext (dem des neuen Gesetzes) abzugleichen, ohne dass schon vorher durch ein zuständiges Gericht eine oder mehrere Rechtsnormen hierzu haben formuliert werden können. Der Ansatz wendet sich ebenso gegen das herkömmliche positivistische Denken, das unfähig ist, die Norm vom Normtext zu unterscheiden und die geregelte Wirklichkeit (Sachbereich > Normbereich) in die Rechtsnorm selbst zu integrieren. Wie man sieht, bedeutet diese Position des Strukturkonzepts keinesfalls den Tod der *prozeduralen Abstraktion*, die das Institut der abstrakten Normenkontrolle darstellt. Beide Formen von Abstraktion (zum einen des Verfahrens, zum andern der Methode) sollten klar unterschieden werden.

Doch ist ein mittlerer Weg sogar dort möglich, wo das Verfassungsgericht über die Konstitutionalität eines neuen Gesetzes ohne eine oder mehrere Vorentscheidungen durch die Justiz zu befinden hat. Als die erfahrenen Juristen, die sie sind, können die Verfassungsrichter jederzeit einige das neue, noch „jungfräuliche" Gesetz betreffende Streitfälle *erfinden*; und sodann für diese erdachten Fälle unter Gesichtspunkten gegebener oder fehlender Verfassungsmäßigkeit Optionen entwerfen. Denn auch hierbei haben sie für ihre Lösung notwendig Texte von – hier: virtuellen – Rechtsnormen zu formulieren. Das erlaubt eine zwar verfahrensmäßig abstrakte, nicht aber methodologisch gänzlich abstrakte Kontrolle. Die Rolle experimentierend erdachter Fälle als Hilfsmittel für die juristische Argumentation hat die zu dieser Rechtslehre gehörende „Juristische Methodik" von ihrer ersten Auflage[8] an betont.

---

[8] 1971. – In der 10. Aufl. 2009, etwa S. 269 f. u. ö.

Der letzte Teil Ihrer Frage wurde schon oben beantwortet: Die Vorentscheidungen, auch die in letzter Instanz, können durch Verfassung oder Verfahrensgesetz ausdrücklich für bindend erklärt werden. Wo immer das nicht geschehen ist, liefern sie nur Fragestellungen, Argumente und Folgerungen als Denkmaterial und Entscheidungsoption, aber ohne Bindung für die Gerichte, die spätere Fälle nach eigener rechtlicher Überzeugung zu bearbeiten haben. Die Vorentscheidungen bieten Stoff für Reflexion, nicht Anlass zu Gehorsam.

Von „Recht und Sprache“ zur Rechtslinguistik

Legion sind die Beiträge zum Verhältnis von Recht *und* Sprache – wie sonstige „Und-Themen“ durch Nebeneinanderstellen erzielt. Ein anderer Ansatz sucht nicht von außen angesetzte Vergleichspunkte im Sinn sich überlappender *Gebiete*. Er lässt sich vielmehr von *Problemen* antreiben, die zur Bearbeitung auf beiden Seiten drängen, weil sie auf beiden Seiten noch nicht gelöst sind. So hat Bernd Jeand'Heur schon Ende der 1980er Jahre gearbeitet: über Grundfragen, die der Sprach- wie der Rechtswissenschaft gemeinsam sind[1].

Dass es sich um fachübergreifend Problematisches handelt und nicht nur um sich überschneidende Arbeitsfelder, sah er einleuchtend darin begründet, dass im noch vorherrschenden alten Paradigma Sprache und Sprachlichkeit der Rechtswelt zu sehr verharmlost werden. Die Frage, nach welchen Spielregeln Rechtsarbeit tatsächlich vor sich geht, finde herkömmlich eine Antwort, in der sich auf der einen Seite nur ein alltagstheoretischer Blick auf die Sprache widerspiegelt. Andererseits liege diese Verkürzung „an der weitgehend nicht reflektierten Textstruktur juristischer Arbeit unter den Vorgaben des Grundgesetzes, an der positivistischen Leugnung des Zusammenhangs von Recht und Politik sowie an der unzulänglichen Reflexion des Verhältnisses von sprachlich vermittelter und ‚bloßer‘ Gewalt“.[2] Das überkommene positivistische Modell der Rechtsnorm gehe mit einer instrumentalistischen Sicht von Sprache Hand in Hand. Der sprachliche Ausdruck repräsentiere demnach ein Stück außersprachlicher Wirklichkeit; das Schriftzeichen sei ein gleichsam neutraler Träger von Bedeutung. Nur so habe es zur Sicht richterlicher Tätigkeit als einer Subsumtion der Realität des Rechtsfalls unter die Begriffe einer im Codex schon vorgegebenen Rechtsnorm kommen können.

---

[1] Gemeinsame Probleme der Sprach- und Rechtswissenschaft aus der Sicht der Strukturierenden Rechtslehre, in: *F. Müller* (Hrsg.), Untersuchungen zur Rechtslinguistik, 1989, S. 17 ff. – Eine französische Übersetzung (Science du langage et science du droit: problèmes communs du point de vue de la théorie structurante du droit) erschien 1999 in: DROITS, Revue Française de Théorie Juridique, vol. 29, S. 143 ff. – Vgl. die ältere Version des vorliegenden Texts in: *W. Erbguth/F. Müller/V. Neumann* (Hrsg.), Rechtstheorie und Rechtsdogmatik im Austausch. Gedächtnisschrift für Bernd Jeand'Heur, 1999, S. 29 ff. – Hier in fortentwickelter Form.

[2] *B. Jeand'Heur* (Fn. 1), S. 17, 19; ebd., S. 19 ff. zum Folgenden.

Angesichts dessen ist auf den Nachdruck hinzuweisen, mit dem neuere Sprachphilosophie und Sprachwissenschaft, spätestens seit dem Pragmatic turn und auf Wittgensteins Schultern stehend (sowie in der historischen Linie der Hamann-Herder-Wilhelm von Humboldt-Tradition), diese einstmals beruhigenden Illusionen verabschiedet haben. Sprachzeichen können weder Bedeutungen noch Realitätsreferenzen festlegen. Zwar ist Sprache nicht beliebig, weil auf Verstehbarkeit und, als Schrift, auf Lesbarkeit ausgerichtet. Doch meint solche Fähigkeit, wiederholt zu werden, „nicht einen stets beständigen, nicht veränderbaren Nachvollzug des Zeichens, das auf einen fixen Referenten oder Sinn weisen müßte". Kommunikation sei nicht länger als eine solche von Anwesenheiten, als Übermitteln eines mit sich identischen Meinens zu fassen. „Nach"vollzug sei nie Rekonstruktion, sondern „immer Neukonstituierung"[3]. Da das Rechtsstaatsgebot „allein Sicherheit, d. h. Nachvollziehbarkeit der methodischen Bearbeitungsweise im Entscheidungsvorgang" fordere (statt „Bestimmtheit oder Sicherheit der Rechtsbegriffe bzw. Bedeutungen"), sollten die angedeuteten „Erkenntnisse der Sprachwissenschaft Allgemeingut der rechtstheoretischen Diskussion werden".

Das ist von der Seite der Sprache her gesagt; durch einen Autor, der in Wissenschaft und Philosophie der Sprache zu Hause war[4] und sich in seiner Arbeit als Dogmatiker und Theoretiker des Rechts von beiden fruchtbar verunsichern, in Frage stellen ließ.

Wie sieht es nun aber vom Recht her aus, von der Funktion der Rechtsordnung und ihrem Funktionieren im Alltag? Warum von hier aus Rechtslinguistik? Was erscheint überhaupt als Funktion dieser Rechtsordnung?

Wie finden wir das heraus, ohne in Ontologie ausweichen zu müssen, diese beliebte Eiserne Ration traditionellen Denkens? Wohl am ehesten, indem wir die Agenten dieser Ordnung bei ihrer Arbeit beobachten. Damit sind wir einen Schritt weiter: Was tun Juristen?

---

[3] *B. Jeand'Heur,* ebd., S. 22 ff., 25; S. 26 die im Text folgenden Zitate. – Jeand'Heur stützt sich dabei vor allem auf *J. Derrida,* Positionen, 1986, und auf *dens.,* Signatur, Ereignis, Kontext, in: ders., Randgänge der Philosophie, 1976, S. 134 ff.

[4] Außer dem in Fn. 1 genannten Aufsatz *B. Jeand'Heurs* vgl. *dens.,* Themen einer problembezogenen Zusammenarbeit zwischen Rechtstheorie und Linguistik (mit *R. Christensen*), a. a. O. (Fn. 1), S. 9 ff.; *dens.,* Der Normtext: Schwer von Begriff oder über das Suchen und Finden von Begriffsmerkmalen. Einige Bemerkungen zum Referenzverhältnis von Normtext und Sachverhalt, a. a. O. (Fn. 1), S. 149 ff., sowie nicht zuletzt die eingehenden Analysen bei *dems.,* Sprachliches Referenzverhalten bei der juristischen Entscheidungstätigkeit, 1989. – Ferner *ders.,* Die neuere Fachsprache der juristischen Wissenschaft seit der Mitte des 19. Jahrhunderts unter besonderer Berücksichtigung von Verfassungsrecht und Rechtsmethodik, in: H. Hoffmann/H. Kalverkämper/H. E. Wiegand (Hrsg.), Fachsprachen, 1. Halbband 1998, S. 1286 ff.

Wenn wir sie selbst befragen, dann hören wir etwa: Sie bringen Ministerial-, Fraktions- oder Regierungsvorlagen zustande, also Gesetzentwürfe; ferner Rechtsverordnungen, Verwaltungsverfügungen, Erlasse, Satzungen; sie erzeugen Verwaltungsakte und Widerspruchsbescheide; formulieren Klageschriften, Klageerwiderungen, Beweis- und sonstige Prozessanträge; sie führen gerichtliche Voruntersuchungen durch, erheben Anklage, eröffnen und leiten Verfahren, sprechen Urteile und Beschlüsse aus, und was der juristischen Textsorten mehr sein mag.

In Umgangssprache ausgedrückt, *bereiten* sie Gesetze *vor* und formulieren sie für parlamentarische Gremien; sie *vollziehen* die geltenden Gesetze und *überprüfen* Handlungen oder rechtliche Vorschriften an übergeordneten Normen, etwa an denen der Verfassung. Immer handelt es sich um – oft sehr weitreichende, stark eingreifende – Entscheidungsvorgänge in Bindung an das, was „geltendes Recht" heißt.

Und was tun sie *materiell*, indem sie all das tun? Wir sehen sie lesen und schreiben bzw. unterschreiben, wir hören sie sprechen und haben sie zuvor beim Zuhören beobachten können – jedenfalls hoffen wir das. Also immer sprachliche und schriftliche Tätigkeiten – *Text, Text und Text.* Unter diesem Ausdruck verstehe ich nicht nur eine „grammatisch verknüpfte Satzfolge" – also nicht nur *syntaktisch* das Verhältnis der Zeichen zu einander; sondern *pragmatisch*, für die Relation von Zeichen und Benutzer: eine „komplexe sprachliche Handlung, mit der ein Sprecher bzw. Schreiber eine bestimmte kommunikative Beziehung herzustellen versucht"[5]. Das Tun der Juristen ist Kommunizieren. Sie nehmen Texte auf (Fallerzählungen, Polizeiprotokolle, Anträge der Parteien, frühere Entscheidungen zu möglicherweise ähnlichen Fällen, Meinungen und Argumente der Fachliteratur und, nicht zuletzt, die geltenden Vorschriften). Sie *rezipieren* also Texte. Dann *deliberieren* sie, wiederum in Text, Streitstand und mögliche Lösungen während der Verhandlung im Gerichtssaal und der Beratung im Richterzimmer. Und sie *produzieren* ständig neuen Text: den ihrer Äußerungen im Verlauf des Verfahrens, den der Entscheidungsformel und den ihrer „Gründe".

Alles, was sie tun, tun sie aktiv in Sprache. Offenbar geht es nicht nur um *Verstehen,* so wie wenn wir einen Platonischen Dialog oder ein Poème en prose von Rimbaud zu „verstehen" suchen. Denn Rechtsarbeiter bringen bei ihrem normalen Tun selber notwendig Text hervor; das ist der Kern ihrer Aufgabe. Dabei arbeiten sie nicht nur *mit*, sondern auch *an* Begriffen. Sie *wenden* auch nicht einfach *an*, *interpretieren* auch nicht bloß (im Sinn von Verständlichmachen). Sie leisten, durch materielles und durch Prozessrecht

---

[5] Dazu *K. Brinker,* Linguistische Textanalyse, 1985, S. 15; siehe auch *D. Busse,* Textinterpretation, 1992, S. 19, 63 ff., 79.

sowie durch Verfassungsgebote gebunden, eine *Arbeit mit und an Texten* in einer öffentlichen Institution, die durch Staatsgewalt abgestützt ist[6].

Mit einzelnen, neben einander gestellten Wörtern im Sinn der herkömmlichen Merkmalssemantik werden sie dabei nicht weit kommen. Was sie aufnehmen, erwägen und aussprechen, sind *Sätze*, mit denen systematische Kontakte zu anderen Vorschriften, anderen Urteilen und zu Texten der Wissenschaft hergestellt werden sollen. Es sind Sätze, die am Ende als die „Gründe" der Entscheidung in ihrem eigenen Zusammenhang plausibel zu sein haben. Die Aufgaben der Juristen sind hochkomplex, sind nur mit den anspruchsvolleren, zumeist unreflektierten Arbeitsschritten einer *Satz-, Kontext- und Textsemantik* einigermaßen zu bewältigen. Schon diese vom betroffenen Laien kaum geahnte Komplexität verhindert es, die Rolle der Sprache hier schlicht als die eines Instruments zu sehen. Rechtsarbeit ist durchgehend Textarbeit – „durchgehend" auch in dem zusätzlichen Sinn, dass die Zeichenketten (Gesetze, Verfassungsdirektiven, gerichtliche Urteile, Formeln für normative und informelle Bindungen verschiedener Art) „durch" die Juristen „hindurchlaufen", welche die Rechtsfälle zu entscheiden haben. Wenn schon von Instrumentalität die Rede sein soll, dann sind eher noch die Juristen Instrumente der Texte. Angemessener ist aber die Rolle der Sprache als die eines eröffneten *Raums* zu sehen oder als die eines *Magnetfelds*; oder auch einer *Arena*, in der sich mehr oder weniger zugespitzte *semantische Kämpfe*[7] um das abspielen, was als Recht im Fall schließlich „gelten" soll.

---

[6] Das Konzept „Verstehen/Interpretieren/Arbeit mit Texten" für die Rechtswissenschaft bei: *F. Müller/R. Christensen*, Juristische Methodik, 10. Aufl. 2009, S. 39 f., 227 u. ö.; *F. Müller*, Methodik, Theorie, Linguistik des Rechts, 1997; *dems./R. Christensen/M. Sokolowski*, Rechtstext und Textarbeit, 1997. – Für die Sprachwissenschaft siehe auch: *D. Busse*, Textinterpretation, 1992, S. 167 ff., 187 ff. m. w. N.; *ders.*, Recht als Text, 1992; *ders.*, Juristische Semantik, 1993, S. 282 ff. – Zur Arbeit mit Texten in grundsätzlichem Zusammenhang: *F. Müller,* Syntagma (Fn. 1) etwa S. 32 ff., 44 ff., 58 ff., 332 ff., 361 ff., 378 f., 390 ff.

[7] Zu diesen etwa *F. Müller/R. Christensen/M. Sokolowski*, Rechtstext und Textarbeit, 1997; *F. Müller/R. Christensen*, Juristische Methodik, Bd. I, S. 195, 202 ff., 344 ff., 350 ff., 527 f. – Von der Strukturierenden Rechtslehre angeregte aufschlussreiche linguistische Feldstudien finden sich für *noch laufende gerichtliche Verfahren* bei: *Jing Li*, „Recht ist Streit". Eine rechtslinguistische Analyse des Sprachverhaltens in der deutschen Rechtsprechung, 2011; für *abgeschlossene Rechtsprechung* bei: *E. Felder*, Juristische Textarbeit im Spiegel der Öffentlichkeit, 2003; für die *Vorbereitungsphase der Gesetzgebung* bei: *F. Vogel*, Linguistik rechtlicher Normgenese. Theorie der Rechtsnormdiskursivität am Beispiel der Online-Durchsuchung, 2012. – Zu den Bereichen mehrerer Geistes- und Naturwissenschaften vgl.: *E. Felder* (Hrsg.), Semantische Kämpfe. Macht und Sprache in den Wissenschaften, 2006. – Im Rahmen der Welt des Rechts jetzt grundsätzlich: *F. Müller*, Syntagma (Anm. 1), z. B. S. 20, 58 ff., 89 ff., 143 ff., 179 ff., 353 ff., 365 f., 367 ff.

Eine Rechtsordnung ist eine riesenhafte Umwälzanlage für Sprache. Hinter ihr steht eine gleichfalls riesige Anhäufung von Staatsgewalt. Diese wird mittels Rechtsarbeit durch und in Sprache „gefaltet“, in zunächst einmal symbolische Gewalt transformiert. Nochmals weitergehend wird sie durch die Bindungen des demokratischen Rechtsstaats gebändigt, auf dass sie nicht naturhafte Gewalt bleibe, sondern zur legitimen Macht werde: Durch *„Gesetzeskraft“* in der Legislative, durch *„Bestandskraft“* in der Exekutive, durch *„Rechtskraft“* in der Justiz sollen legitime Haltepunkte für verlässliche Entscheidungen von Konflikten geschaffen werden; von Auseinandersetzungen zwischen Einzelnen und/oder Gruppen, die sonst leicht entgleisen, explodieren, die zu noch mehr Gewalt aufstacheln könnten.

Eine engere Verflechtung von Gewalt und Sprache, als wir sie im Recht erleben, ist kaum vorstellbar. Wenn das Recht, das eine Praxis ist, auch eine Wissenschaft hervorbringen will, muss es seinen *Aktionsraum Sprache* untersuchen, ihn in seine Arbeit integrieren: Rechtslinguistik als ebenso unumgänglicher Teil juristischer Grundlagenforschung, wie es Zweige der Sozialwissenschaft sind.

Damit stellt sich die Eingangsfrage schon umgekehrt: Wie überhaupt und warum eigentlich so lange *ohne* Rechtslinguistik?

Auf der anderen Seite sieht es danach aus, als könne die Sprachwissenschaft nicht so leicht ein anregenderes Beobachtungs- und Arbeitsfeld finden als die Welt des Rechts: zugespitzt aktuelle Rolle der Sprache, verschärfte Bedeutsamkeit von Text dank der Konditionierung durch Gewalt und angesichts der Aufgabe, diese in legitime Macht zu überführen.

Seit noch nicht sehr langer Zeit wird Rechtslinguistik[8] betrieben, für beide Wissenschaften durchaus nicht zu früh. Die herkömmliche Abstinenz

---

[8] Aufgegeben wurde der Versuch interdisziplinärer Zusammenarbeit im „Darmstädter Programm“ (dazu *D. Busse*, Juristische Semantik, 1993, S. 140 ff.) – siehe v. a. *D. Rave/H. Brinckmann/K. Grimmer* (Hrsg.), Logische Struktur von Normsystemen am Beispiel der Rechtsordnung, 1971; *dies.* (Hrsg.), Paraphrasen juristischer Texte, 1971; *dies.* (Hrsg.), Syntax und Semantik juristischer Texte, 1973; *H. Brinckmann/K. Grimmer* (Hrsg.), Rechtstheorie und Linguistik, 1974. – Siehe dann, in der Folge von: *F. Müller*, Recht – Sprache – Gewalt, 1975, seit Mitte der 80er Jahre die Beiträge der „Heidelberger Gruppe der Rechtslinguistik“; z. B. *ders.* (Hrsg.), Untersuchungen zur Rechtslinguistik, 1989; *R. Christensen*, Was heißt Gesetzesbindung?, 1989; *B. Jeand'Heur*, Sprachliches Referenzverhalten bei der juristischen Entscheidungstätigkeit, 1989; *R. Christensen*, Gesetzesbindung oder Bindung an das Gesetzbuch der praktischen Vernunft, in: R. Mellinghoff/H.-H. Trute (Hrsg.), Die Leistungsfähigkeit des Rechts, 1988, S. 95 ff.; *D. Busse*, Recht als Text, 1992; *ders.*, Juristische Semantik, 1993; *F. Müller*; Methodik, Theorie, Linguistik des Rechts, 1997; *ders./R. Christensen/M. Sokolowski*, Rechtstext und Textarbeit, 1997; *F. Müller/R. Wimmer* (Hrsg.), Neue Studien zur Rechtslinguistik, 2001; *F. Müller/I. Burr* (Hrsg.), Rechtssprache Europas, 2004; *F. Müller* (Hrsg.), Politik, [Neue] Medien und

schadete vor allem dem Recht. Denn zu dessen zentralen Anforderungen in einer rechtsstaatlichen Demokratie gehören Tatbestandsbestimmtheit und Rechtssicherheit, ferner Normklarheit, Methodenehrlichkeit und die „Gleichheit vor dem Gesetz", die ja eine *tatsächliche* Gleichheit vor dem *realisierten*, dem umgesetzten Gesetz zu sein hat – also eine Gleichstellung vor dem fühlbar werdenden ‚law in action' und nicht nur von dem Buchstaben des ‚law in the books'. Sie alle sind Postulate, die sich *an die Sprache des Rechts* richten und die, wenn überhaupt, nur *durch* und *in* Sprache zu verwirklichen sind.

Damit sind schon wichtige Ansatzpunkte genannt. Ich vertiefe sie noch auf zwei Feldern: dem der Polysemie und dem des Verhältnisses von rechtlichem und allgemeinem Diskurs. Also zum einen mit der Frage, ob das Recht verbindliche und damit unzweifelhaft klare, sprachlich bestimmte Vorschriften und Entscheide ganz einfach garantieren *müsse,* damit man von einem demokratischen Rechtsstaat sprechen kann. Und zweitens: was das Reden unter Freunden, in der Familie, im Betrieb, auf Demonstrationen und wo auch immer, kurz, was das allgemein gesellschaftliche Reden über das Recht an Bedeutsamkeit haben könne; oder ob nicht die bekannten Verdikte „Gesetz ist Gesetz" und „Roma locuta, causa finita" ohnehin immer das letzte Wort behalten.

„Polysemie" meint die Mehrdeutigkeit von Zeichen, von Wörtern. Die Beispiele aus der Schulzeit erinnern nur an einige amüsante Ausnahmen: „Strauß" ist der Vogel, das Blumengebinde, sowie – zwar veraltet, in Restbeständen aber noch redensartlich benützt – der Streit, der Kampf. „Bulle" ist das erwachsene männliche Rind, ist eine bestimmte Art von Siegel, ein päpstlicher Erlass, eine kaiserliche Urkunde und dann noch etwas, das aus Gründen des Strafrechts nicht ausdrücklich erläutert wird. Dieser scheinbare Status polysemer Ausdrücke als Kuriosa verharmlost sie allzu sehr. Denn über das einzelne Wort hinaus sind Sätze und Texte in natürlicher Sprache oft zwei-, häufig auch mehrdeutig; und die Sprache des Rechts ist eben eine (durch Fachtermini bereicherte und spezialisierte) *natürliche Sprache.*

Auch die Gesetze sind in natürlicher (Fach-)Sprache verfasst. Sie verpflichten alle Betroffenen, alle Teilnehmer an der Gesellschaft zu einem bestimmten Verhalten in bestimmten Lagen. Diese Form von Orientierung erfolgt laienhaft, nach groben, doch gewöhnlich ausreichenden Kriterien.

---

die Sprache des Rechts, 2007; *R. Christensen/H. Kudlich*, Theorie richterlichen Begründens, 2001; *dies*., Gesetzesbindung: Vom vertikalen zum horizontalen Verständnis, 2008; *Th.-M. Seibert*, Zeichen, Prozesse. Grenzgänge zur Semiotik des Rechts, 1996; *ders*., Gerichtsrede. Wirklichkeit und Möglichkeit im forensischen Diskurs, 2004; *F. Müller*, Recht – Sprache – Gewalt. Elemente einer Verfassungstheorie I, 2. Aufl. 2008. – Ferner die Arbeiten von *Jing Li*, *E. Felder* und *F. Vogel* (Fn. 7).

Zum Glück sind ja nicht alle Menschen Juristen. Wer nicht stehlen will, wird tatsächlich nicht „stehlen"; seine „Parallelwertung in der Laiensphäre" (so die Formel in der Dogmatik des Strafrechts) kann dafür ausreichen, auch wenn er von den ausgedehnten Erörterungen über die einzelnen Merkmale des Diebstahltatbestands keine Ahnung hat; auch wenn er diesen mit Unterschlagung, Veruntreuung, mit Untreue oder gar mit Betrug verwechselt. Er wird nicht deshalb zum Dieb werden. Die Halt gebende Funktion der natürlichen (Rechts-)Sprache genügt im Allgemeinen für diese eine Aufgabe des positiven Rechts, nämlich (in der Formulierung von Georg Jellinek) „ethisches Minimum" zu sein.

Ganz anders steht es mit der zweiten Funktion: zum verbindlichen Ausgangspunkt und zum Maßstab für die Arbeit der Juristen mit Blick auf fachliche Fragen oder den förmlichen Rechtsstreit zu werden. Wäre das anders, bräuchte man keine Juristen, die Kenntnis der Landessprache würde ausreichen. So aber gibt es über jeden der Ausdrücke, mit denen das Gesetz „Diebstahl" umschreibt, reichlich Literatur und Judikatur; das ist der bei gesetzlichen Tatbestandsmerkmalen übliche, nur für Laien erstaunliche Normalfall. Wegen der *Unbeherrschbarkeit künftiger Situationen* sowie *künftiger Redeweisen* ist es ein frommer Wunsch (dem die Tradition von Methodik und Rechtstheorie allerdings in die Falle gelaufen ist), *die* Bedeutung von „fremde bewegliche Sache", *den* Begriffskern von „wegnehmen", *das* Sinnzentrum von „zueignen" ein für alle Mal in einem Ausdruck fixieren zu können. Was die juristische Dogmatik stattdessen zu jedem dieser Terme anbietet, sind Bedeutungen in der Form von Gebrauchsbeispielen, sind Belege für Polysemie. Als Rechtssprache hat die natürliche Landessprache ihre Unschuld verloren; doch bleibt sie dabei natürliche Sprache mit allem, was daraus folgt. So überrascht es nicht, dass bei einem Thema wie der Rechtschreibreform in Deutschland mit einer Fülle kaum mehr einzeln zur Kenntnis genommener widersprechender Urteile der Verwaltungs- und Oberverwaltungsgerichte[9] – dass also in derselben

9 In den Medien wurden sie damals in Form von Fußballergebnissen (wie „8 : 5" auf der Ebene der Verwaltungsgerichte, „4 : 2" auf jener der Oberverwaltungsgerichte) zusammengefasst. – Dem lag bereits bis Ende 1997 zugrunde: Die Notwendigkeit der *Gesetzesform* dafür, die neue Rechtschreibung einzuführen, bezweifeln oder verneinen die Verwaltungsgerichte Schleswig, Weimar, Mainz, Greifswald, Freiburg, München, Potsdam; dagegen verlangen ein Gesetz die Verwaltungsgerichte Wiesbaden, Hannover, Gelsenkirchen, Dresden, Hamburg. Alle Entscheidungen ergingen 1997; es handelte sich in den Verfahren um Eilanträge von Eltern betroffener Schüler. – Auf der Ebene der Oberverwaltungsgerichte bezweifeln oder verneinen im selben Jahr einen gesetzlichen Regelungsbedarf: Kassel (Hessen), Hamburg; es verneint nur das Recht zu vorzeitiger Einführung: Lüneburg (Niedersachsen). Sogar dieses Recht wird bejaht von Schleswig (Schleswig-Holstein). – Das OVG Greifswald (Mecklenburg-Vorpommern) verneint den Eilbedarf einer Entscheidung pro

juristischen Streitfrage – die Standpunkte nicht nur ohnehin der Kläger und Beklagten, sondern auch der Anwälte, Gutachter, Gerichtsinstanzen trennscharf voneinander abweichen. Auch bei angeblich „klaren“ Texten driften die Rechtsansichten oft unvereinbar auseinander. Die Antworten auf die Frage, wann, wo und durch wen die fraglichen Texte denn nun „richtig ausgelegt“ worden seien, füllen Lehrbücher, Dateien, Aktenordner, sie füllen Monographien, Zeitschriften und Entscheidungssammlungen bis zum Rand. Das gesamte Juristenuniversum rotiert unablässig kraft dieses Differenzcharakters juristischer Textarbeit.

Die oft harten Folgen der Mehrdeutigkeit beginnen schon bei den Tatsachen, die dem Fall zugrunde gelegt werden sollen[10]: „Was ist überhaupt geschehen?“ – laienhaft formuliert durch direkt Beteiligte und Zeugen und, in je verschiedenen Sprachspielen, professionell dann durch Versicherungen, Polizei, Strafverfolgungsbehörden; schließlich durch Prozessvertreter, gegebenenfalls durch Gutachter und dann durch die Gerichte. Die weiteren Fragen „Wer kann die erfolgreichere Anwaltskanzlei bezahlen?“ und „Wer überzeugt vor allem die abschließende Instanz?“ bilden dabei das ideell störende, dafür aber umso realere Hintergrundrauschen für die im einzelnen oft recht subtile semantische Nuancierung von Gesetzesbegriffen. Auch wo alles mit rechten Dingen zugeht, setzt sich im Ergebnis die Sichtweise des institutionell Stärkeren durch, des prozessrechtlich höchstplatzierten Gerichts; sowie beim Beendigen der Sache durch Vergleich unter den Beteiligten im Zweifel die des gesellschaftlich Stärkeren. Durch all das wird kompakte Macht ausgeübt, wenn auch im guten Fall rechtlich abgestützte – aber eben nach jeweils *einer* „Bedeutungs“variante, nach je *einer* „Sinn“version, welche die der Anderen ausschließt.

Auch noch in der höchsten Instanz kann „der“ Sinn umschlagen, „die“ Bedeutung kippen. Ein auffallendes neueres Beispiel bietet die Spruchpraxis zur Strafbarkeit von Sitzblockaden der Friedensbewegung. Dabei ging es bekanntlich um den Tatbestand der Nötigung (§ 240 StGB): „Wer einen anderen rechtswidrig mit Gewalt oder durch Drohung … nötigt …“ Da Drohung aus-

---

oder contra. – Nur das OVG Bautzen (Sachsen) verlangt eine Einführung der Reform per Gesetz. – Rechnet man die im genannten Zeitpunkt noch anstehenden Judikate hinzu (Berlin, Karlsruhe, dreimal Stuttgart, zweimal Köln für die Verwaltungsgerichte sowie Nordrhein-Westfalen und Rheinland-Pfalz für die Oberverwaltungsgerichte, ohne die folgenden Entscheide des Bundesverfassungsgerichts zu vergessen), so nähern sich die bezifferten Oppositionen immer mehr Handballergebnissen an. – Anschauungsunterricht über widersprüchliche Judikatur der Obersten Gerichtshöfe des Bundes – besonders aus dem Sozialrecht, aber auch aus anderen Justizzweigen – liefert und untersucht: *I. Amberg*, Divergierende höchstrichterliche Rechtsprechung, 1998.

10 Dazu etwa die aufschlussreiche Studie von *Th.-M. Seibert*, Aktenanalyse, 1981.

schied, fragte es sich, ob das Verhalten der Demonstranten – sich hinzusetzen, sich ohne Gegenwehr von Polizisten wegtragen zu lassen – als „Gewalt“ eingestuft werden könne[11]. Die Tradition hatte seit den Tagen des Reichsgerichts dafür den „Einsatz physischer (körperlicher) Kraft“ verlangt. Mit dem Anwachsen ziviler Protestbewegungen seit dem Ende der 1960er und während der 1970er Jahre, vor allem gegen Atomanlagen[12] und gegen Auf-, Nach- und Totrüstung im späten Kalten Krieg, wuchs auch die Versuchung für Teile der Justiz, zivilen Protest zu kriminalisieren – hier durch Erweitern des Gewaltbegriffs, feinsinnig als dessen „Vergeistigung“ bezeichnet. Diese wurde zunächst[13] in zwei Entscheidungen der Verfassungsjustiz gebilligt; dann aber Anfang 1995 im so genannten Großengstingen-Beschluss abgelehnt. Das Bundesverfassungsgericht beurteilte nun diese Begriffsausdehnung und damit die Kriminalisierung als verfassungswidrig. Daraufhin mussten die bereits rechtskräftig abgeschlossenen Strafverfahren (nach Agenturmeldungen rund zehntausend) wieder aufgegriffen und neu entschieden werden.

Die Widersprüchlichkeit der Judikatur zur Rechtschreibreform – ist diese Reform als „wesentliche“ Entscheidung dem Parlament vorbehalten[14] oder nicht? – trieb gleichfalls auf einen Entscheid des Bundesverfassungsgerichts zu, wie vorher zu „Gewalt“. Eine Parallele in Frankreich bestand etwa in der Frage, ob die Scientology als „religion“ anzuerkennen sei. Auch dazu gab es widersprüchliche Instanzurteile, am Ende hat dort der Conseil Constitutionnel den Sinnknoten zu durchschlagen.

---

11 Vgl. dazu *D. Busse,* Der Bedeutungswandel des Begriffs „Gewalt“ im Strafrecht. Über institutionell-pragmatische Faktoren semantischen Wandels, in: ders. (Hrsg.), Diachrone Semantik und Pragmatik. Untersuchungen zur Erklärung des Sprachwandels, 1991, S. 259 ff. m. w. N., *F. Müller/R. Christensen,* Juristische Methodik, Bd. I, 2009, 10. Aufl., S. 309 ff. m. w. N. – Von der Linguistik her ferner: *E. Felder*, Juristische Textarbeit im Spiegel der Öffentlichkeit, 2003.

12 Nach herrschender Sprachregelung besser „Kernanlagen“ zu nennen. – Vgl. *G. Strauß/U. Haß/G. Harras*, Brisante Wörter, 1989, S. 430 ff.: „‚Kern-‘ wird besonders aufwertend und in Verbindung mit Ausdrücken verwendet, die die Erforschung und den weiteren Ausbau der Atomenergietechnik, ihre wirtschaftlichen Vorteile, ihre Beherrschbarkeit und Umweltfreundlichkeit betonen. … Kern- kann verwendet werden, um Gegenstände, Institutionen, Personen und deren Meinungsäußerungen als besonders objektiv, rational, wissenschaftlich und von Gefühlen unbeeinflußt zu charakterisieren.“

13 BVerfGE 73, 206 ff.; 76, 211 ff. – 92, 1 ff. (Großengstingen).

14 Gemäß dem von der Rechtsprechung formulierten Parlamentsvorbehalt ist der Gesetzgeber verpflichtet – losgelöst vom Merkmal des „Eingriffs“ – in der Normierung eines Sachbereichs, vor allem an grundrechtsgeschützten Punkten, alle „wesentlichen“ Entscheidungen selbst zu treffen. Wann und inwieweit das der Fall sei, lasse sich aber nur angesichts des jeweiligen Sachbereichs und der Intensität der fraglichen Regelung angeben. Weitergehend verallgemeinerungsfähige Maßstäbe liefert diese Formel anscheinend nicht.

Nun stehen in den Beratungszimmern der Gerichte zwar auch Wörterbücher. Aber „Religion“, „Gewalt“, „wesentlich“ sind nicht so einfach auf die *jeweils eine richtige* Bedeutung hin zu konsultieren: Die Gretchenfrage (wie man es mit der Religion halte) hat auch eine linguistische Seite. Ferner umfasste zum Stichwort „Gewalt“ schon das Grimmsche Wörterbuch vom Anfang des Vorjahrhunderts[15] nicht weniger als 185 Spalten an Gebrauchsbeispielen aus der damaligen Verwendungsgeschichte dieses Terms. Und weiß der Verwaltungs- oder der Verfassungsrichter, wie er mit der Rechtschreibreform zu verfahren habe, wenn er im Wörterbuch unter „wesentlich“ findet: „bedeutsam, wichtig, den Kern der Sache treffend, grundlegend“? Er weiß es nicht; und das liegt nicht an einer etwaigen Boshaftigkeit, hier absichtlich ein ‚besonders vieldeutiges‘ Wort gewählt zu haben. Die seit Platons Ideenlehre beliebten Vorzeigewörter einer realistischen Bedeutungstheorie von der Art von „Tisch“, „Pferd“, „Haus“ stehen ebenso wenig in unseren Gesetzestexten wie etwa „Katze“ oder „Kaktus“ – wobei auch scheinbar „ganz klare“ Begriffe niemals frei von Unsicherheitsfaktoren sind. Statt dessen wimmelt es in unseren Rechtskorpora nicht nur von Termen wie „Treu und Glauben“, „gute Sitten“ (ihrerseits Vorzeigebegriffe für weitgespannte Vagheit) oder eben wie „Gewalt“, „wesentlich“ oder „Religion“, sondern unzählbar häufig von „Gefahr“, „erforderlich“, „zumutbar“, „Schaden“, „angemessen“, „Vorsatz“, „Fahrlässigkeit“, „Verschulden“, „Kunst“, „Gewissen“, „rechtswidrig“, „öffentliches Interesse“, und so fort. Diese Auswahl mag zufällig sein und unvollständig bleiben, da sie doch charakteristisch ist. Und wenn da schon einmal – im Nachbarrecht des Bürgerlichen Gesetzbuchs (§§ 910, 911 BGB) – „Baum oder Strauch“ steht, wurde es in der Praxis gleich wieder zur Streitfrage, wie man es mit dem herüberragenden Baum*stamm* zu halten habe. Denn nicht nur sind die beruhigenden Sprachzeichen „Baum“, „Strauch“ (auch „Zweige“, „Wurzeln“) in den genannten harmlosen Paragraphen sogleich wieder angekränkelt von Kautelen wie: „Dem Eigentümer steht dieses Recht nicht zu, wenn …“ oder: „Diese Vorschrift findet keine Anwendung, wenn …“; sondern auch schon wieder von fragwürdigen Elementen umgeben, von der Art von: „angemessen“, „beeinträchtigen“, „gelten“, „dem öffentlichen Gebrauch dienen“ – kurz, von Termen, die uns wieder auf den fühlbar raueren Wurzelboden der *Rechtslinguistik* zurückholen.

Woran liegt das? Es geht den §§ 910, 911 BGB eben nicht darum, die Semantik von „Baum, Strauch, Zweig, Wurzel“ festzulegen. Es geht um das Abgrenzen materieller Interessen unter Nachbarn, um einen Ausgleich zwischen Zumutbarkeit und Unzumutbarkeit, von Privatnützigkeit und öffentlichem Nutzen, von Rechtmäßigem und Widerrechtlichem, es geht im Kern

[15] Bd. 6, Leipzig 1911, Sp. 4910 ff.

auch schon um Ersatzvornahme und Verursacherprinzip. Wir sind, den anheimelnden „Bäumen“ und „Zweigen“ zum Trotz, mitten in der Rechtsordnung und ihrer Funktion. Die jeweils einzelne Ausdrücke isolierende *Wortsemantik* – und sie kann schon umstritten genug sein – hilft nicht weiter; gefordert sind *Satz-, Kontext- und Textsemantik* und nicht zuletzt *Referenzsemantik*, die Semantik des sprachlichen Sichbeziehens auf Ausschnitte der Realität.

Einen Rechtsfall kann man nur mit Sätzen entscheiden, mit herzustellenden Kontexten, mit neu zu produzierendem Text – und nicht mit rein merkmalssemantisch hin und her gewendeten vereinzelten Ausdrücken. Das zeigt auch das Ausgangsbeispiel: Die Rechtschreibreform ist hinreichend oder nicht hinreichend „wesentlich“, also laut Wörterbuch „bedeutsam, wichtig“ – aber wofür? Für das Behördendeutsch? Für den Verband deutscher Schriftsteller? Für die ABC-Schützen? Sie betrifft laut Wörterbuch „den Kern der Sache“ – aber welcher eigentlich? Der des Schulunterrichts? Oder der Kulturnation Deutschland? Oder der Umgangssprache? Sie ist, nochmals gemäß Wörterbuch, „grundlegend“ – aber wofür? Für die so genannte Reinheit der Sprache? Oder für das Verhältnis von Bund und Ländern? Oder für die institutionelle Balance zwischen Exekutive und Parlament?

Als Rechtssprache ist die natürliche Sprache ihrer Unschuld beraubt, ohne doch ihren „natürlichen“ Status abschütteln zu können. Manches von dem, was Juristen unbeliebt macht, erklärt sich schon hieraus: nämlich dass sie Haarspalter seien oder Rechtsverdreher oder Buchstabenfetischisten. Das und anderes folgt aus ihrer unbequemen Stellung – eingeklemmt zwischen einerseits ihrer gesellschaftlichen Aufgabe und amtlichen Entscheidungspflicht mit dem normativen Erfordernis der Bestimmtheit, und auf der anderen Seite der nichtformalisierten Sprache mit ihrer naturwüchsigen Polysemie. Nicht zuletzt ist im demokratischen Rechtsstaat von der Art des Grundgesetzes die Justiz unabhängig und deshalb, vor dem Hintergrund der ‚Natürlichkeit‘ der Rechtssprache, „konstitutionell uneinheitlich“[16]. In der Rechtsgeschichte gibt es denkwürdig gescheiterte Versuche, die Judikatur

16 So folgerichtig und in dankenswerter Deutlichkeit das Bundesverfassungsgericht: „Richter sind unabhängig und nur dem Gesetz unterworfen (Art. 97 Abs. 1 GG). Ein Gericht braucht deswegen bei der Auslegung und Anwendung von Normen einer vorherrschenden Meinung nicht zu folgen. Es ist selbst dann nicht gehindert, eine eigene Rechtsauffassung zu vertreten und seinen Entscheidungen zugrunde zu legen, wenn alle anderen Gerichte – auch die im Rechtszug übergeordneten – den gegenteiligen Standpunkt einnehmen. Die Rechtspflege ist wegen der Unabhängigkeit der Richter konstitutionell uneinheitlich.“ (BVerfGE 87, 273 [278]). Vgl. dazu auch schon BVerfGE 78, 123. – Zum theoretischen Grund des Problems siehe: *F. Müller*, Syntagma (Anm. 1), Kapitel „Normtexte, Situation, Bedeutung“, S. 85 ff.; vgl. auch S. 54 ff. u. ö.

auf einer einzigen Linie zu halten, auf jener der Obrigkeit: der erste zeigt sich in den Interpretationsverboten von Justinians Corpus Iuris, also im bürokratisch-absolutistischen Kaiserreich der römischen Spätzeit. Entsprechend war im deutschen Bereich das Preußische Allgemeine Landrecht (ALR) von 1794 mit seinen Abertausenden von minuziös aufzählenden, zwanghaft unterscheidenden Tatbeständen der heroische Versuch gewesen, *die gesellschaftlichen Verhältnisse durch Stillstellen des Rechtsdiskurses zu beherrschen*: nicht zufällig ein Werk des durch Ideen von Kodifikation, Rationalität und System aufgeklärten Absolutismus. Die Kehrseite solcher Normtextfluten war folgerichtig ein Interpretationsverbot; mit diesem brachte sich das ALR auf den Begriff. Dass der Sache nach durch die angeordnete Rückfrage in Zweifelsfällen an die königliche Gesetzgebungskommission nichts an der Sprachlichkeit des Rechts, an seiner Sprachverfallenheit geändert werden konnte, sondern nur der *Ort,* an dem die semantischen Kämpfe stattfanden (statt vor dem einzelnen Prozessgericht nunmehr wieder vor der Kommission), kam damals vielleicht noch nicht zum Bewusstsein – so wenig wie beim französischen Gegenstück, dem kurzlebigen Institut des référé législatif der Revolutionszeit.

Das ALR bot, gemessen an den Mitteln der Epoche, fast schon eine Art formalisierter Rechtssprache, um der natürlichen ihre (sprachlichen und damit sozialen und politischen) Spielräume an Unbestimmtheit, an abweichenden Möglichkeiten zu nehmen. Im demokratischen Rechtsstaat mit unabhängiger Justiz schlägt dagegen die Polysemie der natürlichen Rechtssprache vor aller Augen durch, und die praktischen Juristen haben alle Hände voll zu tun, ihre anarchieverdächtigen Folgen durch hartnäckige Begriffsarbeit abzumildern.

Angesichts all dessen hält sich vielleicht auch der Spott der Nichtjuristen darüber in Grenzen, dass es inzwischen bis zur Ebene der Oberlandesgerichte eine respektable Rechtsprechung auf dem Gebiet des Gartenzwergerechts gibt[17]. Wie es sich gehört, weist sie eine zentrale ethische Codierung auf: Gartenzwerge sind demnach „Symbole der Engstirnigkeit und Dummheit“. Ferner mit dem gewohnten begrifflichen Feinschliff: *Gartenzwerg* ist nicht gleich *Frust-Zwerg;* handelt es sich doch bei den letztgenannten „um solche, die verschiedene, für einen Gartenzwerg untypische Posen und Gesten einnehmen“[18]. Frustzwerge sind „tönerne Stellvertreter“, zur Ehrverletzung von Nachbarn bestens geeignet: „Es macht daher keinen Unterschied, ob der Bekl. sich selbst vor das Haus des Kl. gestellt hätte, um diesem beispielsweise …“ – im gerichtlichen Text folgen diverse Formen deftiger nachbarlicher Missachtung, die das Gericht getreulich aufzählt. Da dies

[17] Etwa: OLG Hamburg, NJW 1988, 1053.
[18] Ebd.

„dem Bekl. aus naheliegenden Gründen nicht permanent möglich“ sei, habe „er sich entschlossen, die hier streitgegenständlichen Zwerge zu schaffen und diese für ihn ‚handeln‘ zu lassen“. Ergebnis: Die Verurteilung des „Frustzwergenschöpfers“[19].

Ein solches Urteil ist für den solcherart kreativen Nachbarn dann nicht mehr spaßig. Juristische Textarbeit, Semantisierung durch Rechtsarbeiter beruht auf einem vom Staat eingerichteten Gewaltverhältnis. Sie führt im Urteil zu einem abrupten Abschluss. Die Gegenüberstellung der Parteien und ihres Redens im Rahmen des Prozesses, im Kraftfeld je abweichender Sprache, wird autoritativ abgeschnitten. Der Richter lauscht und liest nun nicht mehr weiter. Er setzt *seine* Sinnversion durch, setzt *seinen* Text (Tenor, Gründe, mündliche Erläuterung) an die Stelle aller anderen: der Parteien, der Lehre und Judikatur und auch des Gesetzes. Der Richter *spricht* jetzt *aus,* er diktiert und signiert.

All das tut er in Sprache. Sein ihm (in Heideggers Sinn) „zuhandenes“ Werkzeug könnte allenfalls eine algorithmisch formalisierte Gesetzes-, Prozess- und Entscheidungssprache sein, die er (jedenfalls noch) nicht hat. Was er „hat“, ist die natürliche Rechtssprache; und diese „hat“ zugleich auch ihn – angesichts aller Bedingtheiten, Hemmnisse, Erschwernisse, aller Formen von Bindungen richterlicher Gewalt. Last und Verantwortung kann er nicht auf Linguisten abwälzen, so wenig wie auf etwa herangezogene technische oder sozialwissenschaftliche Experten (Prozessgutachter). Auch bei noch so meisterhafter Beherrschung des Blätterns im Wörterbuch wird er dort nicht *die eine* richtige Bedeutung für seinen konkreten Rechtsfall finden können. Er wird sie in der Lage, die das Verfahren schafft, festlegen müssen. Und *dafür* gibt es zahlreiche Regeln: demokratisch-rechtsstaatliche von Seiten der Verfassung, verfahrensbezogene als Prozessrecht, wissenschaftspraktische in Form methodologischer Standards. Für Willkür gibt es keine Lizenz.

An dieser Stelle kann eine Rechtslinguistik[20] ansetzen, die nicht zur Hilfswissenschaft degradiert wird; nicht länger zum Hilfssheriff altgewohnt denkender Juristen ernannt, die sich von ihr gern die Erbauungsbilder der hausgemachten Juristen-Linguistik bestätigen lassen möchten sowie verbreitete alltagstheoretische common-sense-Annahmen (wie: realistisches *Bedeutungs*konzept, festes *Sinn*zentrum, bestimmbare „Grenze der möglichen Auslegung“, und so weiter). Also Beiträge der Sprachwissenschaft nicht länger als einfach zu den Akten zu nehmende Expertengutachten; nicht auf die Art von additiven Sozio-, Psycho- und sonstigen Linguistiken. Weder

---

[19] AG Grünstadt, NJW 1995, 889.

[20] Zu deren Programm neben den in Fn. 1, 4, 6, 7 und 8 genannten Titeln in Kürze: *F. Müller,* Einige Grundfragen der Rechtslinguistik, in: ders., Methodik, Theorie, Linguistik des Rechts, 1997, S. 55 ff.

„ist“ das Recht „etwas“ im außersprachlichen Bereich, das in der Folge „nur noch in Sprache auszudrücken“ wäre. Noch ist die Sprache ein neutrales, technisch benutzbares Zeug. Das Phänomen „Sprache“ tritt nicht als etwas feststehend Vorgegebenes auf. Sprache *vollzieht sich – im* Gebrauch, besser: *als* Gebrauch. Sie ist, nach Wilhelm von Humboldts schönem Wort,[21] nicht „Ergon“, sondern „Energeia“. Auch das ‚law in action‘ wird vollzogen. Es ist *Handeln,* und dieses Handeln gibt es nur in, nur als Sprache – eine Sonderform von kommunikativem Handeln. Strukturierende Rechtslehre und Praktische Semantik setzen daher paradigmatisch neu an. *Rechtslinguistik* hat hier die Aufgabe einer „integrale(n) Analyse der juristischen Argumentation als semantischer Praxis“[22]. Sie hätte weder als Ancilla jurisprudentiae noch als weitere Bindestrich-Disziplin auf längere Sicht nennenswerte Chancen; doch kann sie als integrative wissenschaftliche Bemühung im Sinn einer Theorie der Praxis eine wirksame Zukunft haben.

Von ihr können die Juristen, neben dem Gesagten, auch lernen, dass das, was sie tun, also das Recht, (nur) ein Sprachspiel unter anderen ist; und nicht einmal das, welches das letzte Wort behalten wird. Denn auch nach der rechtskräftigen Entscheidung dürfen Beteiligte und sonstige Interessierte weiter darüber debattieren; darf die Linguistik dazu forschen und damit die soeben „beschlossene“ Frage weiterhin offen halten – obwohl zum Beispiel das oberste zuständige Gericht gerade entschieden hat, der Begriff „X“ im Gesetz „Y“ *bedeute dies und nichts anderes.* Juristische Kompetenz verleiht

---

21 „Die Sprache, in ihrem wirklichen Wesen aufgefaßt, ist etwas beständig und in jedem Augenblicke Vorübergehendes. Selbst ihre Erhaltung durch die Schrift ist immer nur eine unvollständige, mumienartige Aufbewahrung, die es doch erst wieder bedarf, daß man dabei den lebendigen Vortrag zu versinnlichen sucht. Sie selbst ist kein Werk (Ergon), sondern eine Tätigkeit (Energeia). Ihre wahre Definition kann daher nur eine genetische sein. Sie ist nämlich die sich ewig wiederholende Arbeit des Geistes, den artikulierten Laut zum Ausdruck des Gedankens fähig zu machen.“ (*W. von Humboldt,* Einleitung zum Kawi-Werk). Über die Verschiedenheit des menschlichen Sprachbaues und ihren Einfluß auf die geistige Entwicklung des Menschengeschlechts, in: ders., Schriften zur Sprache, 1973, S. 30 (36). – Zu diesem Zusammenhang für die Rechtswelt s. a.: *F. Müller/R. Christensen,* Juristische Methodik, Bd. I, 10. Aufl. 2009, S. 221 ff. u. ö.; *F. Müller/R. Christensen/M. Sokolowski,* Rechtstext und Textarbeit, 1997. – Theoretisch weiter ausgearbeitet in: Syntagma (Anm. 1), durchgehend. Besonders zum hier im Text Gesagten: S. 324 ff., 340 ff. und insgesamt das Dritte Buch: S. 323 ff.

22 *F. Müller/R. Christensen,* Juristische Methodik, Bd. I, 10. Aufl. 2009, S. 259 ff., 262. – Zum Verhältnis von *Praktischer Semantik* und *Strukturierender Rechtslehre* vgl. etwa *F. Müller* (Hrsg.), Untersuchungen zur Rechtslinguistik, 1989, S. 189 ff.; *ders./R. Wimmer* (Hrsg.), Neue Studien zur Rechtslinguistik, 2001, S. 11 ff., 45 ff. und durchgehend; sowie weitere Nachweise in: *ders./R. Christensen*, Juristische Methodik, Bd. I, S. 223 ff. – Zur Praktischen Semantik als Position und Praxis auch: *ders.*, Syntagma (Fn. 1), etwa S. 66 ff. mit Nachweisen, 332 ff. u. ö.

nicht zugleich auch eine linguistische im Sinn von Letztentscheidung. Alle Menschen sind geborene Sprecher. Individuell wie kollektiv werden staatliche Akte vom Gesetz bis zum Endurteil kommentiert, nachgekartet, verteidigt, bekämpft. Die Staatsgewalt kann den Diskurs nur im Rahmen ihrer Verfahren und nur auf dem Weg der Macht anhalten – durch Gesetzeskraft, Bestandskraft, Rechtskraft. Diskursiv anhalten kann sie ihn nicht. Schon das Interpretieren eines Gesetzes, eines Urteils hat unvermeidbar ein semantisches *Verschieben* zur Folge. Der Diskurs der Fachwissenschaften wie jener der Teilnehmer am Rechtsverkehr hat oft sogar förmliche Rückwirkungen: Gesetze werden modifiziert, ergänzt, aufgehoben; Gerichte ändern in künftigen Fällen ihre Position. Auch wo es nicht – oder solange es noch nicht – so weit kommt, lohnt es sich, darüber nachzudenken, warum wohl ein Praktikerkommentar zum geltenden Recht auch ohne jeden neuen Federstrich des Gesetzgebers (bzw. auch in den Teilen, in denen die Legislative zur Zeit noch nichts geändert hat) schon nach einiger Zeit veraltet ist: Weil die am Rechtsverkehr Beteiligten, hier besonders die seinen Betrieb tragenden Fachinstanzen und Fachleute, weil also Behördenpraxis, Judikatur, Wissenschaft und die Teilnehmer an den Debatten der Rechtspolitik anhand auch *un*veränderter Normtexte beständig schreiben und sprechen – und das heißt eben immer auch: weil sie dabei Schrift und Sprache *verschieben*, weil sie *anders* sprechen und schreiben. Staatsgewalt behauptet allenfalls die Herrschaft über die gesellschaftlichen Verhältnisse, nicht aber beherrscht sie den *allgemeinen Diskurs der Gesellschaft.*[23] Je nachdem, ob rechtsstaatliche Garantien gelten oder nicht, ist dieser öffentlich beziehungsweise teils privat, teils klandestin; auf längere Sicht haben Diktaturen ihn noch nie überstanden. Hier wie dort hat die oberste Stelle, etwa ein Verfassungsgericht, nur im besonderen juristischen Sprachspiel entscheiden können, nicht aber „für" oder „über" ein vorgeblich zum Objekt zu machendes Etwas namens „die Sprache". Zur vorletzten Jahrhundertwende wurde einem Reichsgerichtsrat von einem der Besucher seines Hauses ins Stammbuch geschrieben: „Du judizierst / und das ist wichtig / rechtskräftig stets / und darum richtig." Die gut informierte Ironie dieses Eintrags unterminiert in einem knappen Wort das nur scheinbar Definitive eines „Richtigen", das allein auf Amtsgewalt beruhen kann. Denn da sind ja noch Sprache und Sprecher.

Der allgemeine Diskurs geht über den des Rechts hinaus und kann verändernd wieder in diesen zurückführen. Das Movens solcher Kreisläufe ist nicht das Recht als etwas angeblich Außersprachliches; es ist die natürliche Sprache. Sie bleibt, wie das Bedürfnis nach Gerechtigkeit, die Unruhe im Uhrwerk eines institutionell noch so verfestigten Rechtsbetriebs.

---

[23] Zum Ganzen: *F. Müller/R. Christensen*, Juristische Methodik, Bd. I, 10. Aufl. 2009, S. 526ff.

Die hier vorgestellte Position ergab sich seit „Normstruktur und Normativität" *aus Analysen der Praxis*. Sie wäre von Wittgenstein her auch sprachtheoretisch begründbar[24] gewesen, wurde aber unabhängig entwickelt. Ohnehin trifft Sprache im Recht auf verschärfte Bedingungen. Die Ansätze des Strukturkonzepts „wenden" pragmatische Theoreme nicht „an", sie folgen ihnen auch genetisch nicht nach. Nicht wurden sie aus einer Exegese außerrechtlicher Quellen gewonnen, sondern aus den eigenen Problemen der Rechtswelt *als Praxis*. Sie laufen auf glückliche Weise zu Wittgensteins Spätphilosophie parallel.

Entsprechend gilt das bezüglich der neueren Linguistik auch gegenüber der Arbeit der *Praktischen Semantik*[25]. Diese wie die Strukturierende Rechtslehre setzen nicht bei „ableitungsfähigen" Abstrakta an, sondern bei alltäglichen Erfahrungen: beim Handeln der Sprecher im Rahmen einer Sprachgemeinschaft, beim Handeln der Rechtsarbeiter im Zusammenhang normativ verfasster Strukturen und Funktionen – „reflektierter Sprachgebrauch" dort, „(sprach)reflexiver Rechtsstaat"[26] hier. In beiden Zusammenhängen werden nicht etwa vorgegebene Regeln „gefunden" und anschließend „angewandt". Sie werden jeweils aktiv hervorgebracht. Das strukturierende Paradigma setzt die Norm so wenig mit dem Normtext gleich wie die

---

[24] Dazu: *E. Binz*, Gesetzesbindung: Aus der Perspektive der Spätphilosophie Ludwig Wittgensteins, 2008. – Zur Entwicklung des Strukturansatzes aus praktischen Aporien der juristischen Dogmatik vgl. das Kapitel „Aus den Anfängen der Strukturierenden Rechtslehre", in: *F. Müller*, Syntagma (Fn. 1), S. 379 ff. – Z. B. sieht *O. Jouanjan* die Strukturierende Rechtslehre und ihre Methodik als juristischen „tournant pragmatique parallèle à celui qui s'est mis en œuvre dans la science du langage", Présentation du traducteur, in: F. Müller, Discours de la méthode juridique, Paris 1996, S. 5 ff., 21.

[25] Zur *Praktischen Semantik* etwa: *H.-J. Heringer* (Hrsg.), Der Regelbegriff in der praktischen Semantik, 1974; *ders.*, Einführung in die praktische Semantik, 1977; *R. Wimmer/R. Christensen*, Praktisch-semantische Probleme zwischen Linguistik und Rechtstheorie, in: F. Müller (Hrsg.), Untersuchungen zur Rechtslinguistik, 1989, S. 27 ff.; *D. Busse*, Juristische Semantik, 2. Aufl. 2010; *ders.*, Recht als Text. Linguistische Untersuchungen zur Arbeit mit Sprache in einer gesellschaftlichen Institution,, 1992; *ders.*, Semantik der Praktiker: Sprache, Bedeutungsexplikation und Textauslegung in der Sicht von Richtern, in: F. Müller/R. Wimmer (Hrsg.), Neue Studien zur Rechtslinguistik, 2001, S. 45 ff.; *ders.*, Der Regel-Charakter von Wortbedeutungen und Rechtsnormen, in: R. Mellinghoff/H.-H. Trute (Hrsg.), Die Leistungsfähigkeit des Rechts, 1988, S. 23 ff. – *F. Müller*, Einige Grundfragen der Rechtslinguistik, in: ders., Methodik, Theorie, Linguistik des Rechts, 1997, S. 55 ff., 58 ff., 63 ff. – Zur *Praktischen Semantik* im Rahmen des Strukturkonzepts auch: *ders.*, Syntagma (Fn. 1), S. 66 ff., 332 ff. u. ö.

[26] Zu diesem, im Sinn eines *horizontalen und praktischen Holismus*, *R. Christensen*, Einleitung zu: *F. Müller,* Die Einheit der Verfassung – Kritik des juristischen Holismus, 2. Aufl. 2007, S. I ff.; siehe auch *dens./H. Kudlich*, Gesetzesbindung: Vom vertikalen zum horizontalen Verständnis, 2008.

Praktische Semantik die Regel mit der Regel*formulierung* oder wie, inzwischen allgemeiner, die Pragmalinguistik den Text mit dem Text*formular*. Praktische Rechtsarbeit *setzt erst* die fallbezogen konkrete Bedeutung eines Texts, statt sie als substanziell von Anfang an vorhandene nur noch zu wiederholen – *weil* auch der Normbereich einen Teil der Rechtsnorm bildet *und weil* Sprache nicht als ein naturhaft auferlegtes, nicht als ein vorgegeben normatives System wirkt.

Auch die *sprachliche Regel* existiert nicht vor unserem Handeln. In der Lage rechtlichen Zweifels und Widerstreits erzeugen wir sie, fachlich informiert und dem demokratischen Rechtsstaat verpflichtet. An die Stelle traditioneller Methodik als Rechtfertigungskunde tritt eine Methodik im Stil der *Reflexion einer Rechtserzeugung*, an den Ort von Regelskeptizismus oder Regelplatonismus ein nachpositivistischer *Regelpragmatismus*.

Kollektiver Sprachgebrauch in Kommunikation lebt von Regularität. Doch entspricht der Status von Regeln in etwa dem der lexikalischen Inhalte einzelner Ausdrücke. Diese haben eine nur empirische Grundlage, sind nur auf den (bisherigen) Gebrauch in der Sprechergemeinschaft gestützt. Auch Regeln sind nichts als empirische Daten, ihr Formulieren durch Instanzen der Linguistik (wie in der Grammatik) ist nichts Normatives. Was man „Regel" nennt, ist der Sache nach meist nur der Text einer Regel, dem Unterschied von Normtext und Text der Rechtsnorm vergleichbar. Der Regeltext regelt noch nicht; er ist Eingangsdatum für die Arbeit an der Regel in der gegebenen Lage. So wie der Normtext im Gesetzbuch nicht den späteren Streitfall bereits entscheidet, so wenig kann die Sprachregel das Ob und das Wie ihres künftigen Heranziehens ein für alle Mal vorweg bestimmen. Zudem setzt sie als nur empirisches Gebrauchsdatum die konventionell gelingende Kommunikation voraus, normale Bedingungen des Austauschs. Sobald Differenzen auftauchen – im Recht ist das eher der Normalfall – steht auch die *Regelformulierung* ihrerseits schon im Streit.

Der Regel*skeptizismus* treibt diese Einsichten bis zum Extrem: die Kluft zwischen der Regel und ihrer Befolgung sei niemals zu schließen. Dagegen leugnet der Regel*platonismus* „auf unhaltbare Weise ..., dass Regelbefolgung nicht durch die Regel selbst geregelt werden kann"[27]. Wege, die Opposition von Platonismus und Skeptizismus in der Sprachtheorie wie auch im Recht die von Dezisionismus und Positivismus zu unterlaufen, sowie eine Möglichkeit dafür, das Recht als von Realität gesättigt und zugleich als normierend zu entfalten, bieten für die Jurisprudenz das theoretische Corpus der *Strukturierenden Rechtslehre*, für die Linguistik die *Praktische Semantik*

---

[27] *E. Binz* (Fn. 24), S. 97. – Zu Regelpragmatismus und Regelbegriff vgl. auch *F. Müller*, Syntagma (Fn. 1), z. B. S. 66 ff., 143 ff., 332 ff., 336 ff. u. ö.

sowie für zahlreiche praktische Fragen die Zusammenarbeit beider. Dabei sind die Arbeitsbedingungen im Recht, verglichen mit denen in der Sprachwissenschaft, mehrfach erschwert: durch den Sonderstatus demokratisch geschaffener Normtexte, durch den Geltungsanspruch des positiven Rechts, durch Verfahrensvorschriften und methodenrelevante Normen des Rechtsstaats, nicht zuletzt durch die Amtspflicht zu methodisch nachprüfbarer Begründung. Dabei sind die Regeln juristischer Methodik nicht nur Kunstregeln, ebenso wenig rein faktische Resultanten von „Verstehen". Sie sind an normativ beanspruchende Vorgaben gebunden. Sie haben die Sachbereiche zu bearbeiten, die Normbereiche via das Normprogramm zu umschreiben und zu integrieren. Den Ausdrücken im Codex kommt erst Bedeutsamkeit zu, noch keine eins-zu-eins-Bedeutung. Bedeutung hat für den Falltyp („für einen Fall wie diesen") dann erst der Text der Rechtsnorm – im Fall stufenweise durch Argumente herausgearbeitet und schließlich formuliert. All das im Kraftfeld der Mehrdeutigkeit und der semantischen Verschiebungen innerhalb der natürlichen (Rechts-)Sprache. Wie diese mögen auch sprachliche Regeln als eines der *Phänomene der dritten Ordnung*[28] erscheinen. Zudem ist Sprache kollektiv, ist sie ein Raum für Varianten, im Recht gesteigert zur Arena semantischer Kämpfe. Auch die Anderen sprechen und schreiben, agieren und kommunizieren, verfolgen ihre Ziele auf den Wegen des Rechts.

Hinter einem Text, auch dem Rechtstext, ist das Unerwartete möglich; wie hinter einem Gesicht. Die Sprache bleibt so unfasslich, weil der Andere da ist und weil *auch er spricht.*

Die Tradition hat störende Realitäten dieser Art stets eingeebnet. Das muss immer noch angemerkt werden, weil das alte Denken noch in vielen Köpfen wirkt, weil es vor allem in der Ausbildung der Juristen noch immer vorherrscht: Demnach heißt „Sprache und Recht" für Juristen, dass Gesetze etwas sind, das sie „anwenden". Durch den Mund des Richters *spricht* nicht dieser selbst, es redet und verantwortet der Gesetzgeber. Das handelnde Subjekt ist nicht das menschliche, sondern ein Text. Dieser kann, von seiner Entstehungssituation getrennt, in die Zukunft hinein kontingent sich ereignende Fälle authentisch lösen. Ungereimtheiten (wie Generalklauseln, Ermessenstatbestände, so genannte unbestimmte Rechtsbegriffe, angebliche Prinzipien) werden als Randphänomene eingestuft oder durch den Griff nach „Höherem" erledigt – so als seien alle anderen Rechtsausdrücke klar, sicher, bestimmt: textlich objektivierter „Wille" der Legislative, objektive Sinneinheit der Texte, inhaltlich eindeutig bestimmbares Sinnzentrum, jeweils einzige richtige Deutung. Die Sprache, anders gesagt, sei „das Werk-

---

[28] Zu diesen in der Linguistik: *R. Keller*, Sprachwandel. Von der unsichtbaren Hand in der Sprache, 2. Aufl. 1994.

zeug des Juristen"[29] – als schließbares System zuverlässiger Zeichen und Bedeutungen. Der Richter subsumiert also, mehr oder gelegentlich auch weniger syllogistisch, den Fall unter die stabilen Begriffe einer vorgegebenen Lex ante casum.

Diese Sicht, für jeden praktischen Fall liege die Lösung schon im Gesetz bereit, ist für den rechtslinguistischen Blick nicht mehr als ein Mythos. Der Tradition müsste die Vielzahl widersprüchlicher Urteile als Chaos und die Vielfalt wissenschaftlicher Kommentare als Kakophonie erscheinen. Zum Glück gibt es allenthalten die Hierarchie: die oft mühsame Bändigung des Gewimmels durch höchstrichterliche Sprüche, die „herrschende Meinung (h. M.)" und überhaupt den schneidenden Code „rechtmäßig/rechtswidrig", aufruhend auf jenem von „richtig" und „falsch". Dieser Diskurs der noch herrschenden Tradition ist ein als kognitiver verkleideter Machtdiskurs. Ihm gegenüber führt das *nachpositivistisch*[30] ansetzende neue Paradigma einer Rechtserzeugungsreflexion (statt überkommener Rechtfertigungskunde) nicht etwa zu Willkür. Sprache als „Organon der Wiederholbarkeit"[31] ist, auf Verständigung gerichtet, nicht willkürlich. Bedeutung der Ausdrücke und Referenz auf Wirklichkeit sind jeweils im Fall festzusetzen – doch nicht beliebig, sondern methodisch nachvollziehbar begründet als Teil einer durch Verfassung und Gesetz verpflichteten Argumentationskultur. So wird die natürliche Sprache des Rechts nicht überfordert; so wirkt sie als Austragungsort einer spezifischen Rationalität, die der Kontrolle durch Andere zugänglich bleibt[32].

---

29 Diese Überzeugung ist zählebig. Vgl. nur etwa *H. Hattenhauer*, Zur Geschichte und Gegenwart der deutschen Rechtssprache, in: L. Brenelesović (Hrsg.), Gedächtnisschrift für Valtazar Bogiğić, Bd. 1, Belgrad 2011, S. 379: „Die Sprache ist das Werkzeug des Juristen und muss wie jedes Werkzeug immer wieder gereinigt und tauglich gehalten werden."

30 Term und Konzept seit: *F. Müller*, Juristische Methodik, 1971; in der 10. Aufl., 2009, z. B. S. 20, 513 m. w. N.; siehe z. B. auch *dens*., Strukturierende Rechtslehre, 2. Aufl. 1994, S. 245, 258 f., 331 f., 437; siehe auch oben in diesem Buch, S. 111 ff.

31 Dieser Ausdruck bei *J. Derrida*, Signatur, Ereignis, Kontext, in: ders., Randgänge der Philosophie, 1976, S. 124 ff., 134 ff.

32 Siehe etwa *F. Müller*, Einige Grundfragen der Rechtslinguistik, in: ders., Methodik, Theorie, Linguistik des Rechts, 1997, S. 55 ff., 59 ff. – Zu den Konzepten „maximaler" und „optimaler" Rationalität in der Bearbeitung des Einzelfalls auch: *F. Müller/R. Christensen*, Juristische Methodik, Bd. I, 10. Aufl., S. 573 ff., 578 f.; so seit *F. Müller*, Strukturierende Rechtslehre, 2. Aufl. 1994, S. 71.

Namenverzeichnis

Sachverzeichnis

Publikationen von Friedrich Müller bei D&H

(Auswahl)

Normstruktur und Normativität. Zum Verhältnis von Recht und Wirklichkeit in der juristischen Hermeneutik, entwickelt an Fragen der Verfassungsinterpretation. 232 S. 1966 (RT 8) <978-3-428-01060-8> € 49,–

Entfremdung. Anthropologisch basierte Staatslehre bei Rousseau, Hegel und Marx als Erblast und Element sozialistischer Theorie der Zukunft. 3., bearb. und erw. Aufl. II, 258 S. 2012 <978-3-428-13903-3> € 59,80 E-BOOK

Strukturierende Rechtslehre. 2., vollständig neu bearb. und auf neuestem Stand erg. Aufl. Abb.; VI, 464 S. 1994 <978-3-428-07623-9> Geb. € 78,–

Elemente einer Verfassungstheorie

VIII: Demokratie zwischen Staatsrecht und Weltrecht. Nationale, staatlose und globale Formen menschenrechtsgestützter Demokratisierung. 152 S. 2003 (RT 214) <978-3-428-11165-7> € 64,–

VII: Demokratie in der Defensive. Funktionelle Abnutzung – soziale Exklusion – Globalisierung. Hrsg. von Ralph Christensen. 96 S. 2001 (RT 197) <978-3-428-10318-8> € 39,–

VI: Wer ist das Volk? Die Grundfrage der Demokratie. Hrsg. von Ralph Christensen. 62 S. 1997 (RT 180) <978-3-428-09189-8> € 18,90

V: Fragment (über) Verfassunggebende Gewalt des Volkes. Hrsg. von Klaus Rohrbacher. 91 S. 1995 (RT 172) <978-3-428-08186-8> € 34,–

IV: ‚Richterrecht'. 140 S. 1986 (RT 119) <978-3-428-06019-1> € 34,–

III: Die Einheit der Verfassung – Kritik des juristischen Holismus. 2., erw. Aufl. mit einer Einleitung von Ralph Christensen. 1–8, XXXIII, 9–276 S. 2007 (RT 76) <978-3-428-12432-9> € 52,– E-BOOK

II: Juristische Methodik und Politisches System. 127 S. 1976 (RT 51) <978-3-428-03692-9> € 39,–

I: Recht – Sprache – Gewalt. 2. Aufl. 91 S. 2008 <978-3-428-12875-4> € 38,– E-BOOK

Internet: www.duncker-humblot.de